부의 시그널

오늘의 선택이 미래의 부를 결정한다

부의 시그널

박종훈 지음

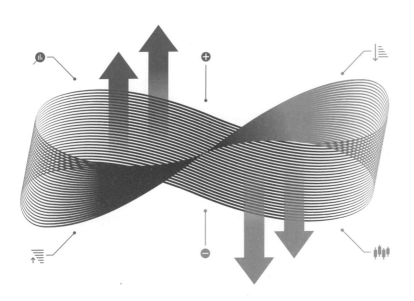

베가북스
VegaBooks

목차

프롤로그

유튜버와 언론이 추천한 종목만 따라다니면 왜 돈 벌기 어려울까? — 7

1장 | 예측이 어렵다고 미래를 포기할 것인가?

❶ 강세장 3년 차, 중요한 건 돈의 흐름 — 19

❷ 30년 장기 투자, 정말 괜찮을까? — 35

❸ 언제 투자를 시작해야 할까? — 47

❹ 동전의 앞면과 뒷면, 인플레이션과 디플레이션 — 63

❺ 2022~2023년 최대 이벤트 테이퍼링 & 금리인상 — 83

2장 | 버블이 무너질 때, 안전하게 나를 지키는 법

❶ 90년 장기 사이클의 끝, 거대한 태풍이 몰려온다 — 93

❷ 모든 버블은 장밋빛 환상이 극대화 됐을 때 터졌다 — 102

❸ 가장 위험한 버블의 정체 — 114

❹ 로마의 패망을 부른 은화의 타락, 앞으로 달러가 무너질 위험은? — 124

❺ 모두가 주목하는 암호 화폐의 미래, 돈은 언제나 변하는 것 — 138

❻ 바이든 증세는 주가에 악재일까? 호재일까? — 152

3장 | 미래의 시그널을 잡아라

❶ 한국 증시는 앞으로 계속 상승할까? — 169

❷ 골디락스, 왜 미·중 패권 전쟁을 주목해야 하는가? — 183

❸ 청년 세대가 살아갈 우리 경제의 미래 — 203

❹ 인구, 경제의 성패를 가르는 핵심 열쇠 — 217

❺ MZ세대의 슬기로운 투자 생활 — 235

4장 | 불확실성의 시대, 올라탈 거인의 어깨를 찾아라

❶ 왜 혁신 기업 투자가 중요할까? ― 259
❷ 혁신 기업 주식에 올라타는 방법 ― 265
❸ 시장을 지배하는 기업의 법칙 1: 스스로 생태계를 만들어가는 기업 ― 280
❹ 시장을 지배하는 기업의 법칙 2: 고객이 생산자로 유입되는 네트워크 기업 ― 294
❺ 시장을 지배하는 기업의 법칙 3: 누구도 침범하지 못할 '경제적 해자' 기업 ― 307
❻ 슈퍼 실버가 몰려온다 ― 316

5장 | 투자의 함정, 깨어 있으면 피할 수 있다

❶ 정부가 만들고 정부가 터뜨리는 중국식 버블 ― 327
❷ 중국 경제를 압박하는 5중의 위협 ― 339
❸ 공정함이 무너진 나라에 투자하면 안 되는 이유 ― 352
❹ 원자재 가격 돌풍, 그래도 원자재에 올인하면 안 되는 이유 ― 361
❺ 당신이 목돈을 모으지 못하는 이유 ― 369

에필로그
우리는 왜 돈을 벌려고 하는가? ― 379

주석 ― 383

부의 시그널

유튜버와 언론이
추천한 종목만 따라다니면
왜 돈 벌기 어려울까?

최근 유튜브에서는 경제 콘텐츠가 큰 인기를 끌고 있습니다. 지상파에서는 볼 수 없었던 다양한 경제·금융 전문가들의 심층적인 증시 분석뿐만 아니라 섹터나 종목에 대한 전망까지 들을 수 있다는 점에서 유튜브 콘텐츠는 많은 장점이 있습니다. 이런 장점 때문에 주식 투자를 시작할 때 경제 유튜브에 의존해 투자하는 분들이 많아졌습니다.

저도 KBS 경제 유튜브인 '박종훈의 경제한방'을 진행하고 있지만, 유튜브를 투자의 참고 자료로 활용하는 것은 좋으나 유튜브가 추천하는 종목에 맹목적으로 의존하는 것은 그다지 좋은 투자 방법은 아니라고 말하고 싶습니다. 그 이유는 유튜브 알고리즘 때문인데요. 유튜브는 대중이 많이 찾는 것을 더 많이 보여주어서 확증편향

을 강화하는 경향이 있습니다.

확증편향이란 자신이 믿고 싶은 정보만 찾아보고 다른 정보는 무시하는 경향을 뜻합니다. 이런 확증편향에 빠지는 것은 주식 투자에서는 가장 위험한 일입니다. 아무리 좋은 주식이라도 너무 과도하게 오르면 조정을 받기 마련이기 때문에 주가가 마냥 오를 수는 없습니다. 그런데도 특정 주식의 주가가 오를 것이라고 맹신하고 위험 신호를 모조리 무시한 채 자신만의 확신에 차서 투자를 시작하면 자칫 큰 손실을 볼 수 있습니다.

예를 들어 삼성전자 주식을 사볼까 고민하면서 유튜브에서 관련 영상 두세 개만 찾아보면, 유튜브 알고리즘은 '이 사람이 삼성전자에 관심이 많구나'라고 판단하고 삼성전자 주식을 추천하는 다른 영상들을 더 자주 노출해줍니다. 그러면 모든 경제 유튜브 채널들이 삼성전자 주식을 추천한다고 착각하는 정보 왜곡을 겪게 됩니다.

더 큰 문제는 사람들이 삼성전자 주식 콘텐츠를 더 많이 찾을수록 유튜브 알고리즘은 삼성전자를 추천하는 콘텐츠를 더 많이 유통하게 되고, 그 결과 삼성전자 콘텐츠는 점점 더 인기 콘텐츠가 되어 사람들에게 노출될 확률 역시 커진다는 점입니다. 유튜브 알고리즘은 광고를 더 많이 팔기 위해 만들어졌기에 사람들이 관심을 가지는 콘텐츠를 더 많이 유통해야 더 큰 수익을 낼 수 있기 때문입니다.

제가 연구하는 복잡계 경제학(complexity economics)에서는 이를 양(+)의 되먹임(positive feedback)을 주고받는다고 표현합니다. 용어는 어렵지만 내용은 간단한데요. 일단 삼성전자 주식을 사려는 사람들이 늘어나면 유튜브 알고리즘이 삼성전자에 관심이 없던 사람들에게도 삼성전자를 추천하는 콘텐츠를 더 많이 노출하게 된다는 겁니다.

게다가 삼성전자 주식을 검색하는 사람들이 급증할수록 유튜브 콘텐츠 제작자들도 조회 수가 많이 나오는 삼성전자 콘텐츠를 더 많이 만들게 되어 관련 콘텐츠가 봇물 터지듯 쏟아지게 됩니다. 이런 이유로 대중이 삼성전자 주식에 가장 폭발적으로 관심을 가지는 바로 그 순간, 대중은 삼성전자 주식을 추천하는 유튜브 콘텐츠에 더 쉽게 노출됩니다.

문제는 대중이 특정 주식에 뜨겁게 관심을 두고 그 주식을 살 때가 대체로 단기 고점인 경우가 많다는 점입니다. 살 만한 사람은 이

미 다 샀기 때문이죠. 그렇기에 유튜브에서 특정 주식을 추천하는 콘텐츠가 과도하게 많아지는 것은 그 주식을 살 기회라기보다 오히려 고점에 가까워졌다는 신호로 볼 수 있습니다.

유튜브라는 새로운 미디어 덕분에 우리가 놀라운 지식의 세계를 쉽게 접할 수 있게 된 것은 고마운 일이지만 유튜브의 한계와 문제점도 명확히 이해해야 합니다. 투자의 세계는 약육강식의 정글과도 같기에 자신이 활용하고 있는 도구의 장점과 단점을 정확히 파악하지 못하고 이용하면 애써 모은 소중한 자산을 잃어버릴 수 있습니다.

특히 기존의 언론은 유튜브보다도 한 발 더 늦게 움직이는 경향이 있는데, 대중의 관심이 정확히 정점에 이를 때 언론이 기사로 다루는 횟수가 극적으로 늘어나게 됩니다. 조회 수나 열독률을 올려야 하는 언론사 입장에서는 어쩔 수 없는 선택이지만, 이 같은 언론의 행태 때문에 과거 증권가에는 '소문에 사서 기사에 팔라'는 우스갯소리까지 생겼습니다.

이 때문에 유튜브나 언론에서 특정 종목에 스포트라이트를 비추기 시작한 뒤에 그 주식을 사게 되면 언제나 한발 늦을 수밖에 없습니다. 유튜브나 언론과 같이 남이 잡아다 주는 물고기는 이미 상했거나 상해가는 경우가 적지 않은데요. 이를 넘어서려면 남들이 잡아

놓은 물고기만 뒤쫓아 가기보다 새로운 물고기가 어디 있는지 <u>스스</u>로 찾아내고 낚을 수 있는 방법을 찾아내야 합니다.

더구나 시점을 넓혀 금융 시장 전체를 바라볼 때도 이 같은 왜곡 현상은 빈번하게 나타납니다. 개인 투자자들은 일단 주식을 사놓고 난 뒤에는 주가 상승만을 바라게 되고, 자신의 희망을 확신시켜주는 콘텐츠만 찾아다니게 됩니다. 이 때문에 주가가 더 오른다는 유튜브 콘텐츠가 사람들에게 더 자주 노출되고, 유튜브 제작자도 조회 수가 많이 나오는 주가 상승론을 더 많이 다룰 수밖에 없습니다.

반대로 주가가 폭락하기 시작하면 많은 사람들이 주식을 투매하

기 시작하는데요. 이렇게 주식을 팔고 나간 사람들 사이에서는 비관
론을 다룬 콘텐츠가 인기를 끌게 됩니다. 그러나 모두가 주가 하락
을 전망할 정도로 시장이 꽁꽁 얼어붙으면 그때를 기점으로 증시가
저점을 찍고 반등을 시작하는 경우가 적지 않았습니다.

　이처럼 언론이나 유튜브 등에만 의존해 주식 투자를 하게 되면,
그 알고리즘이나 구조적인 특성 때문에 결정적인 순간에 잘못된 투
자 결정을 내리게 될 우려가 있습니다. 이 같은 문제를 극복하기 위
해서는 무엇보다 자기 스스로 시장을 파악하고 날마다 쏟아지는 언
론 기사나 유튜브 콘텐츠를 비판적 시각으로 바라볼 수 있는 힘을
키워둘 필요가 있습니다.

　이런 기본 지식과 판단력을 갖기 위해서는 과거 금융 시장의 역사

는 물론, 금융 시장의 현주소를 정확하게 이해하는 것이 중요한데요. 이 책에서는 대공황 이후 90년에 걸친 세계 금융 시장의 거대한 흐름과 함께 인류 역사상 전례 없었던 코로나19 팬데믹 버블의 특성을 분석하고 4차 산업혁명 이후 거대한 변화의 물결까지 구체적으로 다루고자 합니다.

특히 2022년에는 코로나19 이후 세계 금융 시장을 떠받쳐왔던 미국의 중앙은행인 연준의 금융정책과 미국 정부의 재정정책이 근본적으로 바뀔 가능성이 큽니다. 이 상황에서 세계 경제는 인플레이션과 디플레이션이라는 정반대의 위협 속에서 속출하는 코로나19 변이와 미·중 패권 전쟁이라는 거친 파도를 넘어야 합니다.

대체로 가장 큰 부의 기회는 거대한 변화의 순간에 찾아왔습니다. 앞으로 시작될 대변혁의 시대에는 미리 그 변화에 대비해 철저히 준비한 사람만이 기회의 열매를 차지할 수 있을 겁니다. 이 책은 불안과 희망이 교차하는 혼란스러운 현재의 상황을 면밀하게 진단하고 앞으로 펼쳐질 변화와 이에 대비할 구체적인 전략까지 조목조목 다룰 것입니다.

2022년...

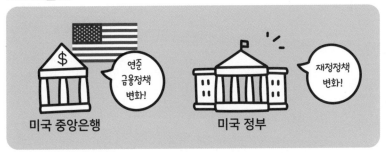

❶ 강세장 3년 차, 중요한 건 돈의 흐름

❷ 30년 장기 투자, 정말 괜찮을까?

❸ 언제 투자를 시작해야 할까?

❹ 동전의 앞면과 뒷면, 인플레이션과 디플레이션

❺ 2022~2023년 최대 이벤트 테이퍼링 & 금리인상

1장

예측이 어렵다고
미래를 포기할 것인가?

부의 시그널

강세장 3년 차, 중요한 건 돈의 흐름

"역사는 그대로 반복되지 않지만, 그 흐름은 반복된다."

"History doesn't repeat itself, but it does rhyme."

– 마크 트웨인(Mark Twain)[1]

주가를 미리 알 수 있으면 얼마나 좋을까요? 간혹 내일의 주가를 확언하는 분도 있지만, 주가를 정확히 예측한다는 것은 제아무리 대가라고 해도 쉬운 일이 아닙니다. '기업 사냥꾼'이란 별명으로 불릴 정도로 남의 회사를 헐값에 인수하는 전문 투자자, 칼 아이칸(Carl Icahn)은 2020년 2월 렌터카 회사 허츠(Hertz)의 주가가 거의 10분의 1 토막으로 폭락한 상황에서 16억 달러나 손해를 보고 주식을 팔았다가 나중에 주가가 폭등해 망신을 당하기도 했습니다.

투자의 여러 구루(Guru; 종교에서 일컫는 스승, 경제·금융의 대가를 뜻하기도

나도 이렇게
될 줄 몰랐어...

'기업 사냥꾼'
칼 아이칸

함)들 중에 최고를 꼽으라면 여전히 워런 버핏(Warren Buffett)을 꼽습니다. 그런데 그런 워런 버핏조차 항상 내일의 주가를 알 수 없다는 점을 강조해왔습니다. 주가가 폭락하던 2020년 2월 미국의 CNBC 방송에 출연해 "(자신을 포함해) 그 누구도 내일의 주가를 맞출 수 없다"라고 단언하기도 했습니다.[2]

심지어 과거에 경제 위기를 정확히 예견했던 투자의 대가라 할지라도, 이번에 또다시 경제 위기를 정확히 예측할지는 장담할 수 없습니다. 예를 들어 레이 달리오(Ray Dalio)는 코로나19 이전만 해도 정확한 분석력을 기반으로 증시 호황은 물론 경제 위기 때조차 높은 투자수익률을 올려 헤지펀드의 제왕이라는 별명까지 얻었던 투자의 대가인데요. 2020년 코로나19 위기 이후에는 계속 비관적인 전망을

고수한 탓에 보수적인 투자만 고집하다가 큰 손실을 봤습니다. 게다가 금값이 천정부지로 치솟을 때 금을 더 사라고 했다가 금값이 떨어져 빈축을 사기도 했습니다. 그 결과 펀드 해지가 잇따르면서 그가 운용하는 헤지펀드 회사의 운용 자산이 25%나 줄어드는 수모를 겪기도 했죠.

2020년에 비교적 정확하게 주가를 예측했던 사람은 행동주의 투자자로 불리는 빌 애크먼 등 소수에 불과했습니다. 하지만 빌 애크먼도 미국 주가가 대폭 상승했던 2015년부터 2018년까지 4년 연속 마이너스 수익률을 기록해 심각한 위기에 빠진 적도 있었습니다. 이 때문에 과거 명성만 믿고 이번에 누가 주가의 향방을 맞출지 추정하기도 어려운 일입니다.

이처럼 예측이 어려운 상황에서 어떻게 하면 미래를 대비할 수 있을까요?

저는 미국의 대문호인 마크 트웨인의 "역사는 그대로 반복되지 않지만, 그 흐름은 반복된다."라는 말을 참고할 필요가 있다고 생각합니다. 물론 마크 트웨인이 정확히 이 말을 했는지 분명한 기록은 남아 있지 않지만 많은 지혜가 담겨 있는 격언인 것만은 분명하죠.

과거에 반복되어왔던 증시의 흐름 속에서 패턴을 발견한다면, 현재 진행되고 있는 증시 흐름과 과거의 패턴을 서로 비교할 수 있습니다. 특히 과거에 일정한 패턴이 나타났던 이유를 명확히 이해한다면, 이번 증시 흐름의 특징이 과거와 유사한 패턴으로 반복될지 아니면 새로운 흐름으로 나타날지 조망해 볼 수 있을 겁니다.

그동안 주가가 오르기 시작할 때는 증시에 일정한 패턴이 있었는데요. 1929년 대공황부터 2008년 글로벌 금융 위기까지, 90년 동안 미국 증시에는 13번의 주가 폭락과 이에 이은 강세장이 찾아왔습니다. 여기서 강세장이란 주가가 꾸준히 우상향하며 장기적으로 상승 추세를 보이는 시장을 뜻합니다.

미국 증시를 대표하는 지수는 다우존스 지수와 S&P500 지수, 그리고 나스닥 지수 등이 있습니다. 다우지수는 대형주 30개 종목만을 대상으로 하고 있고, 나스닥 지수는 기술주에 편중되어 있는 반면, S&P500 지

📈 **강세장 초기 S&P500 상승률**

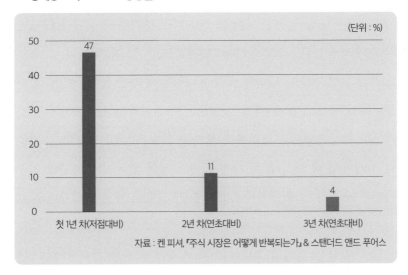

(단위 : %)

첫 1년 차(저점대비) 47
2년 차(연초대비) 11
3년 차(연초대비) 4

자료 : 켄 피셔, 『주식 시장은 어떻게 반복되는가』 & 스탠더드 앤드 푸어스

수는 미국 시장을 대표하는 500개 종목의 주가 변화를 나타내기 때문에 증시의 흐름을 살펴보는 데 있어 특히 중요한 지수입니다. 강세장이 시작된 이후 첫 1년 차와 2년 차 그리고 3년 차의 S&P500 지수 상승률의 평균을 내보면 이전 페이지의 그래프와 같습니다.[3]

이전 페이지의 그래프에서 눈에 확 띄는 게 있죠? 바로 강세장 1년 차 상승률이 무려 47%나 된다는 점입니다. 대표적인 강세장 1년 차가 바로 글로벌 금융 위기 직후였던 2009년의 상승장인데요. 글로벌 금융 위기 직후 제로 금리를 선언한 연준(Fed)이 양적 완화까지 단행하자 2009년 3월부터 주가가 상승세로 돌아서더니 1년 뒤 S&P지수가 69%나 치솟아 올랐습니다.

더 극적인 강세장 1년 차는 코로나19 직후 찾아왔습니다. 연준의 무제한 양적 완화 선언과 동시에 2020년 3월 23일 2,237을 기록했던 S&P500지수는 정확히 1년 뒤인 2021년 3월 23일 3,910으로 무려 74%나 뛰어올랐습니다. 이는 대공황 직후 주가가 반등했던 1932년의 주가 상승률인 121%에 이어 2번째로 높은 상승률입니다.

이쯤 되면 연준이 도대체 뭐길래 이렇게 주가를 끌어올릴 수 있나 궁금하신 분들도 많을 텐데요. 연준은 우리나라의 한국은행과 같은 미국의 중앙은행으로 달러를 발행하는 역할을 맡고 있습니다. 연준의 미세한 정책 변화에 전 세계 금융 시장이 요동치기 때문에 연준 의장은 세계의 경제 대통령으로 비유될 정도로 막강한 영향력을 갖고 있습니다.

글로벌 금융 위기와 코로나19 위기 직후 시작된 강세장에서 1년

차 증시의 상승률이 유독 높았던 이유도 모두 연준 덕분이었습니다. 2008년 글로벌 금융 위기 이후 연준은 6년에 걸쳐 3조 달러에 달하는 금액을 양적 완화에 투입해 주가를 끌어올렸습니다. 심지어 2020년 3월 코로나 위기 때는 단 석 달 만에 3조 달러를 풀었습니다.

양적 완화란 연준이 달러를 찍어 시중은행이 보유한 미국 국채 같은 우량 채권을 사주는 정책을 말합니다. 물론 다른 나라라면 돈을 찍은 만큼 해당 화폐의 가치가 떨어지겠지만 세계 경제 패권을 장악한 미국이기에 연준이 제아무리 많은 돈을 찍어서 은행에 뿌려도 큰 문제가 없었습니다. 게다가 코로나19 이후 이렇게 풀린 돈이 증시로 흘러가 주가 상승률이 여느 강세장 1년 차보다 훨씬 높았습니다.

하지만 강세장 2년 차의 평균 상승률은 11%로 낮아졌습니다. 강세장 1년 차의 엄청난 상승을 경험한 투자자들에게 고작 11%밖에 안 되는 상승률은 기대에 한참 미치지 못할 겁니다. 그러나 지난 90

달러 발행은 여기에서!!!!

연준 = 미국 중앙은행

년 동안 S&P500 지수의 상승률이 연평균 10% 정도라는 점을 감안하면, 11%에 이르는 2년 차 상승률은 연평균 상승률을 넘어서는 양호한 상승률이라고 할 수 있죠.

게다가 지난 13번의 강세장 중에서 대공황 직후였던 1933년을 제외하면 주가 지수가 하락한 적이 없습니다. 이는 미국 증시 투자자라면 과거 13번의 강세장에서는 굳이 성급하게 2년 차에 주식을 정리할 필요는 없었다는 얘기이기도 합니다. 다만 미국의 증시 분석기관인 네드 데이비스 리서치(Ned Davis Research)에 따르면 강세장 2년차에는 평균 16% 하락했다가 반등한 경우도 많았기 때문에 변동성에

저번 1년 차때도 엄청났으니!!

나쁜 건 아닌데 아쉽다...

강세장 2년 차 투자자

는 대비해야 합니다.

사실 미국의 억만장자 투자자인 켄 피셔(Ken Fisher)가 종종 이 같은 분석을 인용해 시장을 설명하는데요. 그가 2021년에도 미국 주가가 '시원하게' 오를 것이라고 장담한 데는 이 같은 과거의 패턴을 고려했을 가능성이 있습니다.[4] 세계 최대의 자산 운용사인 블랙록의 래리 핑크(Lawrence Douglas Fink) 회장도 2021년 미국 증시 전망은 '믿을 수 없을 정도로' 낙관적이라고 내다봤습니다.

그러나 강세장 3년 차 패턴은 좀 달랐습니다. 과거 13번의 강세장 3년 차 평균 상승률은 4%에 불과했습니다. 지난 90년 동안 S&P500 지수 상승률이 평균 10%였다는 점을 감안하면 3년 차 상승률은 평균의 절반도 채 안 됐다는 얘기가 됩니다. 게다가 13번의 강세장 중에서 5번은 마이너스 상승률을 기록했을 정도였습니다.

특히 강세장 3년 차는 변동성이 큰 것으로도 악명이 높은데요. 상승으로 끝난 경우에도 중간에 큰 폭의 하락을 경험하는 경우가 적지 않았습니다. 그 대표적인 사례가 글로벌 금융 위기 이후 시작된 강세장 3년 차인 2011년 가을이죠. 그 당시 투자자들은 S&P500지수가 고점 대비 18.3%나 떨어지는 급락장을 겪어야만 했습니다. 그러므로 강세장 3년 차에는 생길 수 있는 변동성에 특히 주의할 필요가 있습니다.

그렇다면 3년 차 주가 상승률은 왜 이렇게 평균적으로 저조했던

것일까요? 그리고 왜 강세장임에도 불구하고 종종 큰 폭의 하락세를 겪는 경우가 있었던 걸까요?

3년 차에 주가 상승률이 저조했던 가장 큰 이유는 아이러니하게도 3년 차에 접어들면서 실물 경제가 살아났기 때문입니다. 실물 경제가 살아나면 주가가 더 오를 것이라는 장밋빛 전망이 나오지만, 실상은 반대인 경우가 적지 않았습니다. 강세장 3년 차에는 고용 회복과 함께 인플레이션에 관한 우려가 커지면서 연준이 돈줄을 죄기 때문에 주가가 크게 요동친 겁니다.

처음 경제 위기가 시작되면 주가가 폭락하고 실물 경제가 처참하게 망가지게 됩니다. 그러면 연준이 실물 경제를 살리기 위해 금리를 낮추고 돈을 풀어 주가는 곧바로 반등하는 경우가 많지만, 실물 경제, 특히 고용 회복은 아주 더디게 진행됩니다. 연준은 이를 빌미로 실물 경제가 살아날 때까지 돈 풀기를 멈추지 않기 때문에 2년 차까지는 주가가 계속 오르는 경향이 있습니다.

그러나 대체로 강세장 3년 차쯤 되면 연준의 부양책이 효과를 발휘하기 시작해 고용 시장에도 훈풍이 돌면서 임금 상승을 동반한 인플레이션 우려가 커지게 됩니다. 그러면 연준이 돈줄을 죄기 시작하면서 주가가 조정을 받게 됩니다. 실제로 강세장 3년 차였던 2011년에 미 연준이 양적 완화를 중단하자 전 세계 주가가 급락했습니다.

그러다가 연준이 본격적으로 돈줄을 죄기 시작하는 강세장 4년차 이후에는 그 나라 경제의 진짜 실력이 드러나게 됩니다. 그 결과 나라별로 주가에 큰 격차가 생깁니다. 강세장 4년 차였던 2012년 이

후 실물 경제가 본격적으로 회복되기 시작한 미국은 주가가 지속적
으로 올랐지만, 실물 경제 회복이 더뎠던 우리나라나 유럽의 주가는
오랫동안 주가가 정체되는 박스권에 갇힌 적이 있죠.

여기까지가 지금까지 반복된 13번의 강세장 패턴인데요. 이 같은
패턴이 매번 똑같이 반복된다면 참 투자하기 쉬울 겁니다. 그러나
큰 흐름은 유사할 수 있어도 역사가 똑같이 반복되지는 않기 때문에
코로나19 팬데믹 이후 시작된 강세장이 이전 강세장과 어떻게 다른
지 그 차이점을 명확히 파악하는 것이 중요합니다.

2020년에 시작된 이번 강세장은 과거와 다른 독특한 차이점들이
있습니다. 일단 연준의 경기 부양책이 너무나 강하고 빠르게 진행됐
기 때문에 강세장 1년 차 주가 상승폭이 여느 때보다 컸습니다. 이
때문에 2020년과 2021년에는 주가를 매우 강하게 끌어올리는 요소
가 됐지만, 3년 차 이후에는 오히려 변동성을 키우는 요인이 될 수
있습니다.

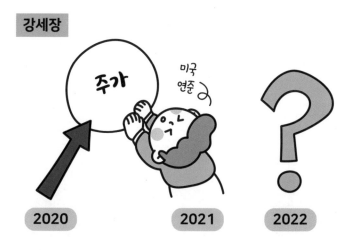

또 다른 문제는 과거 경제 위기에는 미국의 중앙은행인 연준이 금융 회사에다 돈을 풀었는데, 이번에는 미국 정부까지 나서서 대중에게 돈을 뿌리는 재정정책까지 썼다는 점입니다. 바이든 대통령은 취임과 동시에 1.9조 달러 규모의 슈퍼 부양책을 쓴 것은 물론 천문학적인 인프라 투자까지 단행했습니다.

물론 적절한 부양책은 미국 경제와 증시에 새로운 활력을 부여할 수도 있지만, 너무나 거대한 부양책은 경기를 뜨겁게 달구어 오히려 다 태워버릴 수도 있는 양날의 검과도 같습니다. 그래서 전대미문의 대규모 부양책이 과연 어떤 결과를 가져올지 전문가들도 의견이 엇갈리고 있는 상황입니다.

마지막 문제점은 미·중 패권 전쟁이 격화되면서 세계 경제를 살리기 위한 국제 공조가 무너지고 있다는 점인데요. 이 같은 현상은

대공황 직후인 1930년대와 유사합니다. 당시 미국은 2만 개 이상의 수입 품목에 400%에 가까운 관세를 부과해 자국 산업 보호에 나섰습니다. 그 결과 곧바로 유럽 국가들이 반격을 시작했고, 그 바람에 대공황의 피해만 더 커졌습니다.

만약 미·중 패권 전쟁이 더욱 격화된다면, 경제 블록화가 가속화되고 세계 교역 규모가 축소되는 것은 물론 국제간 공조 체제까지 무너질 가능성이 있습니다. 게다가 이번 패권 전쟁의 결과에 따라 향후 30년 동안 세계 경제를 누가 주도해나갈지가 결정되기 때문에 어느 한쪽이 완전히 무너질 때까지 패권 전쟁은 계속될 수밖에 없습니다.

여기까지가 2020년에 시작된 강세장을 위협하는 부정적인 요소

인데요. 반대로 긍정적인 면도 적지 않습니다. 가장 중요한 점은 대공황 이후 잦은 금융 위기 속에서 연준이 엄청난 위기 대응 능력을 축적해왔다는 점입니다. 마치 인간이 면역 체계나 백신으로 이미 한번 경험한 바이러스를 쉽게 물리칠 수 있는 것처럼 연준은 적어도 과거와 같은 방식의 위기에는 어렵지 않게 대응할 수 있을 겁니다.

그러나 금융 위기도 끝없는 돌연변이를 일으키며 진화해 왔기 때문에 제아무리 뛰어난 연준이라고 해도 막을 수 없는 부분이 있기 마련인데요. 일단 과거의 상승 패턴을 참고해 투자를 진행하더라도 연준이 막기 어려운 새로운 돌연변이, 즉 앞서 소개한 미·중 패권 전쟁이나 인플레이션 같은 돌발 변수를 예의 주시할 필요가 있습니다. 이 책에서는 그런 위험 요소를 명확히 분석하고 그 시그널을 한발 먼저 포착하는 방법을 모색해 볼 것입니다.

1장 – 예측이 어렵다고 미래를 포기할 것인가?

30년 장기 투자, 정말 괜찮을까?

2020년 3월 이후 주가가 빠르게 치솟아 오르자 기다렸다는 듯이 20~30년 장기 주식 투자를 권하는 사람들이 늘어나고 있는데요. 좋은 주식만 잘 골라서 참을성 있게 기다리기만 하면 부자가 될 수 있

다니 정말 솔깃한 얘기죠? 하지만 자신의 재산을 오랫동안 묶어둬야 하는 데다 투자 기간이 길어질수록 리스크도 커지기 때문에 이 같은 주장이 사실인지 꼼꼼히 따져볼 필요가 있을 것 같습니다.

무조건 장기 투자가 답이라고 주장하시는 분 중에는 과거 지속적으로 상승했던 특정 종목의 주가 상승을 예로 들면서 30년 전에 그 종목에 투자했다면 얼마나 부자가 됐을지를 강조하는 경우가 많습니다. 이미 치솟아 오른 종목을 골라 장기 투자가 무조건 답이라고 말하기는 쉽습니다. 그러나 사전에 그런 종목을 찾아내어 투자에 성공한 사람들은 워런 버핏과 같은 극히 소수의 대가들에 불과하다는 점을 명심해야 합니다.

실제로 최고의 프로 투자자들이 모여 있다고 할 수 있는 미국의 월스트리트에서 시장을 이기는 펀드 매니저, 즉 자신이 운용하는 펀드 수익률이 주가 지수보다 앞서는 펀드 매니저는 전체의 40%가 되지 않습니다. 이들 전문 펀드 매니저들은 기업의 회계장부를 주도면밀하게 살피고 직접 기업에 실사를 나갈 뿐만 아니라 자신들만의 네트워크를 통해 엄청난 정보를 실시간으로 주고받습니다. 그런데도 투자수익률이 주가 지수를 뛰어넘지 못하는 경우가 더 많다는 얘기입니다.

이러한 최고의 전문 펀드 매니저들도 그럴진데, 일반 투자자가 개별 주식에 장기 투자를 해서 성공하는 것은 결코 쉬운 일이 아닙니다. 그런데도 2020년 이후 미국에서도 개인 투자자들에게 무조건 장기 투자를 하라고 권하는 전문가들이 늘어나고 있는데요. 이에 대해

정작 장기 투자의 대가 중의 대가라고 할 수 있는 워런 버핏이 2021 년 주주총회에서 다음 페이지 두 개의 표를 비교하며 초보 투자자들이 개별 종목에 장기 투자하는 것이 얼마나 큰 위험을 감수해야 하는 일인지 강조한 바도 있습니다.

　다음 페이지 왼쪽의 표는 2021년 3월 31일 세계에서 시가총액이 가장 큰 1위부터 20위까지의 기업들이고, 두 번째 표는 32년 전인 1989년 세계 시가총액 20위까지의 기업 명단인데요. 단 한 기업도

📊 시가총액 상위 20개 종목(2021년 3월 31일)

나라	기업	시가총액
미국	애플	2.05조 달러
사우디아라비아	사우디 아람코	1.92조 달러
미국	마이크로소프트	1.78조 달러
미국	아마존	1.56조 달러
미국	알파벳	1.39조 달러
미국	페이스북	8,380억 달러
중국	텐센트	7,520억 달러
미국	테슬라	6,410억 달러
중국	알리바바	6,140억 달러
미국	버크셔 해서웨이	5,870억 달러
대만	TSMC	5,340억 달러
미국	VISA	4,670억 달러
미국	JP 모건 체이스	4,640억 달러
미국	존슨 앤 존슨	4,320억 달러
대한민국	삼성 전자	4,300억 달러
중국	구이저우 마오타이	3,850억 달러
미국	월마트	3,820억 달러
미국	마스터카드	3,530억 달러
미국	유나이티드 헬스	3,510억 달러
프랑스	LVMH	3,360억 달러

자료: 버크셔 앤서웨이 연례 회의에서의 워런 버핏의 발언

일치하는 기업이 없습니다. 1989년 세계를 풍미했던 일본 기업들이
야 버블 붕괴로 무너졌다고 쳐도 당시 미국을 대표하며 미국 증시에
서 시가총액 1, 2, 3위를 차지했던 엑손이나 GE, IBM마저 시가총액

📊 시가총액 상위 20개 종목(1989년)

나라	기업	시가총액
일본	일본 산업 은행	1,040억 달러
일본	미쓰이스미토모 은행	730억 달러
일본	후지 은행	690억 달러
일본	다이이치 간교 은행	640억 달러
미국	엑손	630억 달러
미국	GE	580억 달러
일본	도쿄 전력	560억 달러
미국	IBM	550억 달러
일본	토요타 자동차	530억 달러
미국	AT&T	480억 달러
일본	노무라 증권	460억 달러
네덜란드	로얄 더치 정유	410억 달러
미국	필립 모리스	380억 달러
일본	일본 제철	360억 달러
일본	토카이 은행	350억 달러
일본	미쓰이 은행	340억 달러
일본	마쓰시타 전기(현 파나소닉)	330억 달러
일본	간사이 전력	330억 달러
일본	히타치	320억 달러
미국	머크	300억 달러

자료: 버크서 앤서웨이 연례 회의에서의 워런 버핏의 발언

상위 종목에서 사라졌습니다.

장기 투자를 강조하면서 가장 의미 없는 것은 현재 전 세계 시가 총액 1위인 애플 같은 기업을 놓고 '진작에 애플을 사서 30년 묻어

30년 전...

그때 묻어 두었더라면......

됐다면 얼마나 좋았을까'하는 헛된 가정을 하는 것입니다. 사실 애플의 역사를 잘 아시는 분들은 과거 창업자였던 스티브 잡스가 이사회에서 해고된 이후 1990년대에는 차세대 운영체제 개발 실패와 지나친 제품 개발 등으로 파산 위기까지 내몰렸다는 것을 잘 아실 겁니다.

1990년대 후반 미국의 IT 산업을 선도했던 기업은 AOL(America On line)이나 야후(Yahoo) 같은 기업이었습니다. 그러나 그때 이들 기업의 주식을 샀다면 지금도 원금조차 회복하지 못하거나 휴짓조각이 됐을 겁니다. 이처럼 마치 정글과도 같은 생존경쟁이 벌어지는 비즈니스 세계에서는 한 시대를 풍미했던 기업들조차 하루아침에 무너질 수 있기 때문에 개별 주식 투자는 정말 많이 공부하고 끊임없이 연구해야 한다는 것을 명심해야 합니다.

개별 종목에 장기 투자를 하려면 그 시장에 대한 정확한 전망과 그 기업이 가진 잠재력, 기술력, 시장의 확장성, 그리고 최고경영자(CEO)나 최고기술경영자(CTO) 같은 주요 임원진의 성향이나 역량까지 파악하고 있어야 합니다. 이런 분석 능력을 갖춘 사람은 월스트리트에서조차 매우 희소하기에 개별 종목에 장기 투자로 명성을 날리는 투자 전문가의 수가 그만큼 적은 겁니다.

내로라하는 수많은 기업 중에서 끝없이 성장할 기업을 찾아내는 것은 버핏과 같은 혜안과 오랜 세월의 경험이 있어야 가능합니다. 게다가 버핏은 특정 기업의 경영에 관여할 수 있을 만큼의 지분을 보유한 경우도 많아 특정 기업의 경영 실패를 속수무책으로 보고만 있어야 하는 일반 투자자와는 처지가 다릅니다. 버핏은 기업 경영진에 주주가치 극대화나 경영 효율화를 요구할 수도 있습니다.

이 때문에 버핏 본인은 개별 주식에 장기 투자를 하고 있지만, 자

신의 사후에 남은 가족들에게는 상속받은 자산의 대부분을 S&P500 지수를 추종하는 인덱스상장지수펀드(ETF; 주식처럼 거래가 가능하고 특정 주가 지수의 움직임에 따라 수익률이 결정되는 펀드)에 투자할 것을 공개적으로 권할 정도입니다. 인덱스 ETF는 주가 지수와 똑같이 오르고 내리기 때문에 시장 전체에 투자하는 효과가 있습니다.

그렇다면 버핏의 권유대로 과거에 미국 S&P500 지수를 추종하는 ETF에 장기 투자를 해두었다면 지금 어떤 성과를 내고 있을까요? 특히 버블이 한창이었을 때 투자를 시작했다고 가정하고 수익률을 따져보겠습니다. 1929년 세계 대공황 직전에도 마치 2020년과 같은 주식 투자 열풍이 불었는데요. 만일 그 열풍의 한복판이었던 1928년 1월 1일에 주식 투자를 시작했다면 92년이 지난 2020년 투자수익은 어떻게 됐을까요?

이런 흥미로운 계산을 뉴욕대학교 스턴 비즈니스 스쿨(NYU Stern School of Business)[5]에서 한 적이 있습니다. 뉴욕대 비즈니스 스쿨은 1928년 1월 1일 주식과 국채, 회사채에 각각 100달러를 투자했다고 가정하고 계산을 시작했습니다. 주식 투자는 S&P500 지수를 추종하는 상장지수펀드(ETF)에 투자하고 배당금까지 전액 재투자하는 것으로 가정했는데요. 다만 S&P500 지수가 처음 등장한 것은 1957년이기 때문에 1957년 이전의 투자수익률은 가상의 S&P500 지수로 계산했습니다.

1928년 1월 1일 100달러(약 11만 원)를 투자했다면 주식 투자로 두둑한 한 해를 보냈을 겁니다. 대공황 직전 찾아온 주가 급등 덕분에 이듬해 1월 1일에는 주가 지수가 44%나 올랐기 때문이죠. 하지만 끝없이 치솟아 오를 것 같았던 주가는 1929년 가을을 기점으로 4년 연속 폭락했습니다. 그 결과 100달러로 시작했던 투자금은 1933년 원금의 반 토막 수준인 51달러로 쪼그라들었을 겁니다. 더 큰 고통은 한동안 원금 회복조차 안 됐다는 점인데요. 1928년 100달러를 투자한 지 13년이 지난 1941년 1월 1일에도 보유 자금은 고작 94달러에 불과했습니다. 하지만 그 뒤 본격적인 주가 급등이 시작되면서 투자를 시작한 지 30년이 지난 1958년 1월 1일에는 원금의 14배가 넘는 1,435달러를 돌파했을 겁니다.

이처럼 대공황으로 주가가 폭락하기 직전인 1928년 1월에 주식투자를 시작했다고 해도 주가 지수를 추종하는 ETF에 투자해 30년 장기 투자를 했다면 괜찮은 투자수익을 올릴 수 있었을 겁니다. 다만 대공황이라는 격변기 속에서 초우량기업조차 파산한 경우가 많았기 때문에, 개별 주식 투자의 경우에는 주식이 아예 휴짓조각이 된 경우도 많았다는 점은 감안해야 합니다.

정리하자면 30년 동안 지수투자를 했다면 대공황조차 넘어설 수 있었다는 얘긴데요. 그러면 만일 1928년 투자한 100달러를 92년 동안 쭉 놔뒀다면 어떻게 됐을까요? 믿기지 않겠지만, 2020년에는 무려 59만 2,868달러(약 6억 6,500만 원)으로 불어났을 겁니다. S&P500 지수는 한 해 평균 10% 정도 상승해왔는데, 92년에 걸친 무시무시한 복리 효과 덕분에 원금의 5,900배로 불어난 것입니다.

한편으론 주가 지수에 투자할 경우 개별 주식 투자만큼 높은 수익

률을 누리지 못할 것이라고 우려하는 분들도 있습니다만, 의외로 전문 투자자 못지않은 투자수익률을 올릴 수 있습니다. 나스닥100 지수를 추종하는 QQQ 같은 미국 ETF에 투자했다면 지난 20년 동안 연평균 수익률은 15% 정도였을 겁니다. 만일 이 수익률로 1억 원을 30년 동안 묻어둔다면 복리 효과 덕분에 투자 원금은 무려 66배인 66억 원으로 불어나게 됩니다.

이 수치는 2020년 이후 주가 지수의 향방을 매번 족집게처럼 맞춰 리틀 버핏이라고도 불리는 빌 애크먼(Bill Ackman) 같은 천재 투자자의 최근 20년 동안 연평균 수익률인 17%와 큰 차이가 나지 않습니다. QQQ에 투자했다면 투자수익률이 리틀 버핏 빌 애크먼과 2%밖에 차이가 나지 않는데요. 빌 애크먼의 펀드 운용 수수료가 QQQ보다 훨씬 높다는 점을 감안하면 수수료를 뺀 QQQ의 실질수익률이 더 높을 수도 있습니다.

여기까지 보면 미국 주가 지수를 추종하는 ETF에 장기 투자를 하는 것이 정답처럼 보입니다. 하지만 이처럼 복리 효과로 엄청난 수익률을 기대할 수 있는 ETF 장기 투자에도 몇 가지 단점이 있는데요. 투자 시점을 잘못 골라 하필 고점을 찍었을 때 투자를 시작하면 인간의 심리상 당장의 주가 폭락을 견디기가 너무나 어렵다는 점입니다.

굳이 세계 대공황까지 거슬러 올라갈 필요 없이 비교적 최근에도 그런 일이 있었죠. 닷컴버블이 한창이었던 2000년 3월 10일 나스닥 지수는 5,048로 고점을 찍고 폭락하기 시작해 2년 반 뒤에는 1,114로 추락해 5분의 1토막이 났습니다. 더 큰 문제는 닷컴버블 붕괴 이후 나스닥 지수가 좀처럼 회복하지 못해 원금까지 돌아오는데 무려 15년이나 기다려야 했다는 점입니다.

또한, 과거에 높은 수익률을 올렸다고 해서 미래에도 같은 수익률을 기대할 수 있다는 보장이 없다는 점도 문제입니다. 주식 투자

는 어디까지나 위험자산에 투자하는 것이기 때문에 높은 수익률만큼 투자위험도 감수해야 합니다. 게다가 2020년에는 천문학적인 돈을 풀어 주가를 끌어올렸지만, 미국의 성장률이 장기적으로 하락하는 추세에 있기 때문에 앞으로는 연평균 수익률이 과거보다 낮아질 가능성도 있습니다.

다만 미국 증시가 앞으로도 다른 나라보다 상대적으로 더 높은 수익률을 기록할 가능성이 여전히 큰 데다가, 심각한 경제 위기가 올 경우 다른 나라보다 충격의 여파가 덜하고 회복 속도가 더 빠르다는 점은 여전히 미국 투자의 큰 장점입니다. 또한, 미국 투자는 달러화 자산이기 때문에 위기가 왔을 때 주가가 하락하더라도 달러화 가치 상승으로 투자손실을 어느 정도 상쇄할 수 있다는 장점도 있습니다.

3

언제 투자를 시작해야 할까?

앞서 우리는 지난 92년 동안 가상의 미국 S&P500 지수 펀드에 장기 투자를 했다면 투자 원금이 무려 5,900배로 불어났을 것이라고 이야기한 바 있습니다. 이런 놀라운 장기 투자의 성과에도 불구하고 실제로 장기 투자를 실행하는 것은 쉽지 않습니다. 그 이유는 바로 미친 듯한 주식 시장의 변동성 때문입니다. 특히 고점에 투자를 시작했다가 한 번이라도 그런 변동성을 겪게 되면 장기 투자는커녕 증시를 아예 떠나버리는 경우도 많습니다.

실제로 1926년 이후 85년 동안의 기록을 보면 미국의 S&P500 지수는 연평균 9.8% 상승했습니다.[6] 그런데 평균이 9.8%였다고 해서 마치 은행이 이자를 주듯이 꾸준히 9.8%씩 오른 게 아니라 주가가 급등하거나 급락한 해 역시 적지 않았습니다. 한 해 상승률이 평균에 가까운 0%에서 20% 사이였던 경우는 85년 중에 34%에 불과했고, 상승률이 20%를 넘은 경우가 38%, 그리고 마이너스였던 적이 28%나 될 정도로 극단적인 변동성을 보였습니다.

특히 일단 강세장에 들어서면 주가가 연속으로 올랐던 경우가 많았기 때문에 '설마 더 오르겠어?'라는 생각으로 투자를 망설이다가는 투자 기회를 놓치는 일이 비일비재하게 일어나죠. 또 반대로 2~3년 연속으로 주가가 올라 남들이 투자에 성공해 큰돈을 벌었다는 얘기를 듣고 뒤늦게 뛰어들면 때마침 주가 하락이 시작되는 경우도 많은데요. 전체 주가 지수는 언젠간 다시 회복되겠지만 그 하락장세의 어두운 터널에서 마음을 추스르며 버틴다는 게 결코 쉬운 일이 아닙니다.

이 때문에 투자의 시기가 정말 중요합니다. 최적의 타이밍은 2019년에 발간한 저의 책『2020 부의 지각변동』(2019)의 에필로그 제목이었던 '최악의 공포가 시작되는, 그 순간이 기회다'처럼 2020년 3월과 같이 모두가 공포에 떨고 있을 때 투자를 시작하는 건데요. 2020년에만 투자를 시작했다면 큰 고민이 없을 겁니다. 그런데 그런 기

1장 – 예측이 어렵다고 미래를 포기할 것인가?

회를 모두 놓치고 지금 투자를 고민하고 있다면 어떻게 시작해야 할까요?

최악의 공포가 시작되는 순간이 가장 투자하기 좋은 시기인 것과 반대로, 모두가 주가가 오를 것이라는 '행복한 꿈(euphoria)'에 빠져 있다면 목돈을 일시에 투자하기에는 위험한 시기라고 할 수 있습니다. 그렇다고 투자를 시작하지 않으면 나만 벼락 거지가 된 것 같은 소외감을 느낄 수도 있죠. 이렇게 뒤늦게 투자를 시작한다면, 지금 당장은 조정을 받게 되더라도 나중에는 지금보다는 오를 가능성이 큰 우량 자산에 천천히 적립식으로 투자 규모를 늘려나가는 것도 좋은 방법입니다.

당장은 조정이 오더라도 향후 오를 가능성이 높은 대표적인 자산

으로는 미국의 S&P500이나 나스닥100 지수를 추종하는 ETF를 꼽을 수 있습니다. 또 인구구조가 탄탄하고 공정한 시장경쟁 속에서 끊임없이 혁신이 이뤄지는 생태계를 갖춘 나라를 찾아내 그 나라 주가 지수 ETF에 투자하거나 4차 산업혁명을 주도할 인터넷, 그린뉴딜(green new deal) 관련 기업이나 업종 ETF를 찾아내 꾸준히 투자하는 것도 좋은 방법입니다.

물론 지금처럼 주식이나 코인 투자로 돈을 벌었다는 사람들이 넘쳐나는 상황에서 점진적으로 투자 비중을 늘려나가는 방식이 조금은 답답하게 느껴질 수도 있습니다. 하지만 투자의 세계에서는 모두

주가가 더 오를 것이라는 행복감에 빠져있을 때가 가장 위험한 시기인 만큼 돈을 더 빨리 버는 것보다 애써 모아놓은 소중한 자산을 지켜나가는 것도 성공적인 투자를 위한 중요한 원칙이라는 점을 명심해야 합니다.

지금 뒤늦게 투자를 고민하시는 분 중에는 2020년 3월의 폭락장을 놓친 것을 아쉬워하시는 분들이 많을 텐데요. 앞으로 주식을 싸게 살 기회는 끊임없이 찾아올 것이기 때문에 이미 지나간 기회는 되돌아볼 필요도 아쉬워할 필요도 없습니다. 사실 2020년 3월과 같은 폭락장은 과거에도 계속 반복되어왔고, 자본주의가 계속되는 한 앞으로도 또다시 찾아올 수밖에 없습니다.

다만 그런 기회는 준비된 사람만이 잡을 수 있습니다. 이를 위해서는 먼저 과거에 반복되어왔던 위기의 패턴을 정확히 이해할 필요가 있습니다. 통상 미국 S&P500 지수를 기준으로 20% 정도 하락하면 약세장이라고 부르는데요. 1929년부터 2020년까지 91년 동안 총 25번의 약세장을 겪었습니다. 평균적으로 3년 7개월여마다 약세장이 찾아왔다는 얘기입니다. 이때 S&P500 지수는 평균 33% 하락했기 때문에 신규투자자에게는 바겐 세일이나 다름없었습니다.

2008년 글로벌 금융 위기와 코로나19 위기 사이에도 두 차례나 약세장이 찾아왔습니다. 2011년 4월에 시작된 약세장에서는 S&P500 지수가 6달 동안 19.4%나 떨어졌습니다. 당시 우리 코스피는 고점 대비 24%나 하락해 미국보다 더 하락폭이 컸습니다.

두 번째 약세장은 2018년 9월에 찾아왔는데요. 미·중 무역 전쟁

에 대한 우려가 커지면서 미국의 S&P500 지수가 19.8%나 하락했습니다. 미국 증시는 석 달 동안 빠르게 하락하고 곧바로 회복한 반면 우리 증시는 수출실적까지 악화되면서 1년 반이 넘는 대세 하락기를 거쳤는데요. 당시 코스피가 고점 대비 26%나 추락할 정도로 심각한 부진을 겪었습니다.

그 뒤 2020년 3월에는 모두가 생생하게 기억하는 코로나19 위기로 S&P500 지수가 34%나 추락했는데요. 같은 시기 우리나라 코스피는 35% 하락했습니다. 통상 약세장이 찾아올 때마다 코스피 하락 폭이 뉴욕 증시보다 훨씬 컸던 것과 달리 이번 위기에는 미국과 큰

차이가 나지 않았습니다. 미국과 비교해 확진자가 훨씬 적었고 강력한 셧다운도 없었기 때문입니다.

대체로 약세장이 시작되면 우리 코스피가 미국보다 변동성이 크기 때문에 어떻게 활용하느냐에 따라 위기가 될 수도 기회가 될 수도 있습니다. 큰 변동성은 위험을 분산해두지 않은 기존 주식 투자자에게는 악몽 같은 일이 될 수도 있지만, 신규투자자에게는 싸게 시장에 진입할 기회를 제공하기 때문입니다.

최근 10년 동안에도 3번이나 약세장이 찾아왔던 것처럼 앞으로 얼마든지 돈을 벌 기회는 끊임없이 찾아올 것입니다. 다만 그 어떤 전문가도 약세장이 찾아오는 시기를 정확히 예측하기는 어려운데요. 이 때문에 그 어떤 경우에도 대응할 수 있는 흔들리지 않는 자신만의 투자 원칙을 세우는 것이 중요합니다.

그 구체적인 투자 방법과 전략은 개인의 투자성향이나 위험회피 성향에 따라 달라질 수밖에 없습니다. 추천하고 싶은 전략 중 하나는 2021년 말처럼 증시 고점 논란이 불거질 때는 과도한 주식 비중을 줄이고 안전자산을 조금씩 늘려나가다가 평균 3년 7개월마다 찾아왔던 약세장이 오면 주식과 같은 위험자산에 과감하게 목돈을 투자하는 보수적인 투자 방식입니다.

이때 주식에 투자하지 않은 여유자금을 관리하는 방법이 중요한데요. 지금처럼 은행 금리가 낮아진 상황에서는 여유자금 일부를 미국 국채나 달러 예금으로 보유하는 것을 권합니다. 특히 달러에 대한 원화 환율이 지난 3년 평균보다 낮아지면, 시기를 분산해 달러로 환전해 두었다가 TLT 같은 미국 국채 ETF를 사두는 것도 추천합니다.

약세장이 시작되면 주가는 하락하지만, 미국 국채 가격이 치솟아 오르고 달러에 대한 원화 환율도 뛰어오르는 경우가 많기에 미국 국채 ETF를 팔고 원화로 환전하면 큰 이익을 볼 수 있는데요. 미국 국채를 판 돈으로 값이 싸진 미국 주식을 사거나 원화로 환전해 국내 주식을 사는 것도 좋은 투자 전략이 될 수 있습니다.

주가 상승이 계속될 것이라고 확신하더라도 이미 버블 논란이 나오는 상황에서 빚까지 져서 추격 매수에 나서는 것은 너무나 위험한 선택입니다. 또 2020년 강세장 초기에 소액을 투자했다가 이득을 봤다고 해서 이미 뜨겁게 달아오른 증시에 취해 뒤늦게 목돈을 한꺼번

에 투자하는 것도 좋지 않은 방법인데요.

이런 방식으로 투자했다가는 평균 3년 7개월 만에 찾아왔던 급락장에 주식을 싸게 살 수 있는 기회를 놓치는 것은 물론, 약세장에 따른 주가 급락으로 자칫 반대매매를 당해 갖고 있던 주식을 강제로 헐값에 매도하거나 담보 부족으로 빚을 갚기 위해 주식을 팔아야 하는 상황에 내몰릴 수 있습니다.

또한 주가가 치솟아 오른 뒤에는 오히려 과감하게 투자를 시작하는 사람들이 정작 약세장이 시작되어 주가가 연일 폭락하면 공포에 질려 소중한 투자 기회를 잃어버리는 경우가 많습니다. 이를 막기 위해서는 약세장에서 과감하게 투자 비중을 늘릴 수 있는 자신만의 투자 원칙을 미리 세워둘 필요가 있습니다.

　이를 위해서는 하락장의 특징을 잘 이해하고 있어야 합니다. 지난 90여 년 동안 25번의 하락장에서 S&P500 지수의 하락률이 30%를 넘지 않았던 급락장이 13번, 30%가 넘는 폭락장은 12번 찾아왔습니다. 2020년 3월처럼 주가가 30% 넘게 하락하는 폭락장은 평균 8년마다 찾아왔던 셈입니다.

　그리고 세계 대공황과 닷컴버블을 제외하면 약세장이 지속된 기간은 대체로 6개월에서 18개월에 불과해 4년에서 8년에 이르는 강세장보다 짧았던 대신 훨씬 강렬하게 진행돼 왔습니다. 그리고 짧고 굵은 약세장이 끝난 직후 주가는 한순간에 반등해 왔는데요. 증시 저점은 워낙 순간적으로 스치며 지나가기 때문에 이를 정확히 짚어내는 것은 정말로 쉬운 일이 아닙니다.

　게다가 약세장에는 주가가 일시적으로 튀어 오르는 데드 캣 바운스(dead cat bounce; 주가가 큰 폭으로 떨어지다가 잠깐 반등하는 상황을 죽은 고양이에 비유하는 말)도 종종 일어나기 때문에 바닥을 확인하기가 쉽지 않습니다. 약세장에서 데드 캣 바운스가 정말 무서운 점은 주가 하락폭의 통상 3분의 2 정도까지 회복하는 경우도 많아 하락장이 끝난 것으로 착각하게 만든다는 점입니다. 하지만 데드 캣 바운스가 끝나면 주가는 더욱 깊은 나락으로 추락합니다.

　특히 폭락의 공포 속에서 바닥을 정확히 파악한다는 것은 제아무리 투자의 대가라도 불가능합니다. 오히려 정확히 바닥을 찾아내 투

오옷!!! 주가하락이 끝났구나!!!

잠깐 올랐다옹!!

데드 캣 바운스

자를 하려다 투자 기회를 놓치거나 주가가 급반등할 때 추격매수에 나섰다가 자칫 데드 캣 바운스의 함정에 빠질 수 있습니다. 이 때문에 약세장에서는 자신이 정한 일정 기준에 따라 몇 차례에 걸쳐 분산투자를 하는 편이 좀 더 안정적으로 수익을 확보할 수 있는 투자 전략이 될 수 있습니다.

약세장을 노려 상장지수펀드(ETF)에 투자를 시작했다면 하나의 강세장 사이클이 완성되는 4~8년 정도의 중기 투자나 30년이 넘는 장기 투자를 하는 것도 좋은 투자 전략이 될 수 있습니다. 특히 미국 증시는 지난 90여 년 동안 수많은 급락을 겪으면서도 장기적으로는 지속적인 상승을 해 왔기 때문에 약세장을 잘 포착해 미국 주가 지수 ETF에 투자를 시작했다면 장기 투자가 유리합니다.

이에 비해 우리나라 증시는 변동성이 크기 때문에 약세장에서 미국보다 하락률이 크지만 단기적으로 반등할 때는 미국보다 더 크게 뛰어오르는 경향이 있습니다. 우리나라는 워낙 수출 의존도가 높기 때문에 위기에 취약하기는 해도 대신 세계 경제가 위기를 극복하고 회복세에 들어서면 수출 증가율이 비약적으로 높아지면서 일시적으로 주가가 더 강하게 반등하기 때문입니다. 이 때문에 강세장 초기에는 미국보다 높은 상승률을 보이는 경우도 적지 않습니다.

다만 미국의 경기 회복이 본격화되면 미국 연준이 돈줄을 죄기 시작하는데, 이때 미처 경기가 회복되지 않은 이머징 국가나 유럽의

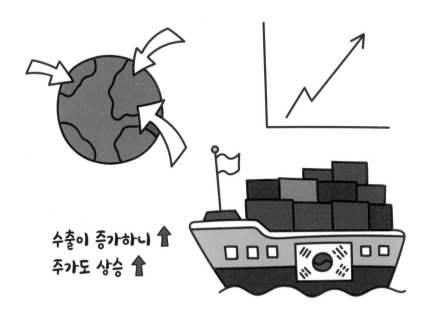

수출이 증가하니 ⬆
주가도 상승 ⬆

저성장 국가들은 경제적 어려움을 겪는 경우가 많다는 점은 인지해야 합니다. 우리나라는 미국에만 수출하는 것이 아니라 전 세계로 수출하기 때문에 미국의 긴축이 본격화되면 수출 증가율이 꺾이게 되고 주가 상승세가 둔화되는 경우가 많았습니다. 이 경우 주가 상승률이 둔화하거나 박스권에 빠질 수도 있다는 점에 주의해야 합니다.

이 때문에 그동안 우리 증시에서는 약세장이 시작됐을 때를 노려 투자를 시작하고 2~3년에 걸쳐 진행되는 반등장을 노리는 중기 투자가 유리한 경우가 많았습니다. 우리 증시는 전체 강세장 지속 기간이 미국보다 짧은 대신 초기에 강렬한 상승장을 누릴 수 있다는 장점이 있습니다. 게다가 대주주가 아닌 경우 2022년까지 주식 투자 수익에 대한 양도세가 없기 때문에 세금 면에서도 해외 투자보다 유리합니다.

만일 약세장을 노려 개별 종목 투자를 시작하려면 투자 시점만이 아니라 새로운 상승장을 이끌 주도주를 찾아내는 것이 중요한데요. 새로운 변화를 이끌 주도주를 찾아내기 위해 철저한 연구를 해야 하는 것은 물론, 남들의 판단 근거도 잘 살펴야 합니다. 남들이 모르는 종목을 혼자 찾아냈다고 주도주가 되는 것이 아니라 남들이 모두 좋게 봐야 주도주가 될 수 있기 때문입니다. 그런 측면에서 주도주를 찾아내려면 약세장이 끝나갈 때 주가가 먼저 치고 올라가는 종목들을 유심히 관찰할 필요가 있습니다.

또한 약세장에 주식 투자를 시작해 어느 정도 수익을 확보했다면 자신이 설정한 일정 기준에 맞춰 조금씩 현금화를 하거나 안전자산

비중을 조금씩 확대해나갈 필요가 있습니다. 실제로 장기간 안정적으로 높은 수익률을 올려왔던 우리나라의 국민연금이나 주요 국가들의 국부펀드들이 이 같은 방식으로 안정성과 높은 수익률을 동시에 추구하고 있다는 점을 참고할 필요가 있습니다.

물론 국민연금이나 일부 국부펀드들의 투자 방식은 과열된 시장에서 주가가 예상외로 치솟아 오를 때는 다소 답답하게 느껴질 수도 있지만, 대신 예상 밖의 위기가 찾아올 경우에도 안정적으로 자산을 지킬 수 있다는 장점이 있습니다. 특히 단순히 원화 현금만이 아니라 미국 국채나 달러 예금, 금, 원자재 등 다양한 자산을 포트폴리오에 담아둔다면 경제 위기나 인플레이션 등 예상치 못했던 다양한 위기에 대응할 수 있습니다.

예를 들어 헤지펀드의 제왕으로 불리는 레이 달리오가 선호하는 사계절 포트폴리오(all weather portfolio)는 주식을 30%, 각종 국채를 55%, 금을 7.5%, 원자재를 7.5% 등 다양한 자산에 분산투자하고 있는데요. 반드시 이 비중을 따를 필요는 없지만, 자신만의 투자성향에 맞춰 투자 비중을 정해놓으면 주가 상승에 따른 수익을 충분히 누리면서 어떤 방식의 위기가 찾아와도 오히려 기회로 활용할 수 있을 겁니다.

투자에는 정답이 없기 때문에 자신만의 투자 스타일에 맞춰 전략을 미리 설정해두는 것이 가장 중요합니다. 이를 위해서는 투자의

대가들의 포트폴리오나 국민연금처럼 높은 수익률을 올리는 기관 투자가들의 자산 배분을 참고할 필요가 있습니다. 특히 시장이 계속 상승세를 보이는 동안에 소액이라도 일단 투자를 시작해 자신의 투자성향을 정확히 파악하고 다양한 시장 변화에 대비하며 철저한 투자원칙을 세워두는 것이 중요합니다.

동전의 앞면과 뒷면,
인플레이션과 디플레이션

2022년 증시와 금융 시장을 좌우할 가장 큰 요인은 바로 '인플레이션'이라고 할 수 있습니다. 물론 한 해 2% 정도 물가가 오르는 수준의 적절한 인플레이션은 실물 경제를 자극하고 투자를 활성화시키며 경제성장률을 끌어올리기도 합니다. 그래서 현재 미국의 연준은 '적절한' 수준의 인플레이션이 일어나길 바라고 있을 겁니다.

그러나 안타깝게도 적절한 수준의 인플레이션을 유도하는 것은 쉬운 일이 아닙니다. 연준의 정책이 실물 경제에 영향을 미치기까지 시차가 있기 때문인데요. 이 때문에 과거 금융당국이 디플레이션을 극복하려고 과도하게 돈을 풀었다가 예상치 못한 인플레이션 때문에 고생한 경우가 많았습니다.

노벨경제학상 수상자인 밀턴 프리드먼(Milton Friedman)은 이 같은

금융당국의 실패를 '샤워실의 바보'에 비유했습니다. 샤워할 때 적정 온도를 맞추기 위해서는 조심스럽게 손잡이를 돌려야 할 텐데요. 뜨거운 물이 나온다고 찬물로 확 돌려버리거나 물이 차다고 갑자기 뜨거운 물로 돌리면 갑자기 변한 물 온도에 놀라 샤워실을 뛰쳐나오는 바보가 될 수밖에 없습니다. 그래서 연준의 조급한 시장 개입은 시장의 혼란만 가중한다는 겁니다.

경기가 좋아지지 않는다고 중앙은행이 엄청난 돈을 풀면 어느 순간 임계점(critical point)을 넘어버리는 인플레이션이 시작될 수 있습니다. 정작 인플레이션이 시작되면 중앙은행은 속수무책이었던 경우가 한두 번이 아니었습니다. 2021년 상반기에 미국의 소비자 물가상승률이 5%를 넘었는데도 연준은 일시적인 현상일 뿐이라며 돈 풀기를 멈추지 않았습니다. 연준의 예측이 맞는다면 문제가 없겠지만, 만약 틀릴 경우 서서히 찬물을 틀어야 할 중요한 시점을 놓친 것일 수도 있습니다.

돈을 아무리 풀어도 물가가 안 오를 것이라고 자신하면서 한없이 돈을 풀다가 순식간에 하이퍼인플레이션으로 전환되는 바람에 큰 고통을 겪었던 대표적인 사례가 바로 1920년대 독일의 바이마르 공화국(Weimarer Republik) 시절과 1970년대 미국의 스태그플레이션이라고 할 수 있습니다. 제아무리 똑똑한 사람들이 모여 있는 선진국 중앙은행이라고 하더라도 언제든 샤워실의 바보가 될 수 있음을 보여준 대표적인 사례이죠.

하이퍼인플레이션으로 고통받았던 바이마르 공화국 때는 어린이들이 돈다발로 블록 쌓기 놀이를 하거나 장작 가격보다 돈을 태우는 게 더 싸서 장작 대신 돈을 태우는 경우가 많았습니다. 심지어 빵 한

조각을 사기 위해 손수레에 가득 돈을 싣고 가야 했다든가 벽지 대신 지폐를 벽에 바르는 등 온갖 믿을 수 없는 일화들을 남겼습니다. 그렇다면 독일 바이마르 공화국에서는 왜 이런 하이퍼인플레이션이 일어났을까요?

1914년 1차 세계대전이 발발한 후 독일 정부가 전쟁 비용을 마련하기 위해 돈을 마구 찍어대는 바람에 통화량이 4배로 늘어났습니다. 그런데도 1차 세계대전이 한창일 때는 물가상승률이 높지 않았습니다. 전쟁 중이라 어디 나가서 돈을 쓰기가 쉽지 않았던 데다 전쟁에 대한 불안감이 커서 돈이 생겨도 가급적 돈을 모아두었기 때문이죠.

하지만 1918년 11월, 1차 세계대전이 끝나자 그동안 억눌렸던 수요가 한꺼번에 터져 나오면서 전쟁 때 쌓아두었던 뭉칫돈이 시중에 쏟아져 나오기 시작했습니다. 그러나 전쟁으로 주요 생산 시설이 파괴된 탓에 공급이 턱없이 부족하다 보니 물가가 천정부지로 치솟기 시작했습니다. 게다가 가혹한 전쟁배상금을 갚기 위해 외화가 필요했던 당시 독일은 수출을 늘리기 위해 인위적으로 마르크화 가치를 떨어뜨렸고, 그 결과 수입 물가마저 오르면서 물가 불안이 가중됐습니다.

게다가 일단 물가가 뛰어오르는 것을 목격한 독일인들이 닥치는 대로 사재기를 시작하면서 물가는 더욱 치솟아 올랐습니다. 1923년 물가는 1차 세계대전 직전인 1914년 초보다 무려 7천억 배나 뛰어올랐습니다. 특히 0.08마르크였던 달걀 한 알 값이 800억 마르크,

1.75마르크였던 소고기 1kg은 5조 6,000억 마르크라는 천문학적인 금액으로 올랐습니다.[7]

이렇게 물가가 치솟아 올라 돈을 수레에 싣고 다녀야 할 정도가 되자, 어쩔 수 없이 독일 바이마르 정부는 돈의 액면가를 점점 더 높여나갔습니다. 결국 1923년 물가가 절정에 달했을 때는 1조 마르크짜리 동전까지 발행해야 했죠. 그 당시로써는 인류가 발행한 동전 가운데 역대 최고의 액면가를 자랑했지만, 그 동전으로는 소고기 200g도 살 수 없었습니다.

이처럼 물가가 걷잡을 수 없이 오르자 바이마르 정부는 당시 1조 마르크를 1렌텐마르크(Rentenmark), 즉 새로운 1마르크로 바꾸는 화폐개혁을 단행했는데, 다행히 이 화폐개혁으로 도저히 잡을 수 없을 것 같던 하이퍼인플레이션을 잡는 데 성공했습니다. 마구잡이로 발행했던 옛 마르크와 달리 렌텐마르크는 금과 연동해 발행량을 철저히 통제하겠다는 독일 정부의 선언이 시장의 신뢰를 얻었기 때문이었습니다.

이 같은 역사적 경험에서 가장 중요한 시사점은 인플레이션과 디플레이션이 마치 동전의 양면 같아서 한순간에 뒤바뀔 수 있다는 점입니다. 특히 인플레이션이 오지 않는다고 무작정 돈을 풀다보면 한순간에 인플레이션으로 바뀔 수도 있는데요. 물이 99도에서는 끓지 않다가 임계점인 100도를 넘는 순간 끓는 현상과 같습니다. 다만 물 온도는 정밀하게 잴 수 있기 때문에 언제 끓어오를지 정확히 알 수 있지만, 경제가 어떤 상태인지는 정확히 파악하기 어려우므로 전문가들도 쉽게 인플레이션의 함정에 빠지게 되는 것입니다.

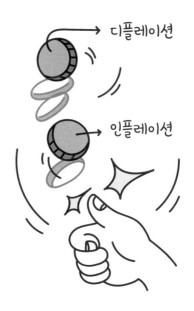

물론 그 당시처럼 격하지는 않겠지만, 과거 독일의 하이퍼인플레이션은 현대에도 적용할 수 있는 사례입니다. 코로나19 팬데믹이 어떤 방식으로든 마무리되면 사람들은 그동안 갈망해왔던 서비스업 관련 소비를 일시에 늘릴 가능성이 큽니다. 또한, 코로나19 팬데믹이 진행되는 동안 많은 업체가 폐업한 바람에 남은 업체들이 쉽게 가격을 올릴 수 있게 됐습니다. 게다가 서비스업 소비에 목말랐던 소비자들은 가격이 올라도 기꺼이 돈을 지불할 가능성이 크기 때문에 물가를 자극할 가능성이 큽니다.

그런데 중앙은행은 인플레이션이 오기 직전까지도 이를 잘 파악

스태그플레이션

경기 불황(침체) + 인플레이션

하지 못하는 경우가 많습니다. 그 대표적인 사례가 1970년대 미국의 스태그플레이션(stagflation)인데요. 이는 경기 불황 속에서 물가만 오르는 것을 뜻하는 말입니다. 1960년대 미국의 대호황기가 끝날 무렵 당시 연준 의장이었던 윌리엄 맥체스니 마틴(William McChesney Martin)은 계속 돈을 푸는 완화적인 금융정책을 고수했습니다. 그러다가 1968년 물가상승률이 4%를 넘어선 뒤부터 물가가 계속해서 치솟기 시작했고, 그 결과 통제할 수 없는 인플레이션의 함정에 빠지고 말았습니다. 이를 두고 마틴 의장은 "인플레이션이라는 말은 이미 마구간을 빠져나갔을 뿐만 아니라 아예 길을 내달리고 있었다(the horse of inflation was not only out of the barn but was already down the road)"고 회고한 적이 있죠.

더 큰 문제는 일단 인플레이션이 발생하면 수많은 이해관계자들이 생기기 때문에 인플레이션을 잡으려는 정책에 저항하는 압력이 생기게 된다는 점입니다. 그래서 일단 인플레이션이 시작되면 이를 초래했던 정책을 철회하기가 쉽지 않습니다.

그 대표적인 사례는 1930년대 인플레이션을 겪었던 일본에서 찾아볼 수 있습니다. 당시는 세계 대공황으로 전 세계가 디플레이션의 늪에서 좀처럼 헤어나지 못하던 시기였습니다. 당시 일본의 대장상(기획재정부 장관) 다카하시 고레키요(高橋是清)는 돈줄을 죄었던 미국의 연준과 달리 각종 금융정책과 재정정책으로 엄청난 돈을 시중에 뿌렸습니다. 덕분에 일본은 미국보다 먼저 디플레이션의 늪에서 빠져나와 인플레이션이 시작됐습니다.

벤 버냉키(Ben Bernanke) 전 연준 의장은 이 같은 다카하시 고레키요의 정책을 불황 극복의 모범사례로 꼽기도 했었습니다. 그러나 문제는 시중에 너무 많은 돈이 풀리는 바람에 1930대 중반을 넘어서면서 물가가 가파르게 오르기 시작했다는 점입니다. 이에 다급해진 일본 정부가 인플레이션을 막기 위해 재정지출을 대폭 삭감하려 하자 자신들의 예산이 줄어들 것을 우려한 일본 군부가 다카하시 고레키요를 암살해버렸습니다.

대장상이 암살까지 당하는 상황이 되자 다카하시 고레키요의 후임자들은 군부의 압력에 밀려 돈을 계속 뿌리는 재정정책을 고수할 수밖에 없었습니다. 그 결과 통제 불능으로 물가가 치솟아 오르면서 1930년대 후반에는 물가상승률이 한 해 10%를 넘는 하이퍼인플레이션이 일어났습니다.[8]

이처럼 일단 재정정책으로 돈을 풀다가 이를 중단하는 것은 쉬운 일이 아닙니다. 군국주의였던 일본에서는 군부의 암살이라는 저항

이 일어났지만, 현대 민주국가에서는 투표로 정권이 바뀌거나 격렬한 시위가 일어날 수도 있기에 한 번 늘린 재정지출을 줄이기란 정말 쉽지 않습니다. 그 결과 인플레이션의 함정을 뻔히 보면서도 그 수렁에 빠져드는 경우가 적지 않습니다.

물론 재정지출을 확대한 만큼 세금을 걷는다면 시중 유동성을 흡수해 물가상승 압력을 줄일 수 있습니다. 따라서 바이든 행정부가 얼마만큼 세수를 확보하느냐가 중요한데요. 증세 없는 재정지출 확대는 시중에 유동성을 늘려 잠깐은 증시에 호재로 작용할 수 있겠지만, 재정지출을 늘리기 위해 더 많은 돈을 찍는다면 장기적으로는 인플레이션 압력을 높일 가능성이 큽니다.

만약 '지금 미국은 인플레이션 위기를 앞두고 있는 것이냐?'라고 묻는다면, 이에 대한 의견은 세계적 석학이나 저명한 투자자들 사이에서도 엇갈린다고 말씀드리고 싶습니다. 하버드대 교수이자 미국의 재무부장관이었던 로런스 서머즈(Lawrence Summers) 교수와 헤지펀드의 제왕이라고 불리는 레이 달리오, 글로벌 금융 위기를 다룬 실화 영화 「빅쇼트」의 실제 주인공인 마이클 버리(Michael Burry), 지난 30년 동안 월가에서 최고 수익률을 자랑하는 억만장자 투자자 스탠리 드러큰밀러(Stanley Druckenmiller)는 인플레이션에 대해 심각한 우려를 표명하고 있습니다.

이에 반해 연준의 제롬 파월(Jerome Powell) 의장이나 재닛 옐런(Janet Yellen) 미국 재무부장관은 2021년 물가상승은 일시적인 현상일 뿐, 구조적인 인플레이션은 오지 않을 것이라고 단언하고 있습니다. 또 노벨경제학상 수상자인 폴 크루그먼(Paul Krugman) 뉴욕시립대 교수는 인플레이션 걱정은 쓸데없는 일이라고 강조했고, 신채권왕 중 한 명으로 꼽히는 스콧 마이너드(Scott Minerd)와 힘코(HIMCO)의 레이시 헌트(Lacy Hunt) 부사장 등은 오히려 디플레이션의 가능성을 우려하고 있습니다.

사실 이렇게 견해가 크게 엇갈리는 이유는 앞으로 인플레이션이 오느냐 아니냐 여부가 지금까지 풀린 돈보다 앞으로 얼마나 돈을 더 풀 것이냐에 달려 있기 때문입니다. 연준이 2022년 하반기까지도 지금같이 돈을 풀고 미국 정부가 재정적자를 끝없이 확대해나가면 인플레이션 확률은 더욱 높아질 수밖에 없습니다. 반대로 연준의 긴축

시기가 당겨지고 미국 정부가 증세에 나서면 인플레이션 위험은 낮아지고 대신 디플레이션 우려가 커질 것입니다.

인플레이션과 디플레이션을 가를 또 하나의 중요한 변수는 바로 미국의 고용 상황입니다. 2021년 4월 미국의 실업률은 6.1%로, 코로나19로 고용 시장이 타격을 받기 직전이었던 2020년 2월의 실업률인 3.5%보다 2배 가까이 높은 수준입니다. 인플레이션의 우려를 일축하는 전문가들은 이처럼 실업률이 높은 까닭에 물가상승이 임금 상승을 가져오고 임금 상승이 다시 물가상승을 야기하는 인플레이션의 악순환이 일어나기는 어렵다고 주장합니다.

하지만 미국에서 실업률이 높은 이유는 불황으로 일자리가 부족해서가 아니라 사람들이 일하지 않으려는 데 있기에 인플레이션에 대해 안심할 수 있는 상황이 아닙니다. 미 노동부 자료를 보면 2021년 3월 채용공고는 812만 건으로 전 달보다 8%나 급증했지만, 실제 채용은 고작 3.7% 늘어난 600만 건에 불과했습니다. 코로나19 이후 워낙 후한 실업수당을 지급한 탓에 저소득층은 일하는 것보다 차라리 실업수당을 받는 게 유리했기 때문입니다.

그 결과 구인난에 빠진 아마존과 맥도널드 등 미국의 주요기업들이 10~20% 정도 시급을 올리고 있는 상황입니다. 만일 기업이 이같은 인건비 상승을 견디지 못한다면 결국 제품 가격을 올리는 수를 쓸 수밖에 없을 겁니다. 임금 상승이 물가상승을 부르고 다시 임금상승으로 이어지는 악성 인플레이션이 일어나느냐 아니냐는 코로나19 이후 일시적으로 늘어났던 실업수당이 정상화되고 난 뒤의 고용시장 변화에 달려있는 셈이죠.

인플레이션을 좌우할 세 번째 요인은 바로 원자재 가격인데요. 2021년 상반기에는 코로나19로 글로벌 공급망이 타격을 받은 데다 시중에 워낙 많은 돈이 풀린 탓에 원자재의 가격이 치솟았습니다. 만일 임금과 함께 원자재가격까지 치솟아 오르면 생산자 물가가 소비자 물가를 끌어올려 다시 임금과 원자재가격이 오르는 '진성 인플레이션(진짜 인플레이션)'이 찾아올 우려가 있습니다.

인플레이션 초기에는 화폐 가치의 하락을 우려하기 때문에 일시적으로 주가나 부동산값 등 실물자산 가격이 조금 더 오를 수 있습

니다. 하지만 물가상승에 가속도가 붙으면서 인플레이션을 더 이상 통제할 수 없을 것이라는 우려가 커지면 연준은 급격하게 돈줄을 죌 수밖에 없습니다. 그 결과 자산 가격이 급락하는 경우가 적지 않은 데요. 이 때문에 인플레이션 속도가 가팔라지면 자산시장에 충격을 줄 수 있다는 점을 명심해야 합니다.

그런데 이처럼 인플레이션 우려가 커지는 상황 속에서 앞서 살펴 본 것처럼 스콧 마이너드나 레이시 헌트 등 여러 전문가 사이에서 여전히 디플레이션을 걱정하는 사람들이 적지 않은 이유는 무엇일 까요?

첫 번째는 연준의 급작스러운 태세 전환이 디플레이션을 불러올 가능성입니다. 신채권왕 중 한 명으로 꼽히는 제프리 건들락(Jeffrey Gundlack)은 물이 너무 뜨겁다고 갑자기 찬물을 틀어버리는 '샤워실의 바보'처럼 2022년에도 인플레이션이 진정되지 않으면 연준이 화들짝 놀라서 강도 높은 긴축 정책을 쓰게 될 것이라고 우려를 표했습니다. 그러면 한순간에 경기가 얼어붙으면서 디플레이션이 시작될 것이라는 겁니다.

인플레이션이 올 가능성이 크지 않다고 보는 전문가들의 두 번째 주장은 2021년 미국의 임금이 뛰어오른 것은 사실이지만 이는 어디까지나 일시적인 현상일 가능성이 크다는 것입니다. 지금은 실업자들이 과도한 재난지원금과 실업수당을 받고 있기 때문에 열심히 구직활동에 나서지 않고 있지만, 실업수당이 정상화되는 2021년 말이 되면 눈높이를 낮춰 구직활동에 나설 것이기 때문에 조만간 임금이 안정될 것이라는 전망입니다.

이들의 예상대로라면 2022년 이후에는 지금보다 임금 인상 압력이 완화돼 인플레이션 위협은 낮아지겠지만, 이미 미국의 경기 부양책으로 자산 가격이 폭등한 상황에서 임금이 정체되면 미국의 빈부 격차는 더욱 커질 수밖에 없습니다. 이 경우 과거 2008년 글로벌 금융 위기 이후 미국을 뜨겁게 달아오르게 했던 '월가를 점령하라(occupy Wall Street)' 시위처럼 사회 불안이 가중될 우려가 있습니다.

셋째, 미국의 빚이 워낙 많아서 연준이 아무리 돈을 찍어내도 인플레이션은커녕 디플레이션의 늪에서 벗어나지 못할 것이라는 주장입니다. 이런 견해를 가진 대표적인 전문가는 미국의 투자자문사인 힘코의 부사장 레이시 헌트인데요. 레이시 헌트가 디플레이션을 우려하는 가장 큰 이유는 미국의 GDP 대비 총부채(가계, 기업, 정부 부채를 모두 합친 부채) 비율이 388%로 역대 최고 수준을 기록하고 있다는 점입니다.

부채란 결국 언젠가는 갚아야 하는 돈입니다. 물론 빚이 아무리 많아도 성장이 가속화된다면 경제 규모가 커져서 나중에 빚을 갚을 때 부담이 되지 않을 겁니다. 하지만 많은 빚을 지고도 성장이 정체되면 빚을 갚기란 더욱 어려워집니다. 빚을 갚기 위해 가계, 기업, 정부가 소비를 줄이게 되고 이는 경기 불황으로 이어져 디플레이션을

1장 – 예측이 어렵다고 미래를 포기할 것인가?

가속화시킨다는 논리입니다.

이 같은 헌트의 주장이 어느 정도 설득력은 있지만 완전히 동의하기는 어려운 점이 있는데요. 바로 경기 불황이 반드시 디플레이션을 가져오는 것은 아니라는 점입니다. 실제로 미국은 1970년대 경기 불황 속에서 물가만 오르는 스태그플레이션이라는 기현상을 겪은 적이 있습니다. 이번에도 불황 속에서 물가만 오르는 현상이 나타나지 말라는 법이 없기 때문에 경기 불황이 반드시 디플레이션을 불러올 것이라고 예단하기는 어렵습니다.

넷째, 지금처럼 미국의 청년 인구가 감소하고 있는 상황에서는 아무리 돈을 풀어도 일본형 디플레이션의 늪에서 빠져나가기 어렵다는 주장입니다. 레이시 헌트는 미국의 거대한 인구 집단인 베이비붐 세대가 은퇴하기 시작했고, 1990년부터 미국 전체 인구에서 젊은 층의 인구(16~34세 인구)가 차지하는 비중이 급격히 줄어들면서 미국 시장의 소비 여력이 지속적으로 감소하고 있다고 주장합니다.

하지만 이 역시 100% 동의하기가 어려운 것이, 미국도 청년 인구가 감소하고 있기는 하지만 일본이나 유럽보다는 훨씬 나은 상황입니다. 2019년 기준 일본이나 독일 등 유럽 주요 국가의 합계 출산율은 1.4~1.5에 불과하지만, 미국은 1.7이 넘어 선진국 중에서는 높은 편에 속합니다. 게다가 전 세계에서 젊고 유능한 이민자들이 합법·불법적인 방법으로 몰려들고 있는 미국의 상황은 일본과 확연히 다릅니다.

다섯째로 디플레이션을 우려하는 전문가들은 기술 혁신에 따른

빅테크 산업의 약진과 전통 산업의 몰락이 디플레이션을 가속화시
킬 것이라고 주장합니다. 미국의 컨설팅 기업인 맥킨지는 산업구조
의 변화로 2030년까지 미국과 영국, 독일, 일본 등 9개 국가에서 기
술 혁신이 가속화되면서 기존의 일자리를 잃고 혁신산업에서 새로
운 일자리를 찾아야 하는 사람이 1억 명이 넘을 것이라는 분석을 내
놓았습니다. 이들이 일자리를 잃어버리면 소비가 둔화되고 디플레
이션 압력이 더욱 커질 것이라는 주장입니다.

　디플레이션을 주장하는 사람들의 공통적인 지적은 2021년 미국
의 경제성장률이 뛰어 오른 것은 지나친 부양책과 기저효과에 따른
일시적인 요인에 의한 것일 뿐, 부양책의 효과가 끝나면 미국 경제
는 다시 저성장의 늪에 빠지게 되고, 투자와 소비 부진이 이어지면
서 코로나19가 오기 전처럼 디플레이션 경제로 돌아갈 것이라는 주

장입니다.

　디플레이션이 오면 미 연준이나 정부가 지금과 같은 부양책을 계속 유지해 잠시 동안은 자산시장을 떠받치는 역할을 지속할 수 있습니다. 하지만 디플레이션이 장기화되면 일본의 잃어버린 30년과 같은 불황의 늪에 빠지게 되고 언젠가는 자산시장이 추락하는 실물 경제를 따라갈 가능성을 배제하기 어렵기에 디플레이션을 마냥 반기기는 어렵습니다.

　이처럼 인플레이션과 디플레이션 모두 심각한 단점이 있는 탓에

미국의 연준은 그 어느 쪽도 아닌 리플레이션(reflation; 디플레이션에서 벗어나되 심한 인플레이션까지는 이르지 않은 상태)을 유도하려고 노력하고 있습니다. 하지만 지금처럼 천문학적인 달러를 찍어낸 상황에서 리플레이션을 유도하기란 외줄 타기만큼 힘들기에 조금만 실수하면 극심한 인플레이션이나 디플레이션을 불러오는 샤워실의 바보가 될 가능성이 있습니다.

향후 물가상승률은 주가와 부동산값의 중요한 게임 체인저가 될 가능성이 크기 때문에 물가의 향방을 예의주시해야 합니다. 그런데 세계 최고의 전문가들 사이에서조차 인플레이션과 디플레이션에 대한 우려가 팽팽히 맞서고 있는 데다 연준의 순간적인 판단에 따라 그 향방이 순식간에 바뀔 수 있는 불안정한 현재 상황에서는 인플레이션과 디플레이션 중 한 방향을 확신하고 포트폴리오를 구성하는 것은 매우 위험한 선택이 될 수 있습니다.

게다가 악성 인플레이션이 찾아오지 않는다면 증시 호황이 조금 더 이어질 수 있기 때문에 호황의 마지막 불꽃에서 소외되지 않도록 주식 등 위험자산 비중을 어느 정도 유지할 필요가 있습니다. 다만 혹시 찾아올지 모를 인플레이션에 대비해 과도한 빚을 지고 투자하는 것은 지양해야 합니다. 또한 미국 국채와 물가연동채, 달러, 금(ETF나 KRX금시장을 통한 투자) 등을 일정 비율 편입해 다양한 위험에 대비해둘 필요가 있습니다.

2022~2023년 최대 이벤트
테이퍼링 & 금리 인상

2021년 말 이후 미국 연준이 양적 완화 규모를 점진적으로 축소하는 테이퍼링(tapering)과 이에 뒤이은 연준의 기준 금리 인상이 가장 큰 화두가 될 가능성이 큰데요. 테이퍼링이란 '점점 가늘어지다'라는 뜻으로 마라톤처럼 지구력이 중요한 경기에 출전하는 운동선수들이

중요한 시합을 앞두고 훈련 강도를 점점 낮춰나가는 과정을 일컫는 단어이기도 합니다.

이런 테이퍼링을 진행하는 이유는 연준의 기준 금리 인상과 같은 중요한 이벤트에 대비하기 위해 먼저 양적 완화의 규모를 점점 줄여나가는 데 있는 것이죠. 경기가 살아나기 시작했다고 양적 완화를 일시에 중단하면 금융 시장이 갑자기 큰 충격을 받을 수 있기 때문에 인플레이션 같은 돌발 상황만 없다면 테이퍼링은 경기 회복 속도에 맞춰 서서히 진행될 것입니다. 그렇다면 연준이 테이퍼링을 시작하면 주가나 국채시장 등 금융 시장은 어떻게 될까요?

미국의 양적 완화는 글로벌 금융 위기 때가 처음이어서 양적 완화 규모를 줄여나가는 테이퍼링도 역사상 단 한 번의 경험밖에 없습니다. 글로벌 금융 위기 당시 양적 완화를 실시한 것은 2008년 말이었는데요. 당시 연준 의장이었던 벤 버냉키가 테이퍼링을 처음 거론한 것은 무려 5년이 지난 2013년 5월이었습니다.

그런데 벤 버냉키 전 연준 의장이 아무런 예고도 없이 테이퍼링을 거론하는 바람에 금융 시장이 발작(tantrum)을 일으키면서 주식 시장이 출렁거렸는데요. 가장 영향이 컸던 기술주 중심의 나스닥 지수는 장중 한때 -4.6%까지 떨어졌다가 결국 -1.5%로 마감했고 대형주 중심의 다우지수는 -1.3%로 마감해 그나마 충격이 좀 덜했습니다.

그러나 그 충격이 가시면서 미국 증시는 반등에 성공했습니다. 결국 테이퍼링 언급에 따른 충격은 하루 이틀짜리에 불과했던 거죠.

그리고 2013년말까지 S&P500지수는 11.7% 올랐습니다. 게다가 정작 2014년 1월 이후 연준이 실제로 양적 완화 규모를 축소하는 테이퍼링을 시작하자 그 뒤 1년 동안 S&P500지수는 11.2%나 상승했습니다. 경기 회복 속도에 맞춰 점진적인 테이퍼링을 진행한 것이 오히려 시장에 안도감을 줬던 것으로 보입니다.

2014년 당시 미국 증시는 테이퍼링에도 불구하고 지속적인 상승을 했습니다. 그러나 신흥국 시장은 큰 타격을 받았는데요. 당시 대표적인 신흥국이었던 중국의 상하이 지수는 버냉키 전 연준 의장의 테이퍼링 언급 직후 주가가 급락했고 1년 이상 주가가 부진의 늪에 빠졌습니다. 우리 코스피는 상하이 지수보다는 충격이 덜했지만, 2014년 1년 동안 코스피가 4.8%나 하락할 정도로 부진한 성적을 기록했습니다.

많은 증시 전문가들은 2014년 미국 증시가 지속적으로 상승했던 사례를 들며 테이퍼링을 시작해도 미국 증시가 지속적인 상승세를 보일 것이라고 말합니다. 게다가 이번에는 우리 증시도 미국과 동반 상승할 것이라는 장밋빛 전망을 내놓는 전문가들이 많죠. 그들은 우리나라 증시가 미국처럼 첨단기업 중심으로 재편된 데다 개인 투자자들의 참여가 늘어나면서 주식 수요 기반도 탄탄해졌다는 것을 그 근거로 삼고 있습니다.

하지만 2014년 미국 연준이 테이퍼링을 실시했음에도 불구하고 미국 증시가 지속적으로 상승했던 것은 어디까지나 미국의 실물경기가 본격적으로 회복세로 돌아섰기 때문이라는 점을 잊어서는 안 됩니다. 이에 반해 당시 미국보다 실물경기 회복이 더뎠던 유럽이나 과도한 빚으로 성장했던 중국 증시는 큰 타격을 받았습니다. 중국에 대한 수출 의존도가 높은 우리나라도 함께 부진을 겪을 수밖에 없었죠.

사실 2008년 글로벌 금융 위기나 2020년 코로나19 위기와 같은 세계적인 경제 위기가 시작되면 모든 나라의 주가가 동반 폭락하는데요. 미국 등 기축통화국을 중심으로 돈을 풀기 시작하면 초반 1~2

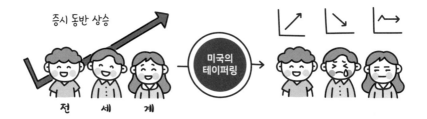

년 동안에는 전 세계 증시가 동반 상승하는 동조화 현상이 강하게 나타납니다. 하지만 미 연준의 테이퍼링을 기점으로 나라마다 진짜 실력이 드러나게 되고 글로벌 자금이 이동하면서 점차 각국 증시가 서로 다르게 움직이는 탈동조화 현상이 시작됩니다.

2014년 당시 미국 증시가 테이퍼링 이후에도 꾸준히 상승할 수 있었던 것은 미국의 실물경기 회복이 본격화된 데다 연준이 그 속도에 맞춰 테이퍼링 속도를 정밀하게 조정해 나갔기 때문입니다. 또한 경기 회복 속도에 맞춰 차분하게 테이퍼링을 진행할 수 있었던 가장 큰 이유는 당시 원유 등 원자재가격이 하락하고 중국이 세계의 공장 역할을 하면서 인플레이션 압력이 크게 완화됐기 때문입니다.

하지만 이번 코로나19 위기 이후에는 글로벌 금융 위기 때와 달리 물가상승 압력이 매우 거셉니다. 만일 2021년 5%대까지 치솟았던 미국의 소비자 물가 상승이 일시적인 상승으로 그치고 2022년 이

후에 물가가 안정된다면 이번에도 경기 회복 속도에 맞춰 테이퍼링과 금리 인상을 진행할 수 있겠지만, 소비자 물가 상승으로 인한 원자재가격과 임금이 올라 다시 물가를 끌어올리는 인플레이션의 악순환이 시작된다면 경기 회복 속도에 비해 테이퍼링 속도가 가속화될 수 있습니다.

인플레이션과 관련한 또 다른 문제는 글로벌 금융 위기 당시 중국이 세계의 공장을 자처하며 물가를 끌어내리는 데 큰 역할을 했지만, 이제는 중국의 임금이 크게 올라 더 이상 세계 물가를 끌어내리는 역할을 하기가 어려워졌다는 점입니다. 게다가 미국과 중국이 서로 독자적인 경제 블록을 만들기 시작하면서 그동안 세계 물가를 끌어내렸던 국제분업 구조에도 균열이 가고 있는 상황입니다.

이 때문에 2022년 미국 등 전 세계 증시가 지속적인 상승을 하기 위해서는 연준이 인플레이션 압력을 성공적으로 차단한 후에 미국 경기 회복 속도에 맞춰 테이퍼링을 점진적으로 진행할 수 있을지가 가장 중요한 관건이 될 것입니다. 만일 돌발 변수가 터져 테이퍼링과 금리 인상 속도가 가속화되거나 연준이 금융 시장을 통제할 수 있을 것이라는 시장의 신뢰가 흔들리게 된다면 증시에 심각한 위협이 될 수 있습니다.

그렇다면 미 연준이 본격적인 테이퍼링에 들어간 이후 우리나라 경제나 금융 시장은 어떻게 될까요? 미 연준이 점진적인 테이퍼링에 성공하더라도 우리나라 경기 회복 속도가 미국에 못 미치면 2013년

이후처럼 우리 증시가 또 다시 장기 박스권에 빠질 수 있습니다. 테이퍼링이 시작되면 경제 회복 속도가 기대에 못 미치는 나라에서 달러가 유출되면서 그 나라의 금융 시장이 흔들릴 수 있기 때문입니다.

물론 2013~2014년과 달리 현재 우리나라의 반도체와 배터리, 바이오 등이 주요 4차 산업혁명의 글로벌 가치사슬에서 핵심을 차지하고 있기 때문에 산업경쟁력 측면에서는 예전과는 크게 달라졌다는 강점이 있습니다. 하지만 '중국제조 2025(中國製造 2025; 중국의 산업 고도화 전략)'를 통한 중국의 거센 추격, 그리고 미·중 패권 전쟁의 격화 등 우리 증시를 위협하는 요인도 만만치 않습니다.

❶ 90년 장기 사이클의 끝, 거대한 태풍이 몰려온다

❷ 모든 버블은 장밋빛 환상이 극대화 됐을 때 터졌다

❸ 가장 위험한 버블의 정체

❹ 로마의 패망을 부른 은화의 타락, 앞으로 달러가 무너질 위험은?

❺ 모두가 주목하는 암호 화폐의 미래, 돈은 언제나 변하는 것

❻ 바이든 증세는 주가에 악재일까? 호재일까?

2장

버블이 무너질 때,
안전하게 나를
지키는 법

부의 시그널

90년 장기 사이클의 끝,
거대한 태풍이 몰려온다

앞서 살펴본 것처럼 미국 상장지수 ETF에 장기로 돈을 묻어두기만 하면 복리 효과가 작동해 큰돈을 벌 수 있다니 참 솔깃한 얘기인데요. 여기까지만 들으면 더 늦기 전에 지금이라도 당장 투자를 시작해야 할 것 같은 생각이 듭니다. 하지만 최근에는 장기 투자도 위험할 수 있다는 주장이 투자의 대가들 사이에서 나오고 있기에 어떤 방식의 투자든 맹신하는 것은 금물입니다.

레이 달리오와 제레미 그랜섬(Jeremy Grantham) 같은 저명한 투자자들이 바로 이 같은 경고를 내놓고 있는 주인공들인데요. 이들은 미국 증시에 5~10년마다 반복되는 단기 사이클뿐만 아니라 75~100년마다 반복되는 장기 사이클이 있는데 지금은 그 장기 사이클의 끝에 와 있으므로 언제든 장기 사이클이 끝나는 순간 미국뿐만 아니라 세

계 금융 시장이 큰 타격을 받을 것이라고 경고하고 있습니다.

특히 레이 달리오나 하워드 막스는 자신들의 저서[1]에서 아래와

📊 **부채 사이클(레이 달리오)**

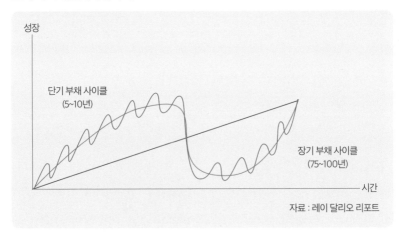

같은 그래프로 단기와 장기 사이클을 설명하고 있습니다. 우선 단기 사이클부터 살펴보면, 미국 경제의 생산성이 해마다 일정하게 상승하는 경우에도 부채가 단기적으로 크게 늘었다가 줄어드는 과정에서 부채 사이클이 일어나고 이에 따라 5~10년마다 성장률이 파동을 일으키게 되고 주가도 급등락한다는 겁니다.

방금 언급한 것처럼 왼쪽의 그래프에서 단기 부채 사이클은 5~10년마다 상승과 하락을 반복합니다. 이를 해석하면 너도나도 빚을 지고 투자에 뛰어들면 성장률이 올라가지만 결국 과잉생산이 빚어지게 되고, 과도한 빚을 진 기업들이 무너지면서 부채 감소를 동반한 불황이 찾아온다는 겁니다. 성장률이 올라가는 기간은 4~8년 정도로 길고 꾸준한 반면, 하락하는 기간은 6개월에서 2년 정도로 짧고 강렬한 게 특징입니다.

이 단기 사이클은 더 거대한 장기 사이클을 타고 움직이게 되는데요. 75~100년이라는 긴 기간 동안 진행된다는 점에서 단기 부채 사이클과는 다르지만, 장기간의 지속적인 상승 기간과 짧은 강렬한 하락 기간을 거친다는 점에서는 마치 단기 부채 사이클을 크게 확대한 것과 동일한 형태의 그래프가 됩니다.

또 한 가지 특징은 장기적인 부채 사이클을 타고 자산 가격이 계속 오른다는 점입니다. 이 관점에서 보면, 최근 미국의 주가가 신고점을 끝없이 경신하고, 세계 주요 국가의 부동산 가격이 한없이 치솟아 오르고 있는 것도 이런 장기 부채 사이클의 정점으로 달려가고 있기 때문이라는 겁니다. 그러다가 장기 부채 사이클의 정점을 지나게 되면 자산 가격 붕괴가 시작된다는 것이 그들의 주장입니다.

이처럼 장기 사이클이 끝나면서 자산 가격이 폭락한 대표적인 사례가 바로 세계 대공황입니다. 세계 대공황이 일어난 이후 92년 동안 작은 파동을 겪으면서 세계 경제가 성장해왔지만, 이 기간에 부채가 끝없이 늘어났기 때문에 이 같은 부채가 해소되는 거대한 부채 해소 과정, 즉 디레버리징(deleveraging)의 물결이 찾아올 수밖에 없다는 게 이들의 주장입니다.

사실 최근 들어 갑자기 30년 장기 투자를 주장하는 전문가들이 급증하고 그런 주장이 설득력을 얻은 것도 세계 경제가 오랫동안 장기 부채 사이클상 상승 국면을 따라 움직여왔기 때문이라는 견해로 그 결과 현재 시점에서 과거를 되돌아보면 언제나 장기 투자가 정답

이었던 것처럼 보일 수밖에 없다는 겁니다.

게다가 1980년 이후 미국의 연준은 위기가 올 때마다 금리를 낮추고, 천문학적인 돈을 풀어 부채 규모를 끊임없이 키워왔습니다. 물론 일시적인 금융 위기를 넘기는 데는 이 같은 정책이 효과적이지만, 그 효과에 취해 끝없이 돈을 푸는 정책만 반복한 탓에 이번 장기 사이클은 그 이전의 어떤 사이클보다 빚더미가 걷잡을 수 없이 커진 상태입니다.

그야말로 위기가 올 때마다 더 많은 돈을 쏟아붓고 있다고 해도 과언이 아닌데요. 이 과정에서 가계와 기업 부채는 물론 특히 미국의 정부 부채가 눈덩이처럼 불어났습니다. 2008년 글로벌 금융 위기 직전 미국의 GDP 대비 정부 부채의 비율은 64%에 불과했지만, 2021년에는 그 2배에 이르는 128%를 기록할 정도로 빠른 속도로 불어났습니다.

이렇게 위기가 올 때마다 연준이 돈을 풀어서 오늘의 위기를 내일로 넘기는 상황이 반복되자 레이 달리오와 하워드 막스 같은 투자 전문가들은 75~100년 주기의 장기 부채 사이클이 조만간 버블 붕괴 단계에 들어갈 수 있다는 점을 우려하고 있는데요. 만일 장기 부채 사이클이 끝나게 되면 그동안 단기 부채 사이클이 붕괴될 때보다 훨씬 더 상황이 더 나빠질 수밖에 없습니다.

세계적인 경제학자인 카르멘 라인하트(Carmen Reinhart)와 케네스 로고프(Kenneth Rogoff)는 그들의 저서 『이번엔 다르다(This Time is Different)』[2]에서 높은 부채 비율이 경제성장률을 끌어내릴 수 있다고 주장했습니다. 이들의 연구 결과에 대해 일부 논란이 있긴 하지만 지금처럼 불어난 부채는 어떤 방식으로든 미국과 세계 경제의 발목을 잡을 가능성이 큽니다.

더 큰 문제는 코로나19 위기 이후 세계 각국이 천문학적인 금융·재정정책을 쓰는 바람에 부채 증가 속도가 전례 없이 빠르다는 점인데요. 이렇게 부채가 빠르게 늘어나면 금융 위기가 닥칠 가능성도 그만큼 커지게 됩니다. 국제통화기금(IMF)은 GDP 대비 민간부채 비율이 5년 안에 30% 포인트 이상 빠르게 증가한 43개 나라 가운데 38개 나라가 금융 위기나 성장 둔화를 겪었다고 밝혔습니다.[3]

IMF의 연구 결과에서는 GDP 대비 민간부채 비율이 연 1% 포인

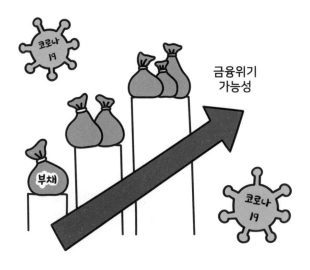

트씩 오를 때마다 그 나라에서 금융 위기가 발생할 확률이 0.4%씩 높아진다고 추정합니다. 이 기준을 적용하면 코로나19 위기 이후 미국과 유럽은 물론 우리나라와 이머징 국가들까지 부채 비율이 급속도로 높아진 만큼 현재 전 세계 어떤 나라도 금융 위기로부터 안전한 나라는 없다고 볼 수 있습니다.

그러나 레이 달리오나 하워드 막스도 장기 부채 사이클이 막바지에 이르렀다고만 할 뿐 언제 무너질지는 정확히 예측하지 못하고 있는데요. 특히 버블이 정점을 향해 갈수록 더욱 뜨겁게 달아오르기 때문에 판단이 더욱 어려울 수밖에 없습니다. 이렇다 보니 코로나19 이후 이들의 대응방식이나 투자 방법 또한 크게 달랐습니다.

2020년 코로나19 위기가 터지자 레이 달리오는 장기 사이클 붕괴가 임박했다는 발언을 자주 하면서 본인 스스로도 소극적인 투자 방침을 고수했는데요. 그 결과 레이 달리오의 헤지펀드는 2020년 유례없이 저조한 실적을 기록했습니다. 이로 인해 펀드 규모가 25%나 쪼그라들면서 세계 최대의 헤지펀드를 운용하는 '헤지펀드의 제왕'이라는 명성에도 큰 흠집이 났습니다.

이에 반해 하워드 막스는 장기 부채 사이클이 '언젠가는' 끝날 수 있지만, 아직은 붕괴가 임박했다고 볼 정도로 진행된 상황은 아니라고 보는 것 같습니다. 이미 주가가 많이 올라있던 2021년 3월 인터뷰에서도 미국과 세계 증시가 조금은 고평가됐을지 모르지만, 여전히 상승국면으로 보고 적극적으로 투자하고 있다고 밝혔습니다.

이처럼 장기 부채 사이클이 끝나간다고 생각하는 투자 전문가들조차 현재의 증시를 판단하는 시각은 완전히 다른데요. 일단 2020년 두 투자 전문가의 성패로 볼 때 역시 시장을 예단하고 섣불리 먼저 움직이는 것은 오히려 위험합니다. 자칫 레이 달리오처럼 2020년과 같은 대세 상승장에서 소외될 위험성이 있기 때문입니다.

그렇다고 지금처럼 전 세계적으로 빚더미가 감당할 수 없을 정도로 불어나고 장기 부채 사이클의 후반기에 들어섰다고 보는 투자 전문가들이 적지 않은 상황에서 감당할 수 없을 정도의 빚을 지고 위험자산에 올인하는 것도 위험합니다. 이 때문에 자신이 감당할 수 있는 위험 수준과 투자성향에 맞는 적절한 포트폴리오를 짜는 것이 무엇보다 중요합니다.

또한 장기 부채 사이클을 좌우하는 시장의 신호를 잘 살피는 것이 필요한데요. 장기 부채 사이클의 향방을 한발 앞서 알려주는 중요한

신호는 미국의 장기·단기 국채금리와 인플레이션이라고 할 수 있습니다. 최근 각종 경제 뉴스에서 미국의 국채금리와 인플레이션에 집착하는 이유도 여기에 있습니다.

모든 버블은
장밋빛 환상이 극대화 됐을 때 터졌다

존 케네스 갤브레이스(John Kenneth Galbraith) 전 하버드대 교수는 경제학 이론의 대가일 뿐 아니라 존 F. 케네디 대통령 시절 관직까지 두루 맡아 현실 경제에도 폭넓게 참여한 뛰어난 경제학자였습니다. 노벨 경제학상 후보로도 여러 차례 추천됐지만, 당시의 주류경제학과는 다른 목소리를 냈던 탓에 상을 받지는 못했습니다.

그런 갤브레이스 교수는 금융 분야만큼 역사의 교훈에서 가르침을 받지 못한 분야가 없다고 강조했는데요. 지금까지 끊임없이 위기가 반복돼왔음에도 자산 가격이 한없이 치솟아 오르는 버블의 절정에 이르게 되면 과거의 위기는 완전히 망각하고, 현실에 대한 자만에 빠져 닥쳐오는 위기를 피하지 못한다는 겁니다.

그중에서도 금융에 대한 기억은 유난히 극단적인 단기성을 갖는

다고 말했습니다. 즉, 지옥 같던 위기조차 금방 잊어버린다는 거죠. 특히 과거 반복됐던 위기를 직접 경험하지 못한 신세대 경제 전문가들은 단순한 금융 버블을 혁신적인 변화로 착각하는 경우가 많다고 강조했습니다. 그래서 위기를 겪었던 과거의 경험을 얘기하면 새로운 혁신을 평가할 통찰력을 갖지 못한 구시대 인물의 오판으로 치부한다는 겁니다.[4]

갤브레이스 교수는 일단 버블이 시작되면 버블로 큰돈을 번 사람들이 영웅시되고 자산 가격 폭등은 과거와 같은 버블이 아니라 새로운 혁명이 도래했기 때문이라며 온갖 명분으로 정당화하는 사람들이 나타난다고 합니다. 그리고 대중은 이들을 '금융스타'로 찬양하

기 시작하면서 이들을 따라 더욱 위험한 투기에 뛰어들게 되는데요. 문제는 매번 이 같은 양상이 반복돼왔음에도 이를 잊고 모든 버블의 정점에서 똑같은 상황을 재현한다는 겁니다.

그 대표적인 사례가 바로 1989년 일본의 버블 붕괴 직전 일본 금융계를 뒤흔들었던 '버블 레이디(bubble lady)'입니다. 1930년대 너무나 가난한 어린 시절을 보낸 오노우에 누이(尾上 縫)는 대도시인 오사카에서 술집 접대부 생활을 시작했습니다. 그러다 유명 건설 회사인 다이와하우스(大和ハウス) 사장의 정부(情夫)가 되면서 그의 지원으로 고급 술집을 두 개나 운영하는 사장이 됐습니다.

그러다 일본이 한창 버블로 치닫던 1987년 단 한 번의 투자 성공이 그녀의 삶을 송두리째 바꾸어 놓았습니다. 은행 창구 직원의 권유로 10억 엔, 우리 돈으로 100억 원에 달하는 금액을 채권에 투자했는데, 때마침 일본 은행이 경기부양을 위해 금리를 크게 낮추면서 금리와 반대로 움직이는 채권값이 급등해 투자한 지 몇 달 만에 큰 이득을 본 것입니다.

짧은 기간 큰 수익을 본 오노우에 누이는 투자의 달콤하고 강력한 유혹에 사로잡혀 평생 온갖 궂은일을 하며 벌어온 전 재산을 모두 주식에 투자했고, 그것도 모자라 그 주식을 담보로 돈을 빌려 닥치는 대로 주식을 사들이기 시작했습니다. 1987년 당시 일본은 역사상 유례가 없던 버블 시대를 겪고 있었던 만큼 주가는 날마다 치솟아 올랐고, 그렇게 치솟은 주식을 담보로 그녀는 원하는 만큼 얼마든지 돈을 빌릴 수 있었습니다.

오노우에 누이의 투자수익은 순식간에 눈덩이처럼 불어나면서 일본 금융계의 일약 스타가 되었고, 그녀가 유명해질수록 은행들은 그녀에게 돈을 빌려주기 위해 안달이 났습니다. 그 결과 투자금액이 점점 더 불어나면서 마침내 3조 엔, 우리 돈으로 30조 원에 이르는 돈을 빌려 모두 주식 투자에 쏟아 부었습니다. 개인 주식 투자 금액으로는 일본 역사상 최대 금액이었죠.

투자를 확대하면 할수록 빚더미가 점점 더 불어나는 위험한 투자였지만, 버블 경제 시대에는 어떤 주식을 사든 치솟아 올랐기 때문에 마치 그녀가 '미다스의 손(Midas touch)'이라도 가진 것 같은 환상을 갖게 하기에 충분했습니다.[5] 그리고 금융계 거물급 인사 중에서도 그녀를 금융 천재로 부르며 숭배하는 사람들까지 생겨났습니다.

황당한 것은 그녀가 투자할 종목을 선택하는 방식이 시장분석이나 기업분석은커녕 철저한 토속신앙을 따랐다는 점입니다. 그녀는 자신의 술집에 모셔둔 두꺼비상에 절을 하며 다음엔 어떤 주식을 사야 할지 물은 다음, 즉흥적으로 머릿속에 떠오르는 종목이 두꺼비가 점지한 종목이라고 믿고 주식을 사들였습니다.

지금 생각해보면 참으로 어처구니없는 투자 방법이었지만 당시에는 일본 증시의 거의 모든 종목이 오르던 버블 시대였기 때문에 그녀가 무슨 종목을 선택하든 모두 치솟아 올랐고 그녀의 예측이 언제나 맞아떨어지는 것처럼 보였습니다. 게다가 그녀가 샀다는 소문이 퍼지면 따라 사는 사람들까지 생겨났기 때문에 그녀가 고른 주식의 주가는 더욱 치솟아 올랐습니다.

　문제는 이처럼 황당한 투자 방식을 알면서도 일본의 내로라하는 금융 회사들이 그녀에게 30조 원에 이르는 천문학적인 돈을 빌려줬다는 것인데요. 단순히 돈만 빌려준 것이 아니라 심지어 니혼고교은행(日本興業銀行) 은행장 같은 거물급 인사들도 그녀의 유명한 '두꺼비 의식'에 참여하기 위해 문턱이 닳도록 그녀의 술집을 드나들었습니다.

하지만 1990년에 들어서면서 일본의 부동산 가격이 흔들리고 주가가 연일 폭락하기 시작하자 그녀의 손실이 눈덩이처럼 불어났습니다. 자신의 돈이 아닌 빚으로 주식을 사들였기 때문에 투자손실이 불어나자 순식간에 무너졌고, 결국 그녀의 투자 신화는 4년 만에 파산으로 끝나 감옥까지 가게 됐습니다.

오노우에 누이가 빚을 갚을 수 없게 되자 그녀를 신봉해 거액의 자금을 빌려주었던 주요 은행과 증권사는 큰 손실을 보았고 파산한 금융 회사까지 나왔습니다. 대출을 결정한 경영진은 대부분 교체되거나 형사상 책임까지 진 경우도 있었습니다. 그 결과 한때 부(富)의 상징이자 금융 스타로 불렸던 그녀는 일본 거품 경제의 붕괴를 상징하는 '버블 레이디'라는 오명까지 갖게 됐습니다.

버블 붕괴 직전 나타나는 소위 '금융스타'가 꼭 사람에게만 국한되는 것은 아닙니다. 2008년 글로벌 금융 위기 직전의 금융계 스타는 단연 리먼 브라더스(Lehman Brothers Holdings, Inc.)였습니다. 글로벌 금융 위기가 오기 직전까지 CDS(Credit Default Swaps; 부도가 나서 대출 원리금을 돌려받지 못할 위험에 대비한 파생상품)라는 첨단 금융상품을 팔아 수익률 면에서 다른 투자은행을 압도하는 놀라운 실적을 냈던 대표적인 투자은행이었죠.

당시 CDS는 여러 금융상품을 복잡하게 섞어 만들었기 때문에 투자에 따른 위험이 거의 없으면서 높은 수익을 올릴 수 있는 첨단상품으로 여겨졌습니다. 리먼 브라더스는 다른 투자은행보다 더 많은 돈을 빌려 위험한 투자를 감행했기 때문에 수익률을 더욱 끌어올릴 수 있었고, 그 덕에 단번에 금융계의 스타로 떠올랐습니다. 반대로 보수적으로 투자했던 은행들은 첨단 금융상품이 가져온 시대의 변화를 이해하지 못하는 바보 취급을 받았죠.

그러나 우리 모두가 생생하게 기억하고 있듯이 결코 하락하지 않을 것이라고 믿었던 미국의 부동산값이 폭락하면서 빚을 제때 갚지 못하는 사람들이 급증했습니다. 그 결과 CDS에서 큰 손실이 발생했고, 그 잘나가던 리먼 브라더스가 파산하면서 세계 대공황 이후 미국 역사상 가장 위험했던 글로벌 금융 위기가 시작됐습니다. 이는 미국 금융 시장은 물론 세계 금융 시장까지 뒤흔드는 사상 초유의 위기 상황을 만들었죠.

세계적인 역사학자인 니얼 퍼거슨(Niall Ferguson)은 심리적 요인이든, 새로운 기술 혁신이든, 경기 부양책이든 일단 자산 가격이 계속 오를 것이라고 경제 주체들이 낙관하게 만드는 경제적 변화가 일어나게 되면 너도나도 투자를 시작해 자산 가격이 오르게 되고, 그 이후에는 무조건 자산 가격이 더욱 치솟아 오를 것이라는 환상에 사로잡혀 더 많은 사람들이 빚을 지고 투자에 나서는 유포리아 상태에

빠져들게 된다고 경고합니다.

이 상태에서는 더 이상의 기술 혁신이나 경기 부양책이 나오지 않아도 단지 주식을 사려는 사람들이 많아져서 주가가 오르게 되고, 치솟아 오른 주가가 더 많은 사람을 주식 시장으로 유인하게 된다고 합니다. 이처럼 모든 투자자가 유포리아 상태에 빠져든 상황에서는 주가가 더 오를 구실이나 논리적 근거를 창조해내는 사람을 찾아 금융 스타나 투자 스타로 떠받드는 경향이 있다고 니얼 퍼거슨은 말했죠.

이렇게 스타로 떠오른 인물들이 만들어내는 주가 상승의 구체적인 근거는 매 버블마다 다르지만 결국 '이번엔 과거와 다르다'라는 내용으로 귀결됩니다. 그리고 투자로 손해를 보는 사람은 끈기가 없거나 믿음이 부족한 바보들이라고 폄하하면서 자신들이 권하는 방식에 따라 투자하면 무조건 큰돈을 벌 수 있다고 각인시킨다는 겁니다.

니얼 퍼거슨은 이 같은 현상을 매우 위험한 버블 붕괴의 전조로 보는데요. 세계적인 경제학자인 카르멘 라인하트와 케네스 로고프도 그들의 공동 저서인 『이번엔 다르다』[6]에서 이번에는 다르다는 말만큼 역사적으로 큰돈을 날리게 만드는 말이 없었다며 자산시장에서는 전쟁보다도 위험한 말이라고 경고했습니다.

생전에는 각광받지 못하다가 오히려 사후에 유명해진 미국의 경제학자 하이먼 민스키(Hyman Minsky)도 모든 경제 주체가 자산 가격이 계속 오를 것이라는 장밋빛 환상에 사로잡혀 신중했던 태도를 잃기 시작하면 버블이 정점으로 치닫기 시작한다고 강조했는데요. 특히 버블이 가장 뜨겁게 달아오를 때 그 버블을 정당화하는 그럴 듯한 논리가 시장을 지배하게 되고 그런 논리를 만든 사람을 스타로 떠받들기 때문에 더욱 위험하다고 경고한 바 있습니다.

일본의 장기 불황 직전에 일본인들이 내세웠던 '세계제일의 일본(Japan as number one)'이 그 대표적인 사례입니다. 그러나 이 구호가 나온 지 얼마 지나지 않아 곧 버블이 붕괴되면서 일본은 30년 동안 극심한 불황을 겪었습니다. 마찬가지로 2000년 닷컴버블 붕괴 직전에는 미국의 신경제(the new economy)가 버블을 정당화는 용어로 쓰였지만 결국 나스닥 지수는 5분의 1토막 수준으로 처참하게 폭락했고, 다시 원금을 회복하는 데 15년이란 긴 세월이 걸렸습니다.

글로벌 금융 위기 직후 오바마 행정부에서 경제 위기의 확산을 막는데 공헌한 티모시 가이트너(Timothy Geithner) 전 재무부 장관은 "우리가 어떻게 하든 위기는 또다시 온다"라는 경고를 했을 정도로, 우리가 위기를 완전히 피한다는 것은 불가능한 일에 가깝습니다.

문제는 버블이 진행되는 동안에는 그 버블이 얼마나 부풀어 오를지, 그리고 언제까지 지속될 지 누구도 알 수 없다는 점입니다. 이 때문에 버블이 한창 부풀어 올랐을 때 남들보다 한발 앞서 버블이 꺼질 것이라고 지레 예측하고 보수적인 투자를 고집하거나 혹은 주가 하락에 베팅했던 사람 중에도 투자에 실패한 사례가 적지 않습니다. 사실 버블은 그 어느 때보다도 더 빨리 돈을 벌 수 있는 좋은 기회인데다가 버블이 커질수록 더 많은 사람이 시장에 참여하고 싶어하기 때문에 어떤 경제 전문가도 정확한 탈출 시기를 예측하기란 불가능에 가깝습니다.

그렇다면 증시나 부동산 등 자산시장이 한창 달아오를 때는 어떻게 해야 할까요? 일부 전문가들은 버블 파티가 정점으로 달아오를 때는 출구 바로 옆에서 춤을 추라는 조언을 하기도 합니다. 하지만 지금까지 버블 시대에 '금융스타'로 불렸던 전문가 중 하락 직전에 버블의 파티장을 빠져나갔던 경우는 그리 많지 않습니다. 버블이 달아오를수록 일시적인 주가 조정과 대세 하락장의 시작을 구별하기가 점점 더 어려워지기 때문입니다.

이 때문에 저는 버블이 뜨겁게 달아오를 때 문가에서 춤을 추다가 언제든 버블 붕괴 신호가 보이면 파티장을 빠져나가겠다는 고난도의 전략보다 과도한 부채에 의존한 위험한 투자를 피하고 적절히 자산 배분을 해두는 것이 중요하다고 생각합니다. 특히 감당할 수 없을 만큼 많은 빚을 지고 투자하다가 대세 하락장이 시작되어 담보 여력이 부족해지면 헐값에 강제로 주식이나 부동산을 처분해야 하는 경우가 생기기 때문입니다.

지금까지 주식과 코인 같은 위험자산의 가격 상승률이 가장 높았다는 것만 믿고 위험자산에 자신의 포트폴리오를 100% 올인하는 것이 아니라, 자신의 투자성향을 고려해 주식뿐만 아니라 현금(달러 포함)과 금, 원자재, 국채 등 다양한 자산에 적절히 분산투자를 해놓는 게 좋습니다. 자산을 잘 배분해 놓으면 그 어떤 경제적 격변기가 찾아와도 값이 오른 자산을 팔고 급락한 자산의 비중을 늘리는 방법으로 얼마든지 위기에 대응할 수 있기 때문입니다.

버블이 정점으로 치달아 갈수록 더 화려한 불꽃을 터뜨리면서 매일 주가나 암호 화폐 가격이 폭등했다는 기사로 투자자들을 유혹하게 됩니다. 이 때 과도한 욕심에 사로잡히지 말고 주식이나 부동산 같은 위험자산과 현금(달러)과 국채 등 안전자산의 비율을 일정 수준으로 유지해 나간다면 버블의 마지막 불꽃을 즐기면서 동시에 예상치 못했던 위기가 오더라도 오히려 이를 바겐 세일 기간으로 활용해 더 큰 부를 얻을 기회를 누릴 수 있을 것입니다.

미국의 저명한 투자자인 하워드 막스는 그의 저서[7]에서 '내 경험상 조심성 없는 시기 이후에는 언제나 큰 대가가 따르는 조정이 찾

첫 번째 원칙 :
돈을 잃지 말자!!

두 번째 원칙 :
위를 보세요.

투자의 대가
'워런 버핏'

아왔다. 이번에는 그렇게 되지 않을 수도 있지만, 그런 위험이라면 감수하겠다.'라는 중요한 조언을 했습니다. 워런 버핏의 말처럼 투자에서는 높은 수익률을 올리는 것도 중요하지만 그것보다 더 중요한 투자의 첫째 원칙은 돈을 잃지 않는 것이며, 둘째는 이 첫 번째 원칙을 잊지 않는 것이라는 점을 명심 또 명심해야 합니다.

가장 위험한 버블의 정체

2021년 1월 세계에서 시가총액이 가장 큰 기업은 애플이었습니다. 애플의 시가총액은 2.3조 달러를 넘어섰죠. 하지만 역사적으로 볼 때 애플의 시가총액을 넘어설 만한 놀라운 기업들은 얼마든지 있었습니다. 특히 18세기 프랑스의 미시시피 회사(Compagnie du Mississippi)는 현 물가 수준으로 환산했을 때 시가총액이 무려 6.8조 달러로 애플의 3배에 이를 정도였습니다.[8] 미시시피 회사는 애플과 달리 사실상 부실기업이나 다름이 없었는데요. 도대체 어떻게 이런 황당한 시가총액을 달성할 수 있었던 것일까요?

엄청나게 사치스러운 것으로 유명했던 프랑스의 루이 14세는 호화로운 베르사유 궁전을 지은 데다 온갖 전쟁을 일으키는 등 국가재정을 물 쓰듯 했기 때문에 재임 기간 내내 심각한 재정적자를 겪고 있었습니다. 그의 뒤를 이어 1715년 루이 15세가 5살의 나이에 왕위를 물려받았을 때 프랑스는 30억 리브르에 달하는 천문학적인 정부 채무를 떠안고 있었습니다. 게다가 연이은 전쟁으로 프랑스 경제가 처참하게 망가져 세금으로 국채 이자조차 갚지 못할 정도였습니다.

이처럼 프랑스가 심각한 재정위기를 겪고 있을 때 스코틀랜드 출신의 존 로(John Law)가 프랑스로 흘러들어왔습니다. 그는 젊었을 때부터 도박과 사기를 일삼았고 결국 살인까지 저질러 투옥된 적이 있는데, 항소심을 앞두고 탈옥에 성공한 후 유럽 대륙을 돌아다니며 도박으로 돈을 모았습니다. 그러다 프랑스에서 어린 루이 15세의 섭정인 오를레앙 공작(필리프 2세)을 만나는 천우신조의 기회를 얻었습니다.

당시 오를레앙 공작은 프랑스의 엄청난 국가부채와 경기 불황으로 골머리를 앓고 있었는데, 이 때 존 로가 기존의 통화인 금화나 은화 대신 종이돈을 찍으면 경제 번영은 물론 국가채무도 한 방에 해결할 수 있다고 주장했습니다. 그의 달콤한 말에 넘어간 오를레앙 공작은 존 로에게 민간은행인 방크 제네랄(Banque Generale)을 설립하도록 하고 이 은행이 발행한 지폐로만 세금을 납부하도록 하는 엄청난 특권을 부여했습니다.

프랑스인들은 처음에는 존 로가 발행한 종이돈에 반신반의했지만, 프랑스 정부가 보장하면서 점차 신뢰를 얻었습니다. 그러자 존 로는 종이돈을 마구 찍어 인위적인 인플레이션을 일으켰습니다. 이로 인해 경기가 반짝 살아나고 국가의 채무 부담도 줄어들자 존 로에게 홀딱 넘어간 오를레앙 공작은 존 로를 재무부장관으로 임명하고 더 많은 특권을 그에게 몰아주기 시작했습니다.

존 로는 자신의 지위와 특권을 이용해 루이지애나 지역을 개발한다는 명목으로 미시시피 회사를 세웠습니다. 당시의 루이지애나는 미국 면적의 25%에 해당하는 광활한 지역이었는데요. 당시만 해도 금이 많은 곳으로도 소문이 자자했었습니다. 게다가 오를레앙 공작은 미시시피 회사에 25년간 상업 독점권을 부여했습니다. 존 로는 왕실의 권위를 등에 업고 다른 회사들을 합병해가며 기업의 몸집을 불려 나갔습니다.

당시 존 로는 자신이 총재로 있는 프랑스 중앙은행, 방크 루아얄이 찍어낸 돈으로 미시시피 회사 주식을 사는 황당한 일까지 벌여가며 미시시피 회사의 주가를 끌어올렸습니다. 게다가 주가를 더욱 띄우기 위해 미시시피 강변에 뉴올리언스라는 신도시를 세우고 떠들썩하게 식민지 개척자들을 모집했습니다.

왕실이 부여한 온갖 특권과 신대륙 금광에 대한 환상까지 더해지면서 미시시피 회사의 주가는 날이 갈수록 치솟아 올랐는데요. 1718년 300리브르로 시작한 주가가 단 2년 만에 2만 리브르까지 치솟아 올랐습니다. 당시 미시시피 회사의 시가총액은 75억 리브르였고, 현재 물가 수준으로는 6.8조 달러로 2021년 1년 애플 시가총액의 3배나 되는 수준이었습니다.

주가가 오르기 시작하자 너도나도 미시시피 주식을 사기 시작하면서 프랑스 역사상 처음으로 주식 투자로 돈을 번 사람들이 급증하면서 수많은 갑부가 탄생했습니다. 100만 리브르가 넘는 재산을 갖고 있다는 의미의 '백만장자(millionaire)'라는 단어가 처음 등장한 것도 바로 이때였습니다.

덕분에 프랑스 경제가 살아나는 것처럼 보이자 여기에 맛을 들인 프랑스 정부는 국가채무를 한 방에 해결하기 위해 방크 루아얄에 초기 발행량의 16배나 되는 10억 리브르의 지폐를 발행하도록 했습니다. 그러자 물가가 더욱 치솟아 오르기 시작했고, 1718년 한 해 동안 빵과 우유 등 기본적인 생필품이 6배 이상 폭등했습니다.

이처럼 물가가 치솟아 오르자 방크 루아얄이 발행한 지폐에 대한 불신이 커지면서 눈치 빠른 사람들은 은행에 찾아와 지폐를 금화나 은화로 바꾸기 시작했는데요. 당시 사교계 저명인사였던 콩티 왕자가 미시시피 회사 주식을 싸게 사게 해달라고 조르다 존 로가 거절하자 마차 두 대에 방크 로얄이 발행한 지폐를 잔뜩 싣고 와서 금화로 바꿔 달라고 요구하는 사건이 일어났습니다.

물론 존 로의 방크 루아얄이나 미시시피 회사는 그 정도 지폐는 얼마든지 바꿔줄 수 있을 정도로 많은 금화를 가지고 있었지만, 이 사건을 계기로 프랑스 대중에게 종이돈이나 미시시피 회사 주식은 금화만큼 안전하지 않다는 불신의 씨앗이 자라났습니다. 그래서 지폐와 미시시피 회사 주식을 금화나 은화로 바꾸려는 사람들이 늘어나기 시작했죠.

게다가 때마침 존 로가 퍼뜨린 황금 신화에 속아 루이지애나로 이주했던 이주자들이 금을 찾아 부를 거머쥐기는커녕 늪지대의 무더위와 열병, 그리고 해충에 시달리다가 80%가 사망했다는 미시시피의 실정이 드러나기 시작하면서 상황은 더욱 악화되기 시작했습니다. 결국 악재가 한꺼번에 터지면서 하늘 높이 치솟았던 미시시피 주가가 하루아침에 폭락하는 지경에 이르렀죠.

이때 프랑스 왕실은 결정적인 실수를 하고 말았습니다. 지폐와 미시시피 주식을 금화로 바꾸려는 사람들이 몰려들자 금화 유통을 엄격히 금지하고, 지폐만이 법정화폐이며 누구도 500 리브르 이상의 금화를 보유할 수 없다는 내용을 공표한 것입니다. 이는 결국 지폐 가치와 미시시피 주가가 흔들리고 있다는 것을 왕실 스스로가 증명하는 셈이 되고 말았습니다.

그 결과 공포에 빠진 프랑스 사람들이 미시시피 회사의 주식을 투매하기 시작하면서 미시시피 회사의 주식은 휴지쪽이 될 정도로 폭락했습니다. 심지어 너도나도 지폐를 들고 은행에 찾아와 금화를 요구하는 대규모 인출 사태까지 일어나면서 지폐 시스템이 붕괴되고 말았죠. 그 뒤 프랑스에서는 은행권에 대한 신뢰가 무너지면서 이후 80년 동안 지폐가 사라지고 금화나 은화 같은 주화만 유통됐습니다.

이 사건을 계기로 프랑스는 금융 후진국으로 전락해 산업혁명을 위한 자본 형성에서도 뒤쳐지게 됐습니다. 게다가 경제 붕괴가 가속화되면서 프랑스 혁명의 도화선이 되었다는 평가도 있습니다. 당시만 해도 첨단 금융혁명이 될 수 있었던 지폐와 주식회사의 도입이 자산 버블과 인플레이션을 야기하는 바람에 오히려 프랑스 경제에 암운을 드리우는 악재로 전락한 겁니다.

이처럼 정부나 중앙은행이 버블을 조장하는 것이 가장 위험한데

요. 정부가 개입해 버블을 키우면 버블이 더욱 커질 위험이 있습니다. '정부와 중앙은행이 보장했는데 설마 망하기야 하겠어? 혹시라도 주가가 떨어지면 정부와 중앙은행이 개입해서라도 주가를 떠받치겠지.'라는 생각 때문에 주가가 하락할 위험성을 간과하고 더욱 위험한 투자에 나서기 때문입니다.

게다가 정부가 키운 버블은 붕괴했을 때 파장도 더욱 큽니다. 버블을 키운 주범이 정부와 중앙은행인 경우, 버블 붕괴의 마지막 버팀목(last resort) 역할을 제대로 할 수 없기 때문입니다. 특히 버블 붕괴와 함께 중앙은행에 대한 신뢰마저 무너지면 경제를 다시 일으키는 데 오랜 시간이 걸릴 수밖에 없습니다.

그런 측면에서 코로나19 이후 미국 정부와 연준이 직접 나서 온갖 방법으로 자산 가격을 부풀리게 되면 당장은 주가와 부동산 가격을 상상 이상으로 끌어올릴 수 있지만 만일 어떤 이유로든 버블

이 붕괴되기 시작하면 심각한 위험을 초래할 수 있습니다. 이에 대해 미국의 투자자인 하워드 막스는 미국 정부와 연준이 규제 완화와 금리 인하로 고수익 고위험 상품에 대한 투자를 부추겨 버블을 점점 더 키우고 있다고 비판한 바 있습니다.

사실 과거 연준은 대공황에서 얻은 교훈을 바탕으로 적절한 긴축 정책과 금리 인상 정책으로 과도한 버블을 미연에 방지하는 것을 중요한 사명으로 여겨왔는데요. 실제로 1951년 취임해 무려 19년 동안 최장수 재임 기록을 세운 윌리엄 맥체스니 마틴 전 연준 의장은 1955년 뉴욕 투자은행연합회 초청 강연에서 "통화정책을 수행하는 사람은 박수를 받기를 기대해서는 안 된다. 연준의 역할은 파티가 한창 무르익을 때 펀치볼을 치워버리는 것이다."라고 말할 정도로 버블의 터지기 전에 선제적으로 긴축정책을 쓰는 것이 연준의 역할이라고 강조한 바 있습니다.[9]

그러나 1987년 앨런 그린스펀(Alan Greenspan) 전 연준 의장이 취임한 이후에는 버블이 의심되더라도 이를 방조하다가 나중에 버블이 터질 경우 수습하는 방식을 더 선호하기 시작했는데요. 이 같은 그린스펀의 태도 때문에 월가의 투자자들 사이에는 '그린스펀 풋'이라는 용어까지 생겨났습니다. 주가 하락에 따른 손실을 방어하기 위해 매입해 두는 풋옵션처럼 어떤 위기가 발생하더라도 그린스펀이 주가 하락에 따른 손실을 막아줄 것이라고 기대하기 시작했기 때문입니다.

그린스펀의 적극적인 개입 때문에 그 어떤 경제 위기에서도 금융 시장은 곧장 회복했고, 그의 임기 내내 주가와 부동산 가격은 엄청난 상승세를 보였습니다. 그 결과 그린스펀은 마에스트로(maestro; 거장)라는 별명을 갖게 되었고, 퇴임을 앞둔 2005년 잭슨홀 미팅(Jackson Hole Meeting; 미국 휴양지 잭슨홀에서 열리는 경제 정책 심포지엄)에서는 많은 사람들의 찬사를 받았습니다.

그러나 오직 IMF 수석이코노미스트였던 라구람 라잔(Raghuram Rajan)만은 위기가 올 때마다 반복된 그린스펀의 끝없는 부양책이 월가에 언제든 연준이 개입해 시장을 지켜줄 것이라는 잘못된 인식을 심어주는 바람에 투자은행들이 고수익 고위험 투자에 몰두하고 있고, 이는 곧 금융 시장에 심각한 위험 요인이 될 것이라고 경고했습니다. 더구나 그린스펀의 규제 완화로 등장한 복잡한 첨단 금융상품들이 시장 전체의 위험을 키웠다고 비판의 날을 세웠습니다. 2005년 당시에는 라구람 라잔의 발언이 큰 관심을 끌지 못했지만, 2008년 글로벌 금융 위기가 터지고 난 이후에야 그의 발언이 뒤늦게 조명을 받았습니다.

연준 의장에서 퇴임한 그린스펀은 2008년 10월 하원위원회에 참석해서 시장의 자율적인 교정 기능이 작동할 것이라는 자신의 믿음이 일부 틀렸다고 시인했는데요. 2013년에 쓴 저서에서는 행동경제학에서 주목하는 인간의 본성에 대한 고찰을 연준의 통화정책에 반영했어야 했다고 뒤늦게 잘못을 시인하기도 했습니다.

문제는 코로나19 위기 이후 제롬 파월이 이끄는 연준 역시 '파월 풋'이라고 할 만큼 주가 하락에 적극적으로 개입하고 있다는 겁니다. 2020년 3월 이후 미국 정부와 연준이 작정하고 주가를 떠받치면

서 주가가 전례 없이 빠른 속도로 치솟아 올랐습니다. 하지만 언제든 주가가 떨어지면 정부와 연준이 나서 자산 가격을 떠받칠 것이라는 잘못된 시그널 때문에 월가에서는 오직 수익률만 좇아 더욱 위험한 투자에 나서는 왜곡 현상이 일어나고 말았습니다.

문제는 모두가 위험한 투자에 나선 상황에서 금융당국에 대한 신뢰가 조금이라도 흔들리게 되면 프랑스 콩티 왕자의 금화 인출 요구처럼 작은 충격만으로도 걷잡을 수 없는 금융 불안이 일어날 수 있다는 점입니다. 이 때문에 2022년 이후의 투자는 버블 파티를 즐길 수 있을 만큼 일정 수준 이상의 위험자산 비중을 유지하되 만일의 사태에도 대비할 수 있도록 균형 잡힌 포트폴리오를 만들어나갈 필요가 있습니다.

로마의 패망을 부른 은화의 타락, 앞으로 달러가 무너질 위험은?

2008년 글로벌 금융 위기 이후 미국이 엄청난 돈을 찍어대기 시작하자, 이렇게 달러를 마구 찍으면 달러의 기축통화 지위가 흔들릴 것이라는 우려가 쏟아져 나왔습니다. 당시 얼마나 많은 돈을 찍었는지 한눈에 보여주는 그래프가 다음 페이지의 본원통화량(중앙은행이 공급하는 현금통화)입니다. 2008년 8월 8,476억 달러였던 본원통화량은 2014년 8월 4조 750억 달러를 넘어 4배가 넘게 늘어났습니다.

2014년 이후 양적 완화를 중단하면서 시중에 풀렸던 달러를 거두어들이기 시작했는데요. 그 결과 2019년 9월에는 본원통화량이 3조 2천억 달러까지 줄었습니다. 그러나 코로나19가 터지면서 또다시 엄청난 돈을 찍어내기 시작했고, 2021년에는 다시 5조 8천 억 달러를 넘어섰습니다. 그야말로 위기 때마다 천문학적인 달러를 찍어내 간신히 위기를 틀어막고 있는 것이라고 할 수 있습니다.

이런 탓에 위기가 올 때마다 초기에는 잠시 주가나 부동산 가격이 폭락했으나, 천문학적인 돈을 풀어대니까 곧바로 자산 가격이 상승세로 돌아섰습니다. 코로나19 위기 직후에는 특히 그 상승폭이 어느 때보다도 컸는데요. 그만큼 시중에 풀린 돈이 많았기 때문입니다. 이쯤 되면 자산 가격이 오른다고 보기보다 돈의 가치가 폭락한다고 보는 게 맞는 것 같습니다.

그런데 제아무리 미국이지만 이렇게 짧은 기간에 황당할 정도로 많은 돈을 찍어내도 과연 문제가 없는 것일까요? 세계은행 수석 이코노미스트인 카르멘 라인하트 하버드대 경제학과 교수는 2021년 전미경제학회에서 이렇게 돈을 마구 찍으면 달러의 지위가 약화될 수 있지만, 기축통화까지 위협할 정도는 아니라고 내다봤습니다.

하지만 레이 달리오의 주장은 훨씬 비관적인데요. 미국 정부가 막

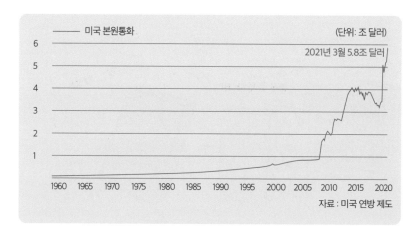

대한 재정정책과 돈 풀기로 달러의 가치를 훼손하고 있어 최근 100년 동안 이어진 기축통화의 지위를 상실할 위험에 노출됐다고 보고 있습니다. 특히 이미 전성기를 지난 미국의 지배력으로 볼 때 지금처럼 달러를 계속 찍어내다 보면 조만간 몰락할 수도 있다고 우려하고 있습니다.[10]

달리오의 연구에 따르면 제국이 형성되고 100년 정도의 시간이 지나면 기축통화의 특혜를 누리게 된다고 합니다. 기축통화의 지위는 돈을 마음대로 찍어낼 수 있는 막대한 힘을 뜻합니다. 그런데 이와 같은 권력에 취해 마음껏 남용하기 시작하면 끝없는 부채의 고리가 시작되고, 그동안 이뤘던 모든 것들이 한순간에 무너지면서 기축통화의 지위를 잃고 제국은 파멸의 길로 접어들었다는 겁니다.

사실 패권 국가의 기축통화가 흔들리기 시작하면 패권국의 경제만 타격을 받는 것으로 끝나는 것이 아니라 주변 국가들이 더 큰 어려움을 겪게 되기 때문에 우리에게도 정말 으스스한 얘기인데요. 지

금 미국의 달러 패권은 정말 위험한 상황일까요? 이를 따져보기 위해 달러가 타락해서 기축통화의 지위를 위협받으려면 어떤 전제조건이 충족되어야 하는지 점검해 보겠습니다.

이를 위해 지금의 미국만큼이나 전 세계에 강대한 영향력을 행사했던 로마제국의 예를 들어보겠습니다. 과거 로마제국은 유럽과 지중해에서 강대한 영향력을 갖게 되면서 패권 국가가 되었는데요. 그 결과 로마의 은화 데나리우스(Denarius)가 사실상 세계 최초의 기축통화로 자리 잡았습니다. 당시 로마제국에는 금화나 동화도 있었지만, 은화였던 데나리우스가 거래의 기준이 됐습니다.

아래 그림이 바로 데나리우스인데요. 초기 은화 한 개 값은 노동자의 하루 평균 임금이었습니다. 그 당시 데나리우스는 순도 99%가 넘는 순은으로 만든 통화였고, 로마제국 초기에 끝없는 정복 활동으로 은이 전리품으로 쏟아져 들어왔기 때문에 얼마든지 은화를 주조

할 수 있었습니다. 그래서 로마제국 초기에는 은색으로 반짝이는 진짜 은화가 만들어졌던 것이죠.

그런데 기원후 54년 네로 황제가 집권한 이후 은화에 구리를 섞기 시작하면서 은화의 순도가 점점 낮아지기 시작했습니다. 네로가 폭군이어서 돈을 맘대로 찍어내 흥청망청 쓰기 위해 제멋대로 은화에 구리를 섞은 것일까요? 그렇다기보다는 사실 당시 시대 상황이 더 큰 역할을 했습니다. 로마제국이 정복할 새로운 땅이 더 이상 없었던 탓에 전리품으로 얻던 은 유입이 크게 줄어든 것입니다.

그러나 이미 넓어진 영토를 방어하기 위해서는 막강한 군사력을 유지해야 했고, 이 과정에서 엄청난 재원이 필요했습니다. 게다가 퇴역 군인들을 위한 연금 혜택은 점점 커져만 갔고, 풍요에 취한 로마제국이 흥청망청 돈을 쓰면서 무역적자 규모도 점점 더 늘어났습니다. 하지만 강력한 왕권을 가졌던 아시아권 국가들과 달리 로마제국은 섣불리 증세할 수도 없었기 때문에 만성적인 세수 부족에 시달렸습니다.

결국 이 같은 재정적자를 극복하기 위해 네로황제가 택한 방법은 불순물을 섞어 은 함량을 떨어뜨리고 더 많은 은화를 발행하는 것이었습니다. 그래도 네로황제 때는 신중하게 불순물을 섞었기 때문에 데나리우스의 은 함유량이 94%는 유지됐지만, 기원후 180년에는 70%, 216년에는 50%, 270년 2%로 급격하게 떨어졌습니다. 그 결과 은빛으로 반짝였던 은화의 색깔도 더 이상 은화라고 부를 수 없을 정도로 퇴색되어 갔습니다.

　이처럼 불순물이 섞인 은화가 대량으로 발행되자 은화를 수레에 가득 싣고 가야 필요한 물건을 살 수 있을 정도로 극심한 인플레이션이 시작됐습니다. 일단 로마제국 은화에 대한 신뢰가 무너지자 그 뒤에는 로마제국이 어떤 수단을 써도 화폐의 가치를 회복시킬 수가 없었습니다. 이 같은 기축통화의 몰락은 로마제국을 붕괴시키는 주요한 원인이 됐습니다.

　지금 미국이 달러를 마구 찍어내는 것은 사실 당시 로마제국 은화의 타락과 비슷한 상황이라고 볼 수 있습니다. 달러를 짧은 기간에 워낙 많이 찍어내다 보니 저명한 경제학자들이나 세계적인 투자자들 사이에서도 단순한 인플레이션나 달러 가치 하락을 넘어 달러 패권의 위기를 우려하는 사람들이 늘어나고 있습니다. 그렇다면 정말 달러 패권은 위기에 놓인 걸까요?

　로마제국에서 일어났던 일을 되짚어보겠습니다. 은의 순도는 기원후 54년부터 떨어졌지만, 본격적인 인플레이션은 200년이 지난 3세기가 되어서야 일어나기 시작했습니다. 불순물을 섞기 시작한 이후 데나리우스가 타락해 기축통화의 지위를 잃기까지는 생각보다 오랜 시간이 걸린 셈입니다.

그 원인은 크게 세 가지로 볼 수 있는데요. 첫째 불순물을 점진적으로 섞어 은화의 타락 속도를 조절했다는 점입니다. 게다가 중간에 5현제 등 몇몇 황제들이 데나리우스의 가치를 떠받치는 정책들을 통해 여러 차례 기축통화의 지위를 회복하려는 노력이 있었던 것도 큰 도움이 됐습니다.

둘째, 당시 세계 유일의 패권 국가인 로마제국에 대한 신뢰가 계속되고 있었다는 점입니다. 사실 은화의 순도가 떨어지고 있다는 것은 로마 시민들도 잘 알고 있었습니다. 하지만 당시 가장 강대한 힘을 가진 로마제국이 은화를 보증하는 한 제아무리 은의 순도가 떨어진다고 해도 이를 우려할 필요가 없었습니다.

셋째 로마제국과 경쟁할 만한 국가가 없었습니다. 로마가 지중해와 유럽의 패권을 장악한 이후 주변 국가들의 영향력은 미미했고, 로마제국의 권위에 도전할 새로운 패권국이 오랫동안 등장하지 않았습니다. 덕분에 로마제국의 데나리우스를 대체할만한 경쟁 통화가 없었기 때문에 은화의 타락에도 불구하고 오랫동안 기축통화의 지위를 누릴 수 있었습니다.

로마제국 은화의 사례는 사실 달러의 미래에도 시사하는 바가 큽니다. 일단 미국처럼 하나의 제국을 이룬 나라의 통화가 기축통화가

되면 웬만큼 많이 찍어낸다 해도 제국에 대한 신뢰 자체가 훼손되지 않는 한 그 가치가 오랫동안 유지된다는 것입니다. 특히 달러와 경쟁할 만한 다른 대체 통화가 등장하지 못한다면 기축통화의 지위는 더욱 오래 유지될 수 있을 겁니다.

그런 측면에서 미국의 달러는 지금 운이 좋은 편입니다. 달러를 대체할 만한 통화라고 해봐야 유로화나 엔화, 위안화 정도밖에 없는데요. 이 중에서 유로화나 엔화는 달러보다도 타락하는 속도가 훨씬 빠릅니다. 우리가 미국의 달러 발행에만 관심을 두기 때문에 달러를 많이 찍었다는 것은 잘 알고 있으나, 유로화나 엔화를 달러화보다 훨씬 많이 찍어냈다는 사실을 간과하는 경우가 많습니다.

다음 페이지의 그래프는 국내총생산(GDP) 대비 중앙은행의 총자산이 얼마나 많은지를 나타낸 그림인데요. 그 나라의 경제 규모에

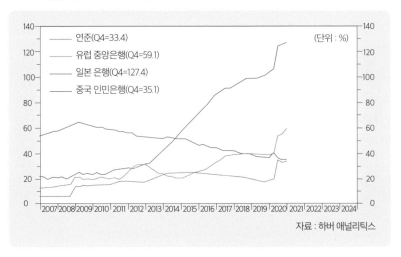

📊 각국 중앙은행의 GDP 대비 총자산 규모

연준(Q4=33.4)
유럽 중앙은행(Q4=59.1)
일본 은행(Q4=127.4)
중국 인민은행(Q4=35.1)

(단위 : %)

자료 : 하버 애널리틱스

비해 중앙은행이 돈을 얼마나 풀었는지 한눈에 볼 수 있습니다. 일본의 경우, 중앙은행 총자산이 GDP의 1.27배나 됩니다. 유럽 은행의 총자산은 GDP의 59%나 되고요. 근소한 차이지만 중국 중앙은행의 총자산은 35%로 33%인 미국보다 높습니다.

이 그래프를 보면 어떤 돈이 가장 신뢰가 가나요? 돈을 많이 찍을수록 그 나라 통화에 대한 신뢰가 떨어진다는 점을 감안하면 달러가 가장 안전한 통화처럼 보입니다. 그러니까 미국이 글로벌 금융 위기나 코로나19 위기로 천문학적인 달러를 풀었지만, 여전히 달러 만한 자산이 없는 셈입니다. 그나마 달러가 덜 타락했기 때문에 달러의 기축통화 지위에 도전할 마땅한 경쟁 통화가 없는 겁니다.

간단히 질문을 해보겠습니다. 이런 상황에서 세계 경제가 갑자기 악화되면 어떤 돈을 택할까요? 아마 아직도 많은 사람들이 달러를 택할 수밖에 없을 겁니다. 그나마 달러와 경쟁할 수 있는 유로화나 엔화는 더 타락했으니까요. 그렇다면 이번에는 위안화와 비교해보겠습니다. 이전 페이지의 그래프에서 눈에 띄는 게 바로 위안화인데요. 위안화는 최근 코로나19 위기 이후에 다른 나라보다 상대적으로 돈을 덜 찍고 있는 것으로 보입니다. 그렇다면 위안화가 앞으로 달러의 경쟁 상대가 될 수 있을까요?

　레이 달리오는 중국의 성장 속도를 볼 때 위안화가 빠른 속도로 달러를 잠식하고 미국의 기축통화 지위에 도전할 것이라고 보고 있습니다. 사실 한 나라 GDP가 세계에서 차지하는 비중이 커지면 그 나라 통화의 지위도 함께 올라가기 때문에 그의 분석에도 일리가 있다고 생각됩니다. 이 때문에 중국이 지금처럼 미국과의 성장률 격차를 유지한다면 정말 20~30년 뒤에는 역전이 일어날 수도 있습니다.

하지만 중국의 위안화가 기축통화가 되기 어려운 측면은 따로 있는데요. 바로 중국의 미약한 소프트 파워(soft power: 타국의 자발적인 지지나 우호적인 반응을 이끌어낼 수 있는 힘)가 위안화의 가장 큰 약점입니다. 중국은 급성장한 자국의 경제력을 바탕으로 지난 몇 년 동안 숱한 무역 보복이나 군사력 과시를 통해 주변국들을 적으로 돌려왔기 때문에 스스로 고립을 자초하고 말았습니다.

로마제국의 은화가 기축통화로 오랫동안 군림할 수 있었던 것은 단지 강력한 군사력이나 경제력만이 아니라 로마제국에 대한 신뢰가 더해졌기 때문입니다. 현재 중국의 경제가 제아무리 빠르게 성장한다고 해도 그에 걸맞은 소프트 파워를 갖추지 못한다면 위안화가 달러화를 제치고 기축통화가 되기란 쉽지 않을 겁니다. 특히 툭하면 동맹국까지 공격했던 트럼프 전 대통령 때와 달리 바이든 행정부가 다른 나라들과 동맹을 강화해 나가는 정책을 펼친다면 위안화의 기축통화 정립은 더욱 어려울 것입니다.

상황이 이렇다 보니 2020년 이후 미국 정부가 아무리 달러를 마구 찍어냈다고 해도 아직은 기축통화의 지위를 지켜내고 있는데요. 물론 지금처럼 계속 달러를 남발하면 언젠가는 로마제국의 은화처럼 달러화가 타락할 수 있다는 것도 잘 알고 있습니다. 이 때문에 미국은 로마제국의 5현제처럼 미국이 패권을 유지하는 힘의 원천인 달러화의 기축통화 지위를 지키기 위해 부단히 노력하고 있습니다.

예를 들어 달러와 경쟁할 만한 다른 나라 화폐가 없는 상황에서 달러의 대체재로 금값이 치솟아 오르자, 2020년 미국은 금 선물거래 증거금을 대폭 올리는 등 각종 규제로 금값 하락을 유도했습니다. 이를 통해 자칫 금이 달러의 경쟁 상대가 될 수 있는 가능성 자체를 차단해버린 거죠. 이는 사실 글로벌 스탠더드를 만들고 세계 금융 시장을 장악하고 있는 미국이기에 가능한 일이라고 할 수 있습니다.

아직 암호 화폐가 달러화 기축통화 지위에 도전하고 있지 않지만 만일 암호 화폐가 달러 패권에 위협이 된다면 미국이 암호 화폐에도 강력한 규제를 가할 가능성이 있습니다. 특히 엘살바도르처럼 비트코인을 법정화폐로 선택하는 나라가 늘어난다면 견제가 더욱 강력해질 수 있습니다. 다만 달러의 대체 수단으로 생각하는 국가가 아직은 많지 않기 때문에 아직까지는 암호 화폐에 대한 실질적인 규제 조치를 내놓지 않고 있을 뿐입니다.

비트코인은 탈중앙 화폐라 미국 당국도 규제하는 것이 불가능하다고 보시는 분도 물론 있지만, 이는 세계 금융 시장을 지배하고 있는 미국의 저력을 너무 과소평가한 시각이라고 할 수 있는데요. 과거 1930년대 금이 달러를 위협하자 금을 보유한 미국인들에게 10년 이하의 징역이나 천문학적인 벌금을 물렸던 것처럼 만약 암호 화폐가 달러화 패권을 위협하는 날이 온다면 미국은 언제라도 규제를 단행할 가능성이 큽니다.

게다가 미국은 과도하게 달러를 풀었다고 생각하면 달러 패권을 지켜내기 위해 모종의 조치를 취하는 경우도 많았습니다. 이 때문에 미국의 경기 회복이 가시화될 2022년은 달러 패권 유지의 중요한

분기점이 될 가능성이 있습니다. 만일 연준이 과도하게 풀린 달러를 회수하기 위해 조금씩 긴축정책으로 선회하게 되면 이머징 국가들은 달러 품귀 현상으로 경제적 어려움을 겪을 수도 있습니다. 막대한 자본을 가진 월가의 금융 세력이 이머징 국가의 위기를 조장해 이득을 챙긴다는 이른바 '양털 깎기' 음모론도 이런 경우에 나타나게 됩니다.

이 때문에 앞으로 미국을 제외한 다른 나라들의 가장 큰 위협은 오히려 미국의 경기 회복 속도가 다른 나라보다 훨씬 빠르게 진행되는 경우입니다. 미국은 자국의 경기만 회복되면 달러 패권을 강화할 기회로 삼기 위해 예상보다 빠르게 테이퍼링과 금리 인상을 단행할 수 있습니다. 이 때문에 미국에서 코로나19 백신 보급과 변이 바이

러스의 영향, 그리고 미국의 고용 시장 회복을 예의 주시할 필요가 있죠. 특히 미국의 긴축 속도보다 경기 회복 속도가 느린 나라들은 경제적으로 큰 타격을 받을 수도 있다는 점을 주의해야 합니다.

모두가 주목하는 암호 화폐의 미래,
돈은 언제나 변하는 것

최근 비트코인과 도지코인 등 온갖 암호 화폐 가격이 요동치면서 암호 화폐에 대한 관심이 그 어느 때보다도 커졌습니다. 이에 블룸버그가 미국의 상업은행인 뱅크 오브 아메리카(Bank of America)의 자

그 어떤 버블보다
강력하다!!!

료를 인용해 흥미로운 사실을 보도한 바 있습니다.[11] 1980년대 이후 미국 연준이 금리를 낮추기 시작하면서 온갖 버블이 있었는데, 비트코인이야말로 그 어떤 버블보다도 강렬했다는 겁니다.

다음 페이지의 그래프를 보시면 1980년대 물가 급등으로 금 투

자 열풍이 일어났는데요. 당시 금값이 유례없이 치솟아 오르면서 순식간에 400%가 넘게 뛰어올랐습니다. 하지만 모든 버블이 그렇듯이 붕괴 현상이 일어나면서 치솟아 올랐던 금값이 하락하기 시작했는데요. 금값 상승으로 금 채굴 기술의 혁신이 일어나고 새로운 금광 개발이 가속화된 데다 미 연준과 영국 중앙은행(Bank of England)이 손잡고 금값을 인위적으로 끌어내렸기 때문입니다.

📊 자산 가격 변화율

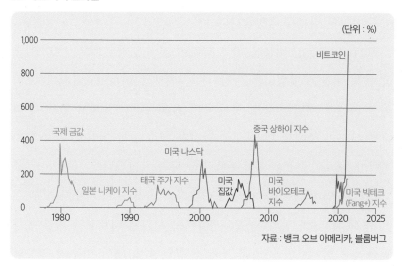

우리는 1989년 일본의 주가 상승을 엄청난 버블로 기억하지만, 그래프 상에 있는 역대 다른 버블과 비교하면 그 크기가 미미해 보이는 것을 알 수 있습니다. 진짜 강렬했던 주가 버블은 1990년대 말부터 2000년 초반까지 화려한 불꽃을 터뜨렸던 닷컴버블이라고 할

수 있는데요. 당시 기술주를 대표하는 나스닥 종합지수는 300%나 치솟아 올랐다가 급락해서 버블 전의 원래 가격으로 돌아왔습니다.

물론 버블의 크기를 판단할 때 상승률만 중요한 것은 아닙니다. 2000년대 중반 시작된 미국의 부동산 버블은 200% 정도 상승했기 때문에 300% 상승한 닷컴버블보다 상승률이 낮아 보이지만, 일부 기술주 급등에 불과했던 닷컴버블과 달리 부동산 버블은 대다수 미국인이 연관돼 있었기 때문에 그 여파가 훨씬 컸습니다. 그 결과 부동산 가격 하락과 함께 글로벌 금융 위기가 터지면서 미국은 대공황 이후 최악의 위기를 겪었습니다.

그 뒤 인상적인 버블은 바로 상하이 지수 급등인데요. 2007년 중국 증시 버블은 닷컴버블을 넘어서는 역대급 버블이었습니다. 오죽하면 14년이 지난 지금도 당시 주가를 회복하지 못하고 있죠. 우리나라 투자자 중에도 당시 중국 증시가 계속 오를 것으로 믿고 투자했다가 아직도 손실을 회복하지 못한 사람이 많습니다.

그러나 역대 그 어떤 버블과 비교해도 가장 크게 치솟아 오른 것은 역시 비트코인입니다. 동아시아에서 시작된 비트코인 버블이 붕괴되면서 비트코인 가격이 조정을 받았던 2018년 이후의 상승률만 놓고 봐도 상승률이 1,000%에 육박합니다. 버블 논란이 있는 FANG(Facebook, Apple, Netflix, Google) 기업들의 주가 상승률이 2020년 3월 이후 고작 200% 정도인 것과 비교하면 정말 경이적인 상승률입니다.

이렇게 가격 상승폭이 크다 보니 대표적인 통신사인 블룸버그가

비트코인 등 암호 화폐 버블이야말로 '모든 버블의 어머니인가?'라는 제목을 달았을 정도죠. 여기서 우리가 주목해야 할 부분은 역대 버블의 그래프를 보면 확인할 수 있지만, 지금까지 단기간에 특정 자산 가격이 급등했던 경우에는 금이든 주식이든 부동산이든 대부분 붕괴 과정을 겪었다는 점입니다.

이 중에서 금값은 다시 전고점을 회복했으나, 그 기간이 20년이 넘게 걸렸고, 미국 나스닥 지수도 전고점을 회복하는 데는 무려 15년이나 걸렸습니다. 그나마도 금값이나 나스닥 지수는 운이 좋은 케이스였습니다. 상하이 지수나 니케이 지수는 오랜 시간이 지난 지금도 아직 전고점을 회복하지 못하고 있습니다. 과연 비트코인과 암호 화폐의 앞날은 어떻게 될까요?

비트코인 등 암호 화폐에 대한 흔한 오해 중 하나는 특정 국가의 정부나 중앙은행이 보증하지 않았기 때문에 돈이 될 수 없다고 생각하는 겁니다. 하지만 인류 역사를 돌이켜 보면 정부가 보증하지 않아도 사람들에게 인정을 받기만 하면 얼마든지 돈으로 통용되는 경우는 많았습니다.

지금까지 돈의 변천사를 보면 정말 특이한 형태의 돈이 많은데요. 어떤 형태의 화폐든 돈으로 인정받으려면 반드시 갖춰야 할 세 가지 요소가 있습니다. 우선 복제가 불가능해야 하고 희소성이 있어야 합니다. 얼마든지 복제가 가능하고 구하기 쉽다면 그것은 돈이 될 수가 없죠. 그리고 가장 중요한 것은 사회 구성원들에게 그 가치를 인정받아야 한다는 점입니다.

남태평양에 있는 야프(Yap)섬은 이웃 섬인 팔라우나 뉴기니에서

가져온 거대한 돌을 바퀴처럼 둥글게 다듬은 다음 구멍을 뚫어 화폐로 썼습니다. 작은 것은 3.5cm 정도였지만 가장 큰 것은 지름이 4m에 이르러 그 무게도 5톤이 넘었습니다. 라이(Rai)라고 불린 이 화폐는 크고 무거울수록 훨씬 값어치 있는 돈으로 인정받았습니다.

이렇게 값이 비쌀수록 돌이 크고 무거웠기 때문에 큰 금액을 주고받기가 쉽지 않았는데요. 값비싼 돌은 항상 같은 자리에 놓고 돈을 지불했다는 약속만으로 거래를 마쳤습니다. 굳이 자기 집 안으로 그 무겁고 큰 돌을 옮기지 않아도 마을 사람들에게 돈을 주고받았다는 사실을 알려 돌의 소유자임을 인정받았습니다.

마을 사람들에게 인정을 받는 방식으로 거래를 마쳤다는 게 조금 원시적이고 위험할 것이라고 보시는 분도 계실 텐데요. 돈을 훔쳐가도 마을 사람들이 인정하지 않으면 아무런 의미가 없었기 때문에 오히려 더 안전하다고 볼 수 있습니다. 온라인 거래 내역을 네트워크 참여자들의 컴퓨터에 기록해 해킹을 막는 지금의 블록체인 기술과 비슷한 맥락인 셈입니다.

그런데 한 번은 이웃 섬에서 돈으로 사용할 돌을 만든 다음 이를 배로 옮겨오다가 그만 배가 침몰해 돌이 바닷속으로 가라앉아 버린 일이 있었습니다. 다행히도 돌을 옮기려고 함께 이웃 섬에 갔던 마을 사람들이 그 돌이 얼마나 컸었는지 기억하고 있었죠. 그래서 돌은 깊은 바닷속으로 가라앉았지만 돌을 만든 사람이 돈을 소유했다고 보았고, 바다에 가라앉은 돌 역시 계속 거래 수단으로 사용될 수 있었습니다.

어차피 돌의 소유자라 해도 돌을 자기 집안으로 옮기지 않았으므로 이 돌이 바닷속에 있느냐 섬 위에 있느냐는 그다지 중요하지 않았던 겁니다. 중요한 것은 마을 사람들이 그 사람을 그 돈의 소유자로 믿어주는 것이었죠. 덕분에 돌을 바닷속에 빠뜨렸던 마을 주민은 여전히 부자로 인정받을 수 있었습니다.

바다에 빠진 돌까지 화폐로 쓰였다니 황당하게 들릴지 모르지만 라이는 돈으로 통용될 수 있는 요소를 모두 갖추고 있었습니다. 우선 멀리 떨어진 다른 섬에서만 구할 수 있는 돌이었기 때문에 희소성이 있었고, 값비싼 돌일수록 제작과 운송에 엄청난 인력이 필요해 사실상 복제가 불가능했습니다. 마지막으로 마을 사람 모두가 돈이라고 확고하게 믿어주었기 때문입니다.

복제가 불가능하고 희소성이 있는 화폐는 신뢰를 바탕으로 돈으로 인정받을 수 있습니다. 일단 신뢰를 얻으면 비트코인과 같은 컴

퓨터 코드이든 바닷속에 가라앉은 돌이든 직접 만질 수 없다고 해도 돈으로 통용될 수 있습니다. 게다가 시장 참여자의 장부에 모두 기록되거나 마을 사람들에게 인정을 받는 방식으로 통용되었기 때문에 도난의 위험도 거의 없죠.

이처럼 반드시 정부나 중앙은행이 보증을 서야 돈이 되는 것은 아닙니다. 특히 서양에서는 민간은행이 발행한 금화 보관증이나 어음 같은 종이 증서가 돈으로 통용된 경우도 수없이 많습니다. 유럽의 민간은행은 중앙정부 권력의 견제에서 벗어나기 위해 부단히 노력했고, 이 민간은행이 만든 증서가 나중에 지폐의 원조가 됐습니다.

유럽 최초로 지폐가 등장한 나라는 변방의 국가였던 스웨덴인데요. 스웨덴에서 지폐가 처음으로 등장한 이유는 하필 가치가 낮은 구리를 주화로 사용했던 것과 관련이 깊습니다. 다른 유럽 국가들은 금화나 은화를 사용했기 때문에 동전 크기면 충분히 필요한 물품을

10 스웨덴 달러 = 19.7kg 구리!

거래하는 것이 가능했습니다. 그러나 구리는 가치가 낮았기 때문에 당시 가장 많이 사용했던 10 스웨덴 달러의 경우 가로 길이가 1.2m 에 무게가 19.7kg이나 됐습니다. 액면가가 높은 경우에는 가로 길이가 2.4m에 이르는 경우도 있었습니다.

이 때문에 뭐 하나 사려면 돈을 실어 나르기 위한 마차가 필요했고, 고액 거래는 너무나도 불편했습니다. 그래서 17세기부터는 민간은행에 자신이 보유한 거대한 구리 주화를 보관해 놓고 은행에서 보관증을 받아 거래에 사용하기 시작하면서 유럽 최초의 지폐가 탄생했습니다. 불편한 스웨덴의 구리 주화가 아이러니하게도 '지폐'라는 진일보한 발명품을 낳은 셈입니다.

영국은 왕권에서 벗어나는 과정에서 지폐가 탄생했다고 할 수 있습니다. 영국의 상인들은 자금 사정이 어려워진 찰스 1세에게 금화를 압류당했던 아픈 기억이 있었기 때문에 금 세공업자에게 가지고 있던 금을 맡기고 그 예치증서를 마치 돈처럼 거래하기 시작했습니다. 사실상 금 세공업자가 은행의 역할을, 금 예치증서가 지폐 역할을 하게 된 거죠. 권력에서 벗어나기 위한 탈중앙화 과정에서 은행과 지폐가 탄생한 셈입니다.

이처럼 지폐의 전신이었던 보관증이나 예치증서, 은행어음은 민간은행에서 시작됐지만, 중앙정부가 지폐 발행의 놀라운 이권을 깨닫고 점차 정부의 영향력 하에 두기 시작하면서 현재의 중앙은행 체제가 정립되었습니다. 국가에 따라 중앙은행을 설치해 지폐를 발행하거나 정부의 감독 아래 특정 민간은행만 지폐를 발행하게 한 것입니다. 그 뒤 탈중앙화하려는 은행들과 중앙집권을 강화하려는 정부의 밀고 당기기 속에서 현재의 지폐가 모습을 갖추게 된 것이죠.

이처럼 인류 역사에서 돈은 계속해서 진화해왔습니다. 그러므로 지금 우리에게 익숙한 지폐가 앞으로도 영원히 남아있을 것이라고 장담하기는 어렵습니다. 특히 현재의 지폐는 금융 거래 기법의 눈부신 발전을 따라잡지 못하고 있는데요. 앞으로 기술의 발전에 따라 더 편하고 더 안전한 거래 수단으로 진화해나갈 가능성이 큽니다. 그런 측면에서 암호 화폐도 하나의 가능성을 보여준 대안인 것은 분명합니다.

그렇다고 비트코인이나 이더리움 같은 현재의 암호 화폐가 IT 기술 혁명으로 진화된 화폐의 최종 결과물로 남을 것이라는 보장은 없습니다. 같은 블록체인이라도 기술 혁신이 계속되고 있기 때문에 더 뛰어난 거래 수단이 등장할 수도 있습니다. 심지어 이를 뛰어넘는 아예 새로운 기술 혁신으로 기존의 화폐 개념조차 바꿔버릴 새로운 대체재가 나올 가능성도 얼마든지 남아있기 때문입니다.

게다가 이미 오랜 기간 우리에게 익숙해진 지폐는 조금 불편한 점

거대 돌   은화   화폐

이 있어도 경로의존성(path dependency; 과거의 선택이 관성 때문에 쉽게 변하지 않는 현상)이 생긴 만큼 어지간히 진보된 신기술이 등장하지 않는 한 쉽게 대체되지 않는 반면, 암호 화폐는 아직 우리의 삶에 파고들 정도의 경로의존성을 확립하지 못했기 때문에 앞으로 등장할 신기술에 언제든 밀려날 수 있다는 약점이 있습니다.

이와 관련해 미국 헤지펀드의 전설로 불리는 스탠리 드러큰밀러는 암호 화폐의 가장 치명적인 경쟁 상대는 미국 최고의 공과대학인 'MIT 대학생'이라고 단언했는데요. 마치 구글이 야후를 밀어내고 세계 최고의 검색 엔진으로 자리 잡은 것처럼 MIT 대학의 혁신적인 천재들이 더욱 경쟁력이 높은 새로운 개념의 화폐를 만들면 아직 시장을 장악하지 못한 기존의 암호 화폐는 언제든 도태될 수 있다고 경고한 것입니다.

지금의 비트코인은 기존 화폐와 비교했을 때 여러 가지 장점도 있지만, 개발된 지 오래된 탓에 거래 속도가 너무 느리다는 단점이 있습니다. 게다가 자신의 전자지갑에 넣어두었다가 암호를 잊어버리기라도 하면 막대한 자산을 한순간에 날릴 수도 있습니다. 암호 화폐 데이터 제공업체 코인커버는 2021년까지 암호 화폐 보유자의 돌연사나 사고사로 현재까지 300억 달러에 이르는 비트코인이 사라졌다는 통계를 내놓기도 했습니다. 게다가 첨단 디지털 화폐답지 않게 대부분의 거래를 거래소에 의존하면서 수수료까지 내야 합니다. 만약 이런 불편함을 한 번에 해소할 수 있는 새로운 개념의 디지털 머니가 등장한다면 어떻게 될까요?

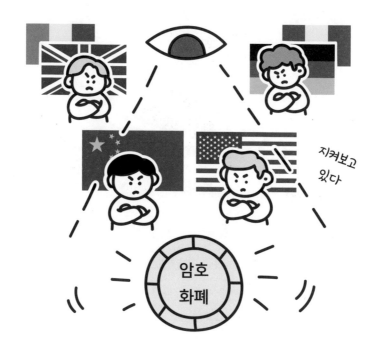

지켜보고
있다

그래도 비트코인이나 이더리움 등 몇몇 암호 화폐는 오랜 기간 브랜드 가치를 높여왔기 때문에 그나마 나은 상황이지만, 이보다 브랜드 가치가 현저히 떨어지는 수많은 암호 화폐들은 새로운 기술에 밀리면 더 빨리 도태될 수도 있습니다. 이 때문에 드러큰밀러의 지적대로 앞으로 등장할 컴퓨터공학 천재들의 새로운 디지털 화폐 도전이 기존 암호 화폐의 최대 위협 요인이 될 가능성이 있습니다.

암호 화폐를 위협하는 또 다른 요인은 각국 정부와 중앙은행입니다. 만일 암호 화폐가 중앙은행이 발행한 화폐의 지위를 위협할 정도로 성장하면 각국 정부나 중앙은행이 기존 암호 화폐에 대한 규제

를 더욱 강화할 가능성이 커질 수밖에 없습니다. 이미 중국이 암호 화폐 규제를 강화한 상황에서 유럽과 미국까지 본격적으로 동참하게 되면 암호 화폐 시장의 미래에 큰 위협이 될 수 있습니다.

민간은행의 금 보관증에서 시작된 지폐를 중앙은행이 흡수했던 것처럼 암호 화폐로 촉발된 디지털 머니를 중앙은행이 흡수할 가능성도 있는데요. 예를 들어 각국 중앙은행이 디지털 머니(CBDC ; Central Bank Digital Currency) 도입을 가속화할 수도 있습니다. 특히 미국과 중국의 패권 전쟁이 통화전쟁에까지 번지게 되면 중국은 달러 패권에 도전하는 동시에 자국민의 외화 유출입을 통제하기 위해 CBDC 전환을 서두를 가능성이 큽니다.

만약 암호 화폐가 달러의 지위를 위협할 것이라고 미국 정부가 생각하게 되면 거래소 탈세나 범죄단체의 자금 은닉 방지 등을 빌미로 거래소를 압박할 수 있습니다. 아니면 암호 화폐로 번 돈에 엄청난 자본이득세를 물릴 수도 있죠. 세계 최강대국이자 금융 강국인 미국은 사실상 암호 화폐를 압박할 수 있는 다양한 수단을 갖고 있습니다.

다만 아직 암호 화폐가 달러를 위협할 만큼 성장하지 않았기 때문에 아직은 미국이 직접 나서지 않고 있는데요. 만일 미국이 암호 화폐 시장에 개입하기 시작한다면 2021년 6월 중국 정부가 암호 화폐를 규제한 것보다 훨씬 더 큰 파문이 일어날 수 있습니다. 이처럼 암호 화폐의 가장 큰 위협은 미국과 유럽 등 주요 국가 정부의 규제 리스크라고 할 수 있습니다.

그럼에도 확실히 핀테크 등 각종 기술 혁신이 금융산업을 파고들고 있는 지금과 같은 상황에서 어느 순간 금융산업 혁신의 임계점을 돌파하면 우리가 알던 돈의 미래가 완전히 달라질 수도 있는 중요한 순간에 와 있는 것은 분명합니다. 다만 돈의 미래가 탈중앙화된 암호 화폐일지, 각국 중앙은행의 디지털 머니가 될지, 또는 페이스북 같은 기업의 디지털 머니가 될지, 아니면 아직 등장하지 않은 새로운 형태의 돈이 될지는 불분명합니다.

새로운 부의 기회는 다가오는 돈의 혁명에서 시작될 가능성이 있으므로 돈이 어떻게 진화해나갈지 예의 주시해야 할 필요가 있습니다. 다만 앞으로 계속될 기술 혁명 속에서 기존의 암호 화폐가 계속 가치저장 수단으로 남아 있을지는 확신하기 어렵습니다. 이 때문에 이미 모든 '버블의 어머니'라고 불릴 만큼 가격이 폭등한 특정 암호 화폐를 맹신하고 과도한 비중으로 투자를 늘리는 것은 그만큼 큰 위험을 감수해야 한다는 점을 명심해야 합니다.

바이든 증세는 주가에 악재일까?
호재일까?

코로나19로 인플레이션과 달러 패권에 대한 우려가 커진 상황에서 미국 정부가 취할 수 있는 조치 중 하나는 바로 세금을 더 걷는 것입니다. 미국 정부가 막대한 돈을 찍어서 재정지출을 하면 인플레이션 우려와 함께 달러의 타락에 대한 우려가 더 커질 것이 분명합니다. 그러나 그 재원을 증세로 조달한다면 이 같은 우려를 덜 수 있을 겁니다.

그래서 바이든 행정부는 다양한 증세 방안을 준비하고 있는데요. 세금만큼 돈의 흐름을 완전히 바꿀 수 있는 것도 없기에 향후 투자계획을 세우려면 바이든 행정부의 세제개편 방향을 면밀히 살펴볼 필요가 있습니다. 지금까지의 역사를 보면, 세금을 어떻게 부과하느냐에 따라 돈이 특정 자산에 몰리기도 하고 사람들의 생활 방식까지

송두리째 바꾼 적도 많기 때문입니다.

그 대표적인 사례가 바로 1698년 제정(帝政) 러시아 시대에 도입됐던 '턱수염세(beard tax)'입니다. 이름 그대로 턱수염을 기르면 내야하는 세금이었습니다. 도대체 이런 황당한 세금은 어떻게 등장하게된 것일까요?

제정 러시아 귀족들은 가슴까지 내려오는 유난히 긴 턱수염(beard)을 기르고 있었습니다. 당시 러시아 귀족들에게 긴 턱수염은 큰 자랑이자 귀족의 자부심이었거든요. 그러나 유럽 유학길에서 돌아와황제가 된 표트르(Pyotr Alexeyevich Romanov) 대제(大帝)의 눈에는 유럽의 날렵하고 깔끔한 콧수염(mustache; 인중에 있는 수염)에 비해 지저분해 보이는 긴 턱수염은 러시아의 후진성을 나타낸다고 생각했습니다.

그래서 러시아 근대화를 가속화하기 위한 방편으로 표트르 대제는 귀족들에게 턱수염을 깎으라고 명령했습니다. 그러자 러시아 귀족들은 자신들의 긴 턱수염은 신이 내려주신 것이라며, 목을 내놓는 한이 있어도 턱수염은 자를 수는 없다고 강하게 반발했습니다.

고작 턱수염 하나였지만 표트르 대제는 진퇴양난의 상황에 빠졌는데요. 귀족들의 반발에 밀려 물러서면 황제의 권위가 흔들리고, 귀족들의 턱수염을 강제로 깎으려 하면 근대화하겠다는 목표를 달성하기 위해 전근대적인 강압 방식을 쓰는 자가당착에 빠져버립니다.

이때 표트르 대제는 강압적으로 턱수염을 깎지 않겠다고 한발 물러서는 척하며 한 가지 꾀를 냈습니다. 수염을 기를 수 있도록 허용하되 턱수염을 기른 사람은 100루블, 지금 화폐 가치로 400~500만

원 정도의 턱수염세를 물리기로 한 겁니다.

이렇게 턱수염세를 낸 귀족에게는 그 징표로 이전 페이지의 그림과 같은 토큰을 하나 지급했습니다. 이 토큰에는 '턱수염은 쓸모없는 짐이다'라는 문구가 쓰여 있었는데요. 턱수염을 깎지 않은 귀족들은 세금을 냈다는 뜻으로 이 토큰을 항상 휴대해야 했습니다.

이렇게 표트르 대제가 턱수염세를 부과하자 놀라운 변화가 일어났습니다. 일부 귀족들은 세금을 내고 턱수염을 길러 전통을 수호하겠다고 나섰지만, 결국 하나둘씩 세금에 굴복해 턱수염을 포기했습니다. 이처럼 귀족들이 턱수염을 스스로 깎기 시작하자 나중에는 별 쓸모가 없어진 턱수염세를 폐기해도 될 정도가 됐습니다. 이러한 제정 러시아 시대의 턱수염세는 세금이 인간의 관습과 행동까지 영향을 미친 대표적인 사례로 거론됩니다.

반대로 세금이 뜻하지 않은 부작용을 만들어내는 경우도 있습니

다. 그런 사례 중에 가장 널리 알려진 게 바로 영국의 '창문세(window tax)'입니다. 17세기 말 영국은 세금을 한 푼이라도 더 걷기 위해 집에 붙어 있는 창문 개수에 따라 세금을 매겼습니다. 여섯 개가 넘는 창문을 가진 집만 과세 대상이었는데요. 7개에서 9개까지 창문이 달린 집은 2실링, 10개에서 19개까지는 4실링으로 창문이 달린 집을 보유한 사람은 당시로서는 적지 않은 세금을 내야 했습니다.

문제는 이 같은 특이한 세금이 19세기 중반까지 250년간 지속되면서 영국의 건축양식에 지대한 영향을 미쳤다는 점인데요. 세금을 내지 않으려고 집에 창문을 만들지 않는 바람에 그렇지 않아도 일조량이 적은 영국의 집은 더욱 어두워졌고, 심지어 창문이 없는 집까지 등장했습니다. 그 결과 창문세라는 불합리한 세금이 뜻하지 않게 영국의 건축양식을 바람직하지 않은 방향으로 바꾼 겁니다.

또한, 세금은 위생이나 건강까지 좌우할 정도로 막강한 영향을 미치기도 합니다. 그 대표적인 사례가 18세기 초반 영국에서 비누 제조업자들에게 부과됐던 '비누세(soap tax)'입니다. 당시 영국 정부는 일률적으로 비누세를 매겼기 때문에 값비싼 고급 비누는 상대적으로 세율이 낮았고, 일반 비누는 서민들이 사기 부담스러울 정도로 세율이 높았습니다. 심지어 일반 비누 가격의 3분의 2가 세금인 경우도 있었습니다.

이렇게 높은 세율을 부과한 탓에 비누 제조업자들은 몰래 비누를 생산하려고 했고, 이에 세무공무원들이 야간에 불법적으로 비누를 생산하는 것을 막기 위해 비누를 만드는 프라이팬 뚜껑을 잠가 놓는 일도 있었다고 합니다. 심지어 과도한 비누세를 피하고자 비누 제조 업자들이 영국을 탈출하는 소동까지 벌어지기도 했죠.

일상생활에서 청결과 건강에 필수적인 비누에 과세하는 것은 많은 세금 중에서도 최악의 세금이었는데요. 이 세금은 도입된 지 150년이 지난 1853년이 돼서야 윌리엄 글래드스턴(William Gladstone) 재무부장관에 의해 폐지됐습니다. 비누세가 폐지되자 비누의 생산과 소비가 크게 늘어나면서 영국 서민들의 위생과 보건이 크게 향상된 것

은 물론 평균 수명까지 비약적으로 증가했습니다.

이렇듯 세금은 경제뿐만 아니라 우리의 생활 방식까지 뒤흔들어 놓은 경우가 많습니다. 그렇다면 바이든 행정부의 증세는 우리 경제에 어떤 영향을 미치게 될까요? 바이든 행정부는 1조 9천억 달러의 슈퍼 부양책에 이어 1조 달러 규모의 인프라 투자까지 엄청난 재정 지출을 계획하고 있습니다. 트럼프 대통령 시절 단행한 감세 정책으로 이미 1조 달러 규모의 만성적인 재정적자를 떠안고 있는 것을 감안하면 정말 심각한 상황이라고 할 수 있습니다.

만일 이 모든 재정적자를 돈을 찍어서 조달한다면 제아무리 미국이라도 앞서 설명한 인플레이션과 기축통화 지위의 약화 등 온갖 심각한 문제에 처할지도 모릅니다. 그래서 바이든 행정부는 2022년 이후 다양한 증세를 통해 이 재원을 조달할 계획인데요. 법인세율 인상과 연간 40만 달러 이상 고소득자에 대한 세율 인상, 그리고 자본이득세 인상이 주요 증세 방안입니다.

바이든 정부는 이 같은 증세가 미국 경제에 부담을 주지 않을 것이라고 주장하고 있습니다만, 그 주장대로 경제적 부담이 없어지려면 증세가 경제 주체의 행동을 불합리하게 왜곡시키는 일이 없어야 합니다. 만약 바이든 정부의 증세가 앞서 보신 창문세나 비누세처럼 사람들의 행동 방식을 왜곡시킨다면 경제에 충격을 줄 수밖에 없기 때문입니다.

먼저 고소득층에 대한 소득세 인상부터 살펴볼까요? 바이든 행정부는 현재 37% 수준인 40만 달러 이상 고소득자의 소득세율을 40%까지 올릴 계획입니다. 미국에서 고소득층에게 가장 높은 소득세율을 적용했던 시기는 대공황 이후 대통령이 된 루스벨트 시대였는데요. 당시 루스벨트 대통령은 대공황의 주된 원인이 극단적으로 벌어진 빈부 격차에 있다고 보고 고소득층에 대한 증세를 단행한 바 있습니다.

대공황 직전이었던 1929년 고소득층에 대한 최고 소득세율은 24%로 지금보다도 훨씬 낮았으나, 1932년 루스벨트 대통령이 당선되자마자 최고 소득세율을 63%로 크게 올렸습니다. 여기에 그치지 않고 지속적인 소득세 인상으로 1936년에는 79%, 1942년에는 88%, 1944년에는 충격적인 수준인 94%까지 올렸습니다.

물론 최고 소득세율이니까 전체 소득에 대해 94%의 소득세율을 적용했다는 뜻이 아니라 연 소득 2만 5천 달러(현재 물가 수준으로는 50만 달러 상당)가 넘는 고소득자에게 그 이상의 소득을 추가로 벌어들일 때 94%의 소득세율을 적용했다는 뜻입니다. 하지만 아무리 고소득자라도 94%라는 세율은 정말 엄청난 세율이었다고 할 수 있습니다.

사실 우리가 배우는 주류 경제학의 이론에 따르면 최고 소득세율 94%가 적용되는 2만 5천 달러 이상의 고소득자는 높은 세율 적용을 피하기 위해 더 이상 추가로 일하지 않고 노동 공급을 줄이는 것이 합리적이겠지만, 당시 미국의 고소득자들은 노동 공급을 거의 줄이지 않았습니다. 2만 5천 달러가 넘는 구간에서는 자기 손에 쥘 수 있

는 돈이 거의 없는데도 왜 노동을 멈추지 않았던 것일까요?

그 비밀은 최근 관심을 받고 있는 행동경제학이 풀어냈습니다. 사실 최고 세율을 적용받을 정도로 소득이 높은 고소득층은 대체로 최종 성과로 평가받기 때문에 세율이 높아지는 구간에서 정확히 노동 공급을 줄인다는 게 불가능에 가깝습니다. 게다가 한 해 수억 원 이상을 버는 고소득층은 단순히 소득의 많고 적음보다 명예나 지위, 승진, 성취욕 등 다른 요소에 의해서도 큰 영향을 받기 때문에 세율이 높아진다고 스스로 업무성과를 낮추지는 않기 때문입니다.

이 같은 고소득층의 특성으로 인해 1940년대 이후 소득세율이 황당한 수준까지 올랐음에도 불구하고 고소득층의 노동 공급이 줄지 않았기 때문에 미국 경제나 금융 시장에 별다른 타격을 주지 않았습니다. 1940~1950년까지 10년 동안 연평균 6%가 넘는 미국 역사상 가장 높은 성장률을 기록했고, 주가도 큰 폭의 상승세를 보였습니다. 즉, 높은 소득세율이 유지됐던 1960년대에도 미국 경제는 미국 역사에서 보기 드문 호황기를 누린 것입니다.

당시 90%가 넘는 높은 최고 소득세율에도 불구하고 경제적 타격이 없었던 것을 감안하면 현재 바이든 행정부가 계획한 연 소득 40만 달러가 넘는 고소득층의 소득세율을 40% 가까이 올린다고 해도, 고소득층이 노동 공급 시간을 줄인다든가 성장률을 끌어내리거나 혹은 미국이나 세계 주가에 악영향을 미칠 가능성은 낮아 보입니다.

하지만 법인세율을 인상하는 것은 조금 상황이 다릅니다. 법인세율 인상은 앞서 언급한 수염세나 비누세처럼 기업의 투자 행태에 일정 부분 영향을 미칠 수도 있기 때문입니다. 물론 논란의 여지가 많긴 하지만 법인세율이 높아지면 당장 기업이 설비투자를 줄일 수 있다는 연구 결과가 많습니다. 특히 재계를 대변하는 경제연구소에서 유사한 연구 결과를 대거 쏟아내고 있죠.

물론 이에 대한 반론도 만만치 않은데요. 법인세가 기업의 투자를 위축시킨다고 해도 정부가 법인세로 거둔 돈을 효율적으로 인프라에 투자하거나 이전소득으로 활용해 경제를 활성화한다면 법인세로 줄어든 투자를 보완해 결국 민간소비가 늘어나 장기적으로는 기업의 투자를 촉진할 수도 있다는 거죠.

그러나 이런 주장이 맞다 하더라도 정부를 통한 지출은 시차를 두고 나타나기 때문에 단기적으로는 기업의 수익성을 악화시킬 수밖에 없습니다. 나중에 정부지출 확대로 경기가 활성화되기 전까지는 주가에 악재가 될 수밖에 없죠. 또한 정부가 아무리 효율적으로 예산을 집행한다고 해도 민간보다는 비효율적일 수밖에 없다는 점도 문제입니다.

하지만 지금처럼 연준이 무제한 양적 완화를 통해 매달 1,200억 달러씩 계속 뿌려가며 부양책을 지속하고 있는 상황에서는 큰 문제가 되지 않을 것 같습니다. 게다가 바이든 행정부가 계획하고 있는 정책의 강도도 이런 의견을 뒷받침합니다. 바이든 행정부는 법인세를 현행 21%에서 28% 정도로 높일 계획인데요. 이는 트럼프 전 대통령이 원래 35%였던 법인세율을 21%로 낮췄던 것을 절반 정도 원상 복구하는 수준에 불과하므로 심각한 주가 하락을 야기할 가능성은 크지 않습니다.

마지막으로 바이든 행정부는 주식 등 투자수익이 100만 달러 이상인 이들에게는 현행 20%인 자본이득세율을 39.6%로 인상할 계획입니다. 자본이득세는 우리나라로 치면 주식 양도세인데요. 미국에서는 연방세 외에 주별로 부과하는 주세(州稅)도 내야 하기 때문에 세율이 50%가 넘는 주도 많습니다. 바이든 행정부의 계획대로 증세를 감행하게 되면 금융 중심지인 뉴욕주는 52%, 캘리포니아주는 56%까지 오르게 됩니다.

자본이득세율

현행 20% ➡ 39.6%

웅성 웅성

투자수익 100만 달러 이상

앞으로 그렇게 하기로 했어.

바이든 행정부

    사실 이 정도 세율 인상은 부유층의 주식 투자에 대한 매력을 크게 떨어뜨릴 수 있습니다. 만일 이런 증세 방안이 정말 시행된다면 절세가 가능한 투자 상품으로 옮겨갈 가능성이 있죠. 특히 이 같은 증세 방안이 시행되기 직전에 포트폴리오를 조정할 가능성이 있어 자본이득세가 실제로 어떻게 될지 관심을 기울일 필요가 있습니다. 그러나 일단 높아진 세율이 적용되기 시작한 이후에는 더 이상 악재가 되지 않을 가능성이 큽니다.

    사실 증세가 증시에 어떤 영향을 주느냐보다 더 큰 문제는 정말 바이든 행정부가 충분히 증세할 수 있는지 그 자체가 불분명하다는 것입니다. 지금 바이든 행정부가 추진하고 있는 재정지출 계획은 정말 천문학적인 규모인데요. 만일 증세 규모가 재정지출 증가분을 따라잡지 못하고 적자가 눈덩이처럼 불어난다면 달러화의 신뢰에 큰 타격을 주는 것은 물론, 국채시장에도 큰 부담이 될 수 있습니다.

특히 재정지출에 비해 증세 규모가 턱없이 부족한 경우에는 어쩔 수 없이 국채로 재원을 조달해야 하는데요. 이제는 중국이 더 이상 예전처럼 적극적으로 미국 국채를 사주지 않기 때문에 연준이 돈을 찍어 국채를 살 수밖에 없는 상황이 올 수도 있습니다. 이 경우에는 인플레이션을 더욱 자극할 수 있기 때문에 앞으로 바이든 정부가 인

플레이션 우려를 잠재울 만큼 충분한 증세를 진행할 수 있는지 눈여겨봐야 할 것 같습니다.

❶ 한국 증시는 앞으로 계속 상승할까?

❷ 골디락스, 왜 미·중 패권 전쟁을 주목해야 하는가?

❸ 청년 세대가 살아갈 우리 경제의 미래

❹ 인구, 경제의 성패를 가르는 핵심 열쇠

❺ MZ세대의 슬기로운 투자 생활

3장

미래의 시그널을
잡아라

부의 시그널

한국 증시는 앞으로 계속 상승할까?

한국의 대표 주가 지수인 코스피(KOSPI)는 1980년 1월 4일의 주가를 100으로 놓고 산출한 지수입니다. 2021년 6월 코스피가 3,200이란 것은 1980년보다 주가 지수가 32배가 됐다는 뜻입니다. 종종 미국의 다우존스(Dow Jones)지수는 33,000이 넘었는데 코스피는 왜 이렇게 수치가 낮은지 의문을 갖는 분들이 계신데요. 다우존스지수는 코스피보다 훨씬 이전인 1928년 10월 1일의 주가를 100으로 놓고 산출한 지수이기 때문입니다.

만일 코스피 지수의 기준점이 1960년대였다면 이미 지수가 1만 대를 충분히 넘었을 것이라는 추정이 있을 정도로 그동안 우리 코스피도 엄청난 상승세를 보였는데요. 다만 최근 들어 우리 코스피의 상승 속도가 둔화되면서 강렬하고 짧은 대세 상승장과 지루하고 긴 박스권 장세를 번갈아 겪고 있습니다. 심지어 코스피가 장기간 박스권에 빠질 때마다 박스피라는 오명으로 불리기도 했습니다.

코스피는 기준점인 1980년 이후 3번에 걸친 박스권 장세와 대세 상승기를 겪었습니다. 1차 박스권 장세는 1980년부터 1985년 상반기 5년 동안 지속됐습니다. 당시 코스피 지수가 130선을 오르내리는 지루한 장세에 갇히는 바람에 많은 개인 투자자들이 증시를 떠났습니다.

하지만 1985년부터 저금리, 저유가, 저달러의 3저 호황으로 놀라운 주가 상승세가 시작됐습니다. 여기에 88올림픽의 낙관적인 분위기까지 더해지면서 주가가 더욱 급등하여 1989년 3월 역사상 처음

1985년....

저금리 저유가 저달러

＋

코스피 1,000선 돌파

으로 코스피 1,000선을 돌파하는 쾌거를 이뤄냈습니다. 1985년 이후 단 4년 만에 주가가 7배 넘게 치솟아 올라 세계에서도 유례가 드문 놀라운 상승세를 보였습니다.

그러나 1989년이 되자 들떠있던 분위기가 가라앉으면서 주가가 정체됐습니다. 게다가 1997년에는 외환위기까지 일어나면서 1989년부터 2004년까지 무려 15년 동안 코스피가 1,000선을 제대로 넘지 못하는 2차 박스권 장세가 시작됐습니다. 어쩌다 코스피가 1,000을 넘으면 이내 곤두박질쳤고, 심지어 외환위기 때는 297까지 주저앉았습니다.

이 기간 주식 투자에 나섰던 사람들은 투자에 성공한 경우가 많지 않았는데요. 작은 악재만으로도 걸핏하면 주가가 폭락하기 일쑤였기 때문에, 주식을 하면 돈을 잃는다는 생각이 우리나라에 오랫동안 자리 잡게 됐습니다. 심지어 주식 투자를 도박과 비슷하게 생각하는 사람들도 적지 않았습니다.

이렇게 15년 동안이나 주가가 지지부진했던 이유는 당시 우리 경제가 중진국의 함정에 빠져 쉽게 헤어나지 못했기 때문입니다. 당장 눈앞의 성장률은 높았지만, 성장 동력은 점점 약해지던 상황이었죠. 당시만 해도 하이테크 제품군에서 일본과 경쟁하기에는 여전히 기술력이 부족했고, 저가 제품군에서는 인건비가 싼 중국과 동남아시아의 거센 추격을 받고 있었습니다.

그러다가 뜻밖의 반전이 일어나 외환위기로 297까지 추락했던 코스피가 2005년 중반 1,000선을 회복하더니 2007년에는 2,000선마저 돌파하는 2차 도약기가 시작됐습니다. 2년 만에 코스피가 2배가 된 것은 놀라운 상승률이지만, 코스피가 처음 1,000을 넘었던 게 1989년임을 감안하면 처음 1,000을 돌파한 뒤 2,000을 넘기까지 무려 18년이나 걸린 셈입니다.

외환위기로 다시는 일어나지 못할 것 같았던 우리 경제가 재도약을 하게 된 근본적인 힘은 우리 국민만의 놀라운 저력에 있었습니다. 게다가 당시 대외 여건의 변화도 우리 경제와 증시가 재도약하는 데 큰 도움이 됐는데요. 2001년 중국이 세계무역기구(WTO) 가입으로 세계 시장에 편입되면서 우리나라 바로 옆에 거대한 시장이 새로 열린 겁니다.

중국이 WTO에 가입한 이후 고속 성장을 시작하면서 우리나라 기업들은 적극적으로 중국 진출에 나섰습니다. 특히 중국의 산업 생

산이 크게 증가하면서 중간재 수출이 큰 폭으로 늘어났고, 중국인들의 소득이 늘어나자 소비 시장이 커지면서 화장품 등 다양한 소비재 수출이 큰 폭으로 증가했습니다. 그 결과 2000년대에는 중국으로 수출하는 기업들을 중심으로 주가가 폭등하기 시작했습니다.

게다가 경제 성장 과정에서 많은 재산을 모은 베이비붐 세대가 본격적으로 투자에 나서면서 주식 투자의 저변이 확대됐습니다. 당시 베이비붐 세대는 주식에 직접 투자하는 것보다 펀드에 투자하는 것을 더 선호했습니다. 여기에 때마침 가입자가 확대되면서 자산이 불어나기 시작한 국민연금 등 각종 연기금이 주식 투자 비중을 늘리면서 주가를 더욱 끌어올리기 시작했습니다.

하지만 2008년 미국발 글로벌 금융 위기가 터지면서 오랜만에 찾아온 증시 호황은 제대로 꽃도 피워보지 못하고 끝이 나고 말았습니다. 글로벌 금융 위기 직후 주가가 급락하더니 코스피가 2천을 돌파한 지 1년 만인 2008년 11월에는 948을 기록해 반 토막 수준으로 폭락했습니다. 1998년 외환위기 이후 정확히 10년 만에 또다시 대폭락 장세가 시작된 겁니다.

이 때문에 뒤늦게 펀드 투자에 뛰어들었던 1, 2차 베이비붐 세대(1955~1974년 출생자) 중에는 노후자금까지 날릴 만큼 큰 손해를 본 사람들이 많았습니다. 특히 이들은 국내 증시만이 아니라 중국과 베트남 등 해외 펀드에도 투자했다가 엄청난 손실을 봤습니다. 당시 큰 손실을 본 베이비붐 세대는 주식이나 펀드를 도박만큼 위험하다고 생각하게 되어 아예 손을 뗀 경우가 많았습니다.

그러나 글로벌 금융 위기 직후 미국 연준의 제로 금리와 양적 완화로 막대한 달러가 풀리면서 미국 증시는 반등에 성공했습니다. 그 결과 2009년부터 2020년까지 미국의 주가가 지속적으로 올라 미국 역사상 가장 긴 증시 호황을 맞이했습니다. 이에 비해 우리나라는 2010년 다시 2,000선을 회복하는 데는 간신히 성공했지만, 미국 증시와 달리 무려 9년 동안 1,800에서 2,200을 오르내리는 3차 박스권에 갇히고 말았습니다.

2010년대에 박스권에 빠졌던 것은 우리나라만이 아니었습니다. 미국과 영국 등 극히 일부 국가의 증시만 지속적인 상승세를 보였을 뿐, 남유럽 등 여러 유럽 국가와 중국 등 주요 이머징 국가의 증시가 장기 박스권에 빠졌다고 보는 것이 더 타당합니다. 특히 2012년 유럽의 재정위기 이후 유럽 국가들은 더블딥(double dip; 경기침체 후 잠시 회복기를 보이다가 다시 침체에 빠지는 현상)의 수렁에 빠져 큰 어려움을 겪었습니다.

우리나라 증시는 특히 중국 증시 부진에 큰 영향을 받았습니다. 사실 중국은 해외 투자자들이 투자하기는 쉽지만, 각종 금융 규제 때문에 돈을 인출해 시장에서 빠져나가는 것은 매우 까다로운데요. 그래서 중국에 직접 투자하는 대신 중국 수출 의존도가 높은 우리나라 증시를 중국의 대체 투자처로 택하는 경우가 많았습니다. 하지만 2008년부터 2014년까지 중국 증시가 장기 불황에 빠지자 이와 밀접하게 관련된 우리나라 증시도 외면하기 시작한 겁니다.

우리 증시가 박스권에 빠진 또 다른 원인은 우리나라의 수출 부진에 있었습니다. 우리나라 경제는 수출 의존도가 워낙 높기 때문에 증시도 수출실적에 좌우되는 경향이 큽니다. 그런데 글로벌 금융 위기 이후 미국 경제만 빠르게 회복했을 뿐 유럽과 세계 경제는 여전히 부진했기 때문에 미국만이 아니라 전 세계로 수출해야 하는 우리나라 입장에서는 수출실적이 악화될 수밖에 없었습니다.

게다가 2000년대까지는 우리나라의 주요 수출 시장 역할을 해왔던 중국이 2010년대 중반 이후 선진국 기술을 빠르게 모방하기 시작하면서 수출 시장에서 경쟁자로 바뀌기 시작했습니다. 게다가 우리나라에서 수입해가던 중간재까지 국내 생산으로 대체하기 시작하면서 우리나라의 수출 증가율이 급감하기 시작했습니다.

중국의 기술 추격이 가속화되면서 우리의 주력 수출 산업이 조만간 경쟁력을 잃을 것이라는 비관적인 전망까지 나오자 외국인 투자자들의 이탈이 가속화되었는데요. 이미 2008년 펀드 투자에서 큰 손실을 경험했던 베이비붐 세대가 아픈 기억에서 헤어나지 못하고 주식이나 펀드 투자를 금기시한 탓에 외국인들이 떠난 자리를 떠받칠 뚜렷한 매수 주체도 없었습니다.

이 같은 이유로 오랫동안 박스권에 갇혀 있던 한국 코스피를 한차원 끌어올린 계기는 아이러니하게도 코로나19 팬데믹이었습니다. 미 연준이 단 몇 달 만에 양적 완화로 3조 달러가 넘는 천문학적인

돈을 풀면서 전 세계적인 주가 상승세를 이끈 덕분에 우리 증시도 오랜 박스권에서 벗어나 2021년 코스피 사상 처음으로 3,300을 넘어서며 3차 대세 상승기를 맞았습니다.

코로나 위기 당시 코스피 최저점을 기록한 2020년 3월 19일의 1,482에 비해 1년 만에 2배가 넘게 오른 것입니다. 하지만 코스피가 처음 2,000선을 돌파했던 게 2007년이라는 점을 감안하면 2,000을 돌파한 이후 다시 3,000을 돌파하기까지 무려 14년이나 걸린 셈입니다. 3,000이라는 숫자 때문에 1980년대 후반보다 주가 상승률이 높을 것 같은 착시현상이 있는데요. 처음 2,000선을 돌파한 시점에서 보면 14년 동안 코스피 상승률은 고작 60% 정도에 불과합니다.

이처럼 우리나라는 대세 상승기 이후 오랫동안 박스권에 갇혔던 경험이 있기에, 과연 이번에는 과거처럼 박스권에 갇히지 않고 지속적인 상승을 할 수 있을지 아직 불확실한 상황입니다. 이를 한발 앞서 전망하기 위해서는 2020년대 우리 증시가 가진 장단점을 정확히 이해하는 것이 무엇보다 중요합니다.

먼저 우리나라 증시의 단점을 살펴보겠습니다. 첫째 미국 경제는 내수 시장이 가장 중요하지만, 우리는 수출이 중요하기 때문에 수출 실적이 코스피를 좌우한 적이 많았습니다. 물론 최근에는 플랫폼 기업 중 좋은 내수기업들도 등장했지만 아직 세계적인 플랫폼으로 성장한 것이 아니기 때문에 수출 기업들이 돈을 잘 벌어야 원화 환율이 안정되고 외국인 투자자들이 한국에 지속적으로 투자하므로 여전히 수출이 전체 지수를 좌우하는 핵심 요소입니다.

둘째, 우리나라 주력 수출 산업은 대부분 사이클을 타는 산업이라는 점입니다. 현재 주력 수출품인 반도체는 물론, 석유화학, 디스플레이, 무선통신기기 모두 세계 경제의 변동에 따라 거대한 사이클을 겪어 왔는데요. 아쉽지만 사이클을 타는 산업은 시장을 장악하고 지속적으로 성장하는 산업에 비해 기업 가치를 제대로 평가받기가 어렵습니다.

셋째, 우리나라의 수출 주력 산업은 최근 등장한 네이버나 카카오 등 몇몇 플랫폼 기업을 제외하면 세계 시장에서 가격 경쟁을 해야 하는 산업이 대부분입니다. 미국 빅테크 기업이나 바이오 기업처럼 브랜드나 플랫폼, 기술력으로 남들이 넘볼 수 없는 해자(垓字)를 가진 기업은 많지 않습니다. 이렇게 시장 지배력이 떨어지는 기업은 가격을 쉽게 올릴 수 없어 인플레이션에 취약합니다.

넷째, 2001년 우리나라는 중국이 WTO에 가입한 이후 중국 시장이 개방되면서 수출이 크게 늘어났는데요. 당시만 해도 우리나라가 중진국 함정을 넘어 선진국으로 도약하는 데 거대한 중국 시장이 큰 도움이 된 측면이 있었습니다. 하지만 이제 선진국의 기술을 베끼며 빠르게 성장해온 중국이 세계 시장에서 우리의 경쟁 상대가 됐기 때문에 더 이상 중국이 우리의 성장 동력이 되기란 쉽지 않습니다.

이렇게 우리 증시의 지속적인 성장을 위협하는 단점들이 있지만, 이와 반대로 우리 경제의 위상이 달라졌기 때문에 우리 증시가 박스권을 벗어나 미국 증시처럼 지속적인 상승을 할 것이라는 기대도 커지고 있습니다. 이 같은 기대의 핵심은 우리나라 기업들이 반도체나

배터리, 센서 등 4차 산업혁명을 주도하는 핵심 가치사슬에 참여하고 있다는 점입니다.

다만 아쉬운 점은 우리 기업들이 4차 산업혁명 가치사슬의 상층부가 아닌 하층부를 차지하고 있다는 한계입니다. 4차 산업혁명의 과실은 결국 대부분 플랫폼 기업이 차지하게 될 가능성이 큰데, 우리나라의 플랫폼 산업은 일본 등 일부 국가에만 진출해 있을 뿐 미국의 플랫폼 기업들과 경쟁할 만큼 충분한 글로벌 경쟁력을 갖추지 못했습니다.

게다가 바이든 행정부 출범 이후 바이 아메리칸(buy American; 미국의 자국 제품 구매 정책)을 내세우며 우리나라뿐만 아니라 세계 각국의 첨

단 기업들에 생산설비를 미국에 짓도록 압력을 가하고 있다는 점도 문제입니다. 우리 기업들이 우리나라가 아닌 미국에 첨단 설비를 짓게 되면 4차 산업의 생태계를 잃게 되어 신규 일자리 창출은 물론 수출 증가율에도 장기적으로 타격을 줄 수 있기 때문입니다.

과거 박스권에 빠졌던 때와 확연하게 달라진 점은 무엇보다 투자의 저변 확대입니다. 2007년 펀드 투자 열풍에 빠졌던 베이비붐 세대는 이후 주가 대폭락으로 오랫동안 증시에 환멸을 느끼고 증권시장을 떠나 있었지만, 2020년 주가 급등을 계기로 그동안 모아두었던 막강한 자금력을 토대로 다시 증시에 뛰어들었습니다. 여기에 처음으로 주식 투자를 시작한 2030 세대까지 동참하면서 지금처럼 투자가 대중화된 적은 없었다고 해도 과언이 아닙니다.

덕분에 2020년 2월 이후 외국인과 기관의 매도가 계속됐음에도 불구하고 코스피는 급반등에 성공했습니다. 과거와 달리 개인 투자자가 증시의 강력한 버팀목이 된 점은 고무적입니다. 하지만 역으로 생각해보면 주식 투자에 관심 없던 베이비붐 세대와 2030 세대까지 이미 주식 시장에 뛰어든 만큼 2022년 이후에도 주가를 끌어올릴 만큼 새로운 투자자가 계속 증시로 유입될 것이냐에 대해서는 회의적인 측면도 있습니다.

게다가 더 큰 문제는 우리나라의 인구구조인데요. 2030 세대까지 증시에 뛰어든 상황에서 앞으로 증시를 떠받칠 Z세대의 숫자가 턱없이 부족하기 때문입니다. 예를 들어 우리나라 역사상 가장 출생자가

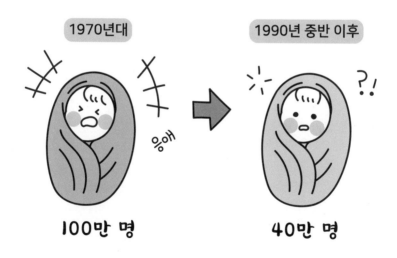

많았던 1970년대 초반에는 한 해 출생자가 100만 명이 넘었지만, Z세대는 40만 명대까지 줄어들었습니다. 이 때문에 Z세대가 본격적으로 사회에 진출할 때는 우리 증시의 버팀목이 되기 어려운 것은 물론 내수 시장도 더욱 위축될 위험이 있습니다.

최근 상황만 보면 4차 산업혁명과 투자의 저변 확대 측면에서 우리 증시가 일시적으로 전례 없이 좋은 투자 환경을 갖게 된 것은 분명하지만, 장기적으로 이런 투자 환경을 계속 유지하려면 산업구조와 인구구조 측면에서 수많은 난관을 넘어서야 할 텐데요. 이 때문에 2022년은 우리 코스피가 다시 4번째 박스권에 갇히느냐 아니면 지속적인 상승을 할 토대를 만드느냐를 가를 중요한 분기점이 될 것입니다.

우리 증시가 1980년대 이후 3번이나 반복적으로 겪어왔던 박스권을 벗어날 획기적인 혁신에 성공하지 못한다면, 우리 증시에서는 20~30년 장기 투자보다 폭락장 직후 시작된 강세장에 투자해 2~3년 정도 중기 보유를 반복하는 투자 방식이 더 유리한 전략이 될 수 있습니다. 이 때문에 우리 증시에 투자했다면 2021년 말 이후 우리 주력 산업의 수출 전망과 경기 사이클, 그리고 중국 경제의 향방을 주의 깊게 살펴야 할 것입니다.

골디락스,
왜 미·중 패권 전쟁을 주목해야 하는가?

우리나라는 경제 전체에서 수출입이 차지하는 비중인 '무역 의존도'가 매우 높은 나라인데요. 2020년에는 코로나 여파로 교역이 급감하면서 무역 의존도가 떨어졌지만, 여전히 63.5%에 이를 만큼 높은 비중을 차지하고 있습니다. 이 때문에 수출이 늘면 경제성장률이 높아지고 주가도 오르지만, 수출이 줄면 성장률과 주가가 모두 떨어지는 큰 타격을 받아왔습니다.

다음 페이지의 그래프는 우리나라 일 평균 수출과 코스피의 움직임을 나타낸 것인데, 2005년부터 2019년까지 수출 실적과 코스피가 매우 밀접한 관계를 갖고 움직인 것을 확인할 수 있습니다. 수출과 코스피의 상관계수(correlation coefficient)가 무려 0.88이나 되는데, 1에 가까울수록 같은 움직임을 보인다는 뜻인 만큼 0.88은 매우 높은 상

📊 우리나라 일 평균 수출 & 코스피 지수

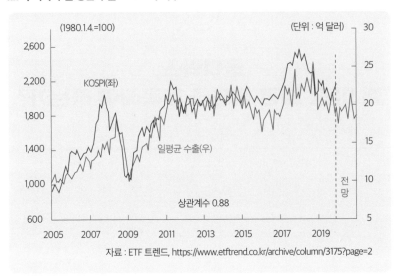

자료 : ETF 트렌드, https://www.etftrend.co.kr/archive/column/3175?page=2

관관계가 있음을 나타내는 것입니다.

이 때문에 우리나라의 성장률을 미리 가늠해보고 주가의 향방을 조금이라도 먼저 엿보려면 수출실적을 검토하는 것이 무엇보다 중요한데요. 외국인 투자자들도 가장 먼저 우리나라의 수출실적 통계부터 참고한다는 말이 있을 정도입니다. 게다가 우리나라는 그 어떤 나라보다도 수출 관련 통계를 자주 그리고 신속하게 발표하기 때문에 증시 전망에 매우 유용한 지표라고 할 수 있습니다.

다음 페이지의 그래프는 지금까지 우리나라의 수출 증가율을 나타냅니다. 우리나라의 수출은 여러 차례 위기를 맞아왔지만, 그때마다 극적인 반전을 일으키며 끊임없이 부활해왔습니다. 2000년대 들

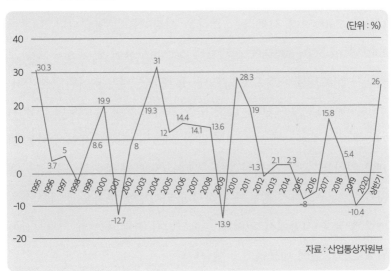

📊 전년 대비 수출 증감률

(단위 : %)

자료 : 산업통상자원부

어 첫 번째 수출 위기는 2001년에 찾아왔습니다. 닷컴버블 붕괴와 함께 반도체 가격이 하락한 데다 수출 경쟁력이 전반적으로 약화되면서 수출이 전년보다 무려 12.7%나 감소한 것입니다.

그러나 2001년 11월 10일 중국이 세계무역기구(WTO)에 143번째 회원국으로 가입하면서 수출의 새로운 기회가 찾아왔습니다. 당시 13억 명이라는 엄청난 인구를 자랑하는 중국 시장이 새로 열린 겁니다. 그 결과 2002년부터 대중국 수출이 급격히 늘어나면서 급감하던 수출이 다시 반등하기 시작했습니다.

당시 중국은 본격적인 산업화를 추진하는 과정에서 중간재 수요가 크게 늘어나던 상황이었죠. 이 기회를 놓치지 않고 중국에 중간재 수출을 크게 늘리면서 우리나라의 수출 증가율은 2003년에 19.3%, 2004년에 31%라는 놀라운 성장세를 보였습니다. 덕분에 2003년 초 500~600대에 불과했던 코스피도 4년 연속 상승세를 보이면서 2007년에 처음으로 2,000을 돌파하는 쾌거를 이뤄냈습니다.

2000년 이후 일어난 두 번째 수출 위기는 2008년 글로벌 금융 위기로부터 촉발됐는데요. 그 이듬해인 2009년 미국과 유럽의 실물 경제가 얼어붙으면서 우리나라의 수출이 13.9%나 줄어들었습니다. 게다가 당시 우리나라 정부가 부적절한 타이밍에 고환율 정책을 쓰는 바람에 금융 시장에서 외화가 유출되면서 한때 증시와 외환시장이 위태로운 상황에 내몰리기도 했습니다.

하지만 미국에서 천문학적인 양적 완화 정책을 쓴 덕분에 2010년 이후 미국 시장이 살아나기 시작하면서 다행히 최악의 국면을 피할 수 있었습니다. 게다가 중국이 글로벌 금융 위기를 역전의 발판으로 삼고자 미국보다도 강력한 부양책을 단행하면서 우리나라 수출을 되살리는 구원투수 역할을 하게 되었습니다.

그 당시 중국의 천문학적인 부양책은 투자 확대를 이끌었고 중국에 중간재 수출을 하던 우리나라에 엄청난 호재로 작용했습니다. 덕분에 2010년 우리나라의 수출이 28.3%나 늘어나면서 중국과 함께 글로벌 금융 위기에서 가장 먼저 벗어난 나라가 될 수 있었습니다. 900대까지 폭락했던 코스피도 수직으로 상승하면서, 2011년에는 사상 처음으로 2,200선을 돌파하기도 했습니다.

세 번째 수출 위기는 2012년부터 시작됐는데요. 사실 앞선 두 번

의 위기가 일시적이었던 것과 달리 세 번째 수출 위기는 심각한 구
조적 문제를 안고 있었습니다. 2012년에 시작된 수출 둔화는 미국의
테이퍼링과 유럽의 재정위기에 따른 세계 교역 규모 감소에서 시작
됐습니다. 하지만 보다 근본적인 원인은 중간재 수출 시장에서 중국
이 수입국에서 경쟁자로 바뀌면서 수출이 점점 더 악화되기 시작한
겁니다.

　중국은 거대한 시장을 미끼로 해외 투자를 유치해가며 우리나라
나 선진국 기술을 빠르게 흡수했습니다. 게다가 중국 정부의 막대한
보조금을 등에 업고 덤핑 공세로 세계 시장을 잠식하기 시작했죠.
중국의 저가 공세로 시장을 빼앗긴 것은 물론 중국의 과잉 생산으로
글로벌 수출 단가가 하락하기 시작하면서 2012년부터 2016년까지
오랜 기간 수출실적이 둔화됐습니다.

　특히 2015년 들어 수출이 8%나 줄어들자 당시 가장 많이 나오던

용어가 바로 한국 경제의 샌드위치 위기론이었는데요. 미국이나 일본, 독일의 기술을 여전히 따라잡지 못한 상황에서 중국의 거센 추격으로 수출 경쟁력을 잃고 우리나라가 결국 중진국의 함정에 빠질 것이라는 우려가 나오기 시작한 겁니다.

당시 우리 경제에 시급했던 과제는 약화된 수출 경쟁력을 복원하는 동시에 수출에만 의존하지 않도록 든든한 내수 시장을 만드는 것이었죠. 하지만 당시 우리 정부는 건설 경기 부양책을 통한 단기적인 경기 방어에 급급했습니다. 그 결과 미래에 대한 비전을 잃어버린 우리 코스피는 2012년 이후 1,800~2,200선을 맴도는 지루한 박스권에 갇혀버리고 말았습니다.

그러나 다행히 2017~2018년 미국의 빅테크 기업이 본격적인 도약을 시작하면서 반도체 수요가 폭증하는 슈퍼사이클이 찾아왔습니다. 게다가 석유화학 등 일부 주력 산업의 업황이 개선되면서 급감하던 수출이 다시 늘어나기 시작했습니다. 덕분에 반도체 기업을 중심으로 주가가 급등하면서 2017년에 드디어 박스권을 돌파해 한때 코스피가 2,500선을 넘어서기도 했습니다.

하지만 당시 반도체 슈퍼사이클은 강렬했던 대신 반짝 사이클로 끝나고 말았는데요. 슈퍼사이클을 이끌었던 빅테크 기업들의 데이터센터 확장 속도가 기대보다 더뎌졌고, 스마트폰 시장이 포화 상태에 이른 데다 교체 주기마저 느려지면서 낸드플래시(전원이 없는 상태에서도 메모리가 계속 저장되는 플래시 메모리의 일종)의 수요 증가 속도도 느려졌기 때문입니다. 게다가 폭등하던 암호 화폐 가격이 급락하면서 암호 화폐 채굴에 필요한 고성능 D램의 수요가 급감하자 반도체 슈퍼사이클은 조기에 막을 내렸습니다.

수출 증가율에 비상이 걸렸던 또 다른 이유는 중국의 성장 둔화였는데요. 중국의 경제성장률이 2019년에는 6% 성장마저 위태로울 정도로 급락했습니다. 물론 여전히 다른 나라보다는 높은 성장률이었지만 2010년 10%대 성장률을 보이던 것에 비하면 거의 절반 수준으로 추락한 셈이었습니다. 그 결과 중국 수출 비중이 큰 우리나라도 타격을 받아 2019년 수출이 10.4%나 급감했고, 그 여파로 한때 2,500을 돌파할 정도로 급등했던 코스피도 원위치로 돌아왔습니다.

그러다가 2020년 이 모든 상황을 반전시킨 코로나19 팬데믹이 일어났습니다. 팬데믹이 시작되자 전 세계 실물 경제가 위축되고 주가가 급락했는데요. 우리나라에서도 주가는 물론 부동산 경매가격마저 폭락했습니다. 그러나 위기는 잠시뿐, 미국이 천문학적인 양적 완화를 시작하는 순간 전 세계 자산시장은 상승세로 반전돼 오히려 코로나19 팬데믹 이전보다도 더 큰 호황을 누리기 시작했습니다.

특히 2021년 상반기 수출실적은 전년보다 26%나 급증할 정도로 경이적인 상승률을 보여주었습니다. 그 결과 코스피가 3,300을 돌파하는 새로운 기록을 세웠죠. 이처럼 우리나라 주가 지수는 수출과 관련이 크기 때문에 향후 주가 전망도 결국 수출실적에 달려있다고 해도 과언이 아닙니다. 특히 주가는 수출 전망을 선반영하는 경향이 있기 때문에 수출 전망 자체가 중요한데요. 그렇다면 우리나라의 수출 증가세가 향후에도 계속될 수 있을까요?

우리나라 수출의 향방을 내다보려면 먼저 2021년 수출이 급증했던 원인을 하나하나 따져볼 필요가 있습니다. 만일 그 원인들이 앞으로도 지속될 가능성이 크다면 수출 증가세가 계속될 수 있고 나아가 우리 증시를 끌어올리는 요인이 될 수 있지만, 반대로 그 원인들이 2021년에 일어난 일시적인 것이라면 증시 상승은 멈출 것이고 새로운 박스권이 만들어질 가능성이 있기 때문입니다.

2021년 수출이 급증했던 첫 번째 원인은 미국과 유럽, 일본 등 주요 국가의 대규모 부양책 덕분이었다고 할 수 있습니다. 특히 이번 경기 부양책은 양적 완화 등 금융정책이 중심이었던 2008년과 달리 재난지원금과 같은 재정정책을 함께 사용했는데요. 금융정책이 은행들에게 돈을 뿌리는 것이라면 재정정책은 일반 대중에게 직접 천문학적인 돈을 뿌리는 효과가 있었습니다.

덕분에 역대급으로 소비 여력이 커진 미국 등의 선진국 국민들은 이 돈을 어떻게 썼을까요? 원래 선진국일수록 여행, 외식, 건강관리 등 서비스업에 대한 지출 비중이 큰데요. 미국의 경우 코로나19 위기가 오기 직전까지 상품(재화) 소비는 5조 달러였던 반면 서비스업 소비는 8.5조 달러였습니다. 그런데 코로나19로 봉쇄조치가 시작되면서 대면 접촉을 해야 하는 서비스업에 지출할 수 없게 되자 상품 소비가 역대급으로 늘어났습니다.

특히 집에 갇혀 지내야만 했던 미국 등 선진국 국민들은 늘어난 소득을 대부분 IT, 가전, 자동차 등 제조업 제품과 넷플릭스나 디즈니플러스 같은 비대면 서비스에 몰아 쓸 수밖에 없었습니다. 미국인들이 너도나도 IT 제품과 가전제품을 사들이는 바람에 2020년 미국의 블랙프라이데이(Black Friday: 미국의 추수감사절 다음 날인 금요일로 1년 중 가장 큰 폭의 세일 시즌) 때는 멀티탭 품귀현상까지 일어났을 정도였습니다.

게다가 야외 활동이 어려워지면서 아마존 같은 전자상거래 업체

미국인 1   미국인 2

가 엄청난 특수를 누리기 시작했고, 넷플릭스나 디즈니플러스 같은 OTT(Over The Top; 개방된 인터넷을 통해 방송 프로그램, 영화 등 미디어 콘텐츠를 제공하는 서비스)의 가입자가 폭증한 것뿐만 아니라, 줌 비디오커뮤니케이션 같은 화상회의 시스템이 인기를 끌면서 데이터센터에 대한 수요가 급증하기 시작했습니다.

2020년 상반기까지만 해도 미국의 주요 빅테크 기업들은 코로나19로 경제의 불확실성이 커지자 데이터센터에 대한 투자를 미뤘는데요. 하반기에 유튜브 서버가 두 번이나 다운될 정도로 비대면 산업의 호황이 본격화되자 2020년 하반기부터 대규모 데이터센터 투자를 단행했습니다. 그 결과 반도체 등 IT 산업의 중간재 수출이 2020년 하반기를 기점으로 큰 폭의 증가세를 보였습니다.

게다가 2020년 하반기부터 암호 화폐 가격이 폭등하면서 한물간 사업으로 생각됐던 암호 화폐 채굴 사업이 다시 활기를 띠기 시작했습니다. 암호 화폐 채굴에는 고성능 그래픽 카드가 필수로, 이런 그래픽 카드는 고가의 초고성능 D램이 원가의 절반 이상을 차지하고 있습니다. 이 때문에 암호 화폐 가격이 오르면 고성능 메모리 반도체 시장도 함께 호황을 누리게 됩니다.

또 다른 중요한 이유는 미·중 패권 전쟁으로 우리 기업들이 수출 시장에서 골디락스(Goldilocks; 일반적으로 너무 뜨겁지도 너무 차갑지도 않은 딱 적당한 상태)를 누리고 있다는 점인데요. 앞서 설명했던 것처럼 2012년 이후 우리나라는 우리 기술을 흡수한 중국의 덤핑 공세로 샌드위치

위기를 겪고 있었지만, 미·중 패권 전쟁이 시작된 이후에는 미국이 언제든 중국산 첨단 제품에 대한 수출·수입금지 조치를 취할 수 있다는 우려가 커지면서 중국의 영향력이 꺾이기 시작했습니다.

예를 들어 중국 정부의 온갖 보조금을 등에 업고 한때 5G 장비에서 거의 시장을 장악하다시피 했던 화웨이가 미국의 온갖 수출·수입 규제로 시장을 잃어버리기 시작하면서 우리 기업들에게 새로운 시장 개척의 기회가 주어졌습니다. 또 세계 최대의 전기차 생산국이라는 이점을 이용해 세계 시장을 노렸던 CATL 같은 중국의 대표적인 배터리 기업도 글로벌 시장에서 예전과 같은 시장 지배력을 유지하기 어렵게 됐습니다.

게다가 지적 재산권에 대한 미국 등 선진국의 공세가 강화되면서 더 이상은 중국이 아무런 대가도 치르지 않고 선진국 기술을 베껴 저가로 수출할 수 있는 길이 점점 좁아지고 있습니다. 이러한 미·중 패권 전쟁의 양상은 중국의 추격 속도를 늦춰 우리 기업들이 샌드위치 위기 압박에서 잠시나마 벗어날 기회를 갖게 됐습니다.

그러나 이 같은 골디락스는 미·중 패권 전쟁이 너무 뜨겁지도 않고 차갑지도 않게 진행되고 있기 때문에 누릴 수 있었던 것인데요. 미·중 패권 전쟁이 시들해지면 중국의 거센 추격이 다시 시작되겠지만, 반대로 너무 거세져서 아예 미국과 중국의 경제 블록이 나뉘게 되면 전체 수출의 3분의 1이 중국과 홍콩인 우리나라로서는 큰 타격을 받을 수 있습니다.

이 때문에 우리나라가 지금과 같은 수출 증가율을 유지하려면 국제자유무역의 기본 질서가 깨지지 않는 선에서 미국이 중국의 추격만 막아주는 골디락스가 계속되는 것이 중요한데요. 지금으로서는 21세기 경제 패권을 놓고 미·중 어느 한쪽이 완전히 무릎을 꿇을 때까지 패권 전쟁이 계속될 가능성이 크기 때문에 골디락스가 앞으로도 계속 유지될 수 있을지는 아직 미지수입니다.

마지막 원인은 이미 선진국 대열에 진입한 우리나라의 잠재력이 폭발하기 시작했다는 점입니다. 우리나라는 4차 산업혁명의 글로벌 가치사슬에서 핵심적인 중간재라고 할 수 있는 반도체와 배터리, 센서 등에서 놀라운 경쟁력을 확보했습니다. 게다가 코로나19 이후 새로운 성장 동력이 된 바이오·제약 분야에서도 세계 2~3위권의 생산 능력을 보유하고 있습니다.

덕분에 2019년 세계 12위였던 우리나라 국내총생산(GDP)은 코로나19 위기에도 불구하고 2020년 세계 10위로 2단계나 뛰어올랐습니다. 이제 세계 9위인 캐나다와 근소한 차이만 남겨두고 있기 때문에 지금과 같은 성장세를 유지한다면 1, 2년 안에 세계 10위 안쪽으로 진입하는 것도 가능하다는 분석도 나오고 있습니다.

그러나 2021년 기적적으로 찾아온 수출 증가세가 2022년대 이후

세계 9위

세계 10위

세계 12위

국내총생산
(GDP)

에도 계속될 수 있을지는 불확실합니다. 특히 주가는 늘 경제를 선반영하는 특성이 있기 때문에 수출 증가세가 향후에도 계속될 것이라는 전망이 있어야 코스피도 지속적인 상승을 할 수 있을 텐데요. 이에 대해서는 몇 가지 우려되는 점이 있습니다.

우선 가장 큰 문제는 2021년 수출 증가에 가장 큰 역할을 했던 미국 등 선진국들의 대규모 부양책이 앞으로 계속 유지되기가 어렵다는 점입니다. 지금까지는 선진국들이 코로나19 극복을 위해 파격적인 재정 부양책을 시행하면서 엄청난 적자 재정을 편성하고 대규모 국채를 발행했는데요. 2022년 이후에도 이런 적자 재정을 지속했다가는 제 아무리 미국과 유럽 연합이라도 큰 부담이 될 수밖에 없습니다.

게다가 바이든 행정부는 앞으로 증세를 통해 인프라 투자 등 재정

지출 재원을 마련하겠다는 계획을 밝혔습니다. 2022년 이후 법인세와 소득세 증세가 시작되면 지금과 같은 투자나 소비 증가율을 기대하기는 어려울 수도 있습니다. 반대로 바이든 행정부가 2022년 중간선거를 의식해 제때 증세를 하지 않는다면 국채 규모가 눈덩이처럼 불어나 시중 자금을 빨아들여 더 큰 문제를 야기할 수도 있습니다.

특히 백신 접종이 마무리되어 치명률이 낮아지게 되면 아무리 확진자가 많이 나온다 해도 봉쇄조치를 풀고 일상으로 돌아갈 가능성이 큰데요. 그러면 제조업과 비대면 서비스에 몰렸던 선진국의 소비 패턴이 대면 서비스업으로 전환되게 됩니다. 그렇게 되면 제조업 제품에 대한 소비가 줄어들어 제조업 중심의 수출 국가인 우리나라에는 악영향을 미치게 됩니다.

코로나19 팬데믹 기간 동안 이미 미국과 선진국 국민들이 코로나19 재난지원금으로 늘어난 소득으로 IT·가전제품을 대거 사들였다는 이야기는 앞서 한 바 있습니다. 최근 IT 제품의 성능 향상과 내구성의 강화로 교체 주기가 3~5년으로 늘어났고 가전제품은 5~10년까지도 사용하기 때문에, 2021~2022년 폭증했던 IT·가전제품 구매가 향후 수년 동안 소비 감소로 이어질 가능성도 배제할 수 없습니다.

또, 코로나19로 급성장했던 비대면 산업도 성장이 둔화될 수밖에 없는데요. 2021년 2분기 넷플릭스의 전 세계 신규 가입자는 154만 명으로 2020년 1분기 신규 가입자 수였던 1,580만 명의 10분의 1 수준으로 급감했습니다. 특히 우리나라에서는 2021년 2월 이후 신규 가입자가 감소하고 있습니다.

코로나19 백신 접종이 가속화되고 야외 활동이 늘어나면서 넷플릭스뿐만 아니라 디즈니플러스 등 대부분 OTT 산업의 신규 가입자 수 증가 속도가 둔화되고 있는데요. 비대면 산업의 성장세가 전반적으로 둔화되면 데이터센터에 대한 수요가 줄어들어 우리나라의 주력 수출품인 반도체 수요도 타격을 받을 수밖에 없습니다.

또한 2021년 2분기 이후 암호 화폐 가격 역시 크게 요동치고 있습니다. 만일 암호 화폐 가격이 하락해 채굴 비용에도 미치지 못한다면, 암호 화폐 채굴에 쓰였던 고가의 그래픽 카드 수요가 줄어들 가능성이 있습니다. 이는 초고성능 메모리 반도체 가격 하락으로 이어질 수 있는데요. 이 때문에 반도체 시장 전망에는 암호 화폐의 가격

도 변수가 될 수 있습니다.

지금까지 살펴본 바와 같이 2021년 수출 증가 요인 중 많은 요소들이 향후 지속 가능성이 낮은 일시적인 요인들이었습니다. 결국 우리나라 수출이 2021년 일시적인 호황으로 끝나지 않고 지속적인 성장을 하려면 우리나라 주요 산업이 4차 산업혁명의 글로벌 가치사슬에서 대체 불가능한 경쟁력을 확보해야 합니다.

따라서 투자자 입장에서는 코로나19에 따른 수출 특수가 끝날지 모를 2022년 이후에도 국내 주식에만 올인하는 것은 달걀을 한 바구니에 담는 것처럼 위험 분산 차원에서 볼 때 좋지 않은 투자 방식이 될 수 있습니다. 그러므로 앞으로는 미국 주식이나 미국 국채, 달러

예금 등 달러 표시 자산과 금, 원자재 등으로 투자 대상을 분산해둘 필요가 있습니다.

이를 위해서는 지난 수십 년 동안 안정적으로 자산을 운용해온 국민연금의 포트폴리오를 참고할 필요가 있는데요. 2020년 국민연금의 투자 현황을 보면 해외 주식 23%, 국내 주식 21%의 비중으로 분산투자를 해 놓았습니다. 또 국내 채권과 해외 채권 등 채권의 비중이 45%에 이르고, 국내외 부동산 등 대체투자도 10% 이상을 유지하고 있습니다.

특히 2023년 이후에는 해외 주식 비중을 30%로 높이고 국내 주식 비중을 15%로 낮출 예정이라고 합니다. 국민연금이 국내 투자 비

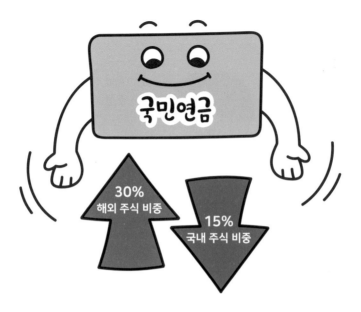

중을 낮추는 바람에 국내 주식 투자자들의 불만이 큰 측면도 있지
만, 앞으로 포트폴리오를 어떻게 가져가야 할지 고민하는 투자자라
면 국민연금이 왜 이렇게 포트폴리오를 다변화하고 있는지 한 번쯤
고민해 볼 필요가 있을 것 같습니다.

3

청년 세대가 살아갈 우리 경제의 미래

코로나19 팬데믹 이후 미국은 천문학적인 돈을 풀어 경제성장률을 끌어올린 덕분에 경제가 살아난 것처럼 보이지만, 이는 어디까지나 전체 통계일 뿐이고 미국 중산층 이하 서민들의 삶은 오히려 악화되고 있습니다. 이는 바로 빈부 격차 때문입니다. 사실 미국의 빈부 격차는 대공황 때만큼 위험한 수준으로 벌어지면서 심각한 사회·경제적인 문제가 되고 있습니다.

1980년 이후 코로나19가 시작되기 전까지 미국의 GDP는 79%가 늘어났습니다. 미국 전체 GDP가 꾸준히 증가해왔던 셈이죠. 그러나 중위 소득의 증가율은 그 절반 수준인 40% 늘어나는 데 그쳤고, 특히 하위 50%의 소득은 20%밖에 늘어나지 않았습니다. 그런데 같은 기간 동안 0.01% 슈퍼 리치의 소득은 무려 4배가 넘게 늘어났습니다.[1]

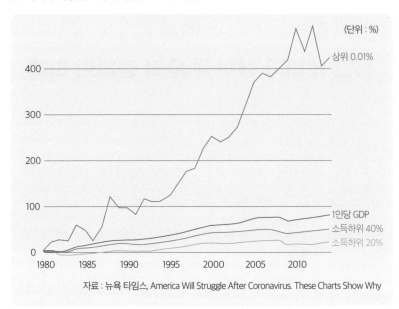

📊 미국의 계층별 소득 증가율(1980년 기준)

(단위 : %)

상위 0.01%

1인당 GDP
소득하위 40%
소득하위 20%

자료 : 뉴욕 타임스, America Will Struggle After Coronavirus. These Charts Show Why

더욱 심각한 것은 단순히 빈부 격차만 확대된 것이 아니라 역전의 기회조차 사라졌다는 점입니다. 과거 미국에서는 부모가 가난해도 자녀는 이를 넘어서서 더 부자가 될 확률이 상당히 높았습니다. 계층 이동이 활발했기에 아메리칸 드림(American dream)을 이룰 수 있었던 거죠. 그러나 최근 태어난 세대는 부모보다 부자가 될 확률이 크게 떨어지고 있습니다.

라흐 체티(Raj Chetty) 하버드대 교수 등의 공동 연구[2]에 따르면 미국에서 자녀 세대가 부모 세대의 부(富)를 넘어설 가능성이 점점 낮아지고 있다고 합니다. 1940년 태어난 사람들은 92% 확률로 부모보

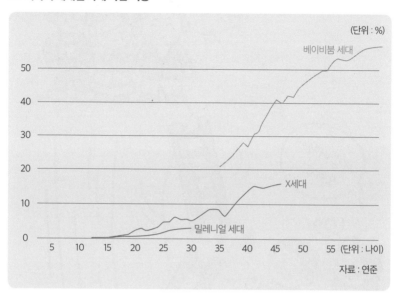

📊 미국의 세대별 가계 자산 비중

(단위 : %)

베이비붐 세대

X세대

밀레니얼 세대

5 10 15 20 25 30 35 40 45 50 55 (단위 : 나이)

자료 : 연준

다 더 부자가 될 수 있었지만, 1970년에 태어난 세대는 61%, 1980년에 태어난 세대는 50%로 그 확률이 크게 떨어졌습니다. 이 추세대로라면 1980년대 이후 출생한 밀레니얼 세대는 미국에서 부모보다 가난한 첫 세대가 될 것이라는 비관적인 전망이 커지고 있습니다.

실제로 2016년 미 연준 자료를 보면 세대별로 축적한 자산이 엄청난 차이가 나는 것을 확인할 수 있는데요. 1946년부터 1964년까지 태어난 베이비붐 세대는 젊었을 때 높은 소득과 자산 가격 상승을 모두 누리며 미국 전체 가계 자산의 60%를 차지하는 반면, 1965년부터 1980년 사이 태어난 X세대의 자산 비중은 18%도 안 됩니다. 특히 1981년부터 1996년 사이에 태어난 밀레니얼 세대의 자산은 고작

저길 어떻게 오르지...

밀레니얼 세대

3% 정도밖에 되지 않습니다. 이런 상황이라면 밀레니얼 세대가 60대가 된다고 해도 지금의 베이비붐 세대만한 자산을 축적하기는 쉬운 일이 아닙니다.

이 같은 세대 간 자산 격차는 유럽이나 일본뿐만 아니라 지금의 우리나라도 마찬가지입니다. 다만 미국과 일본 등 선진국이 우리나라보다 10~20년 먼저 진행됐기 때문에 현재 상황이 더욱 심각해졌을 뿐입니다. 우리나라도 지금과 같은 경제 구조가 근본적으로 바뀌지 않는다면 세대 간 격차는 점점 더 벌어지고, 우리의 밀레니얼 세대도 자산시장에서 더욱 소외될 수밖에 없을 겁니다.

게다가 4차 산업혁명이 본격화되면서 빅테크 기업과 전통 산업의 격차가 더욱 커지고, 이에 따른 직업 간 소득 격차가 점점 더 확대되고 있기 때문에 앞으로 밀레니얼 세대 내에서도 격차 문제도 더욱 심각해질 수 있습니다. 아래 그래프는 2019년 4분기에 FAAMG(Facebook, Amazon, Apple, Microsoft, Alphabet) 같은 빅테크 기업과 나머지 기업들의 전년 대비 주당 순이익을 비교한 그래프입니다. FAAMG 기업의 주당 순이익 무려 16%나 뛰어오른 것을 볼 수 있는데요.

그런데 이 대표적인 5개 빅테크 기업을 뺀 나머지 S&P500 기업 즉 495개 기업의 평균 주당 순이익 증가율은 1년 동안 0%로 이익이 전혀 늘어나지 않았습니다. 여기에 더 심각한 것은 미국의 대표 중견·중소기업 지수인 러셀 2000 지수에 속한 2,000개 기업의 평균 주

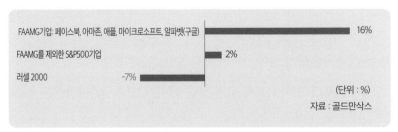

📊 **미국 기업들의 주당순이익 증가율**

FAAMG기업: 페이스북, 아마존, 애플, 마이크로소프트, 알파벳(구글)	16%
FAAMG를 제외한 S&P500기업	2%
러셀 2000	-7%

(단위 : %)
자료 : 골드만삭스

당 순이익 증가율은 –7%를 기록해 오히려 순이익이 줄어든 것으로 나타났다는 점입니다.

이렇게 기업 간 격차가 커지는 바람에 고용 시장에도 큰 변화가 생겼습니다. 오직 빅테크 5개 기업만 돈을 더 많이 벌고 나머지 기업들의 평균 주당 순이익은 정체되거나 오히려 줄어들고 있는 상황이므로 추가로 일자리를 창출할 수 있는 기업은 결국 빅테크 기업밖에 남지 않은 것입니다. 그런데 문제는 빅테크 기업이 창출하는 일자리보다 파괴하는 일자리가 훨씬 더 많다는 점입니다.

그 대표적인 사례가 미국 유통업계의 지배자로 떠오른 아마존(Amazon)입니다. 2021년 모건스탠리 등 미국의 투자은행들이 이미 3천 달러가 넘은 주가가 2023년에는 6천 달러를 넘을 것이라는 전망을 내놓을 정도로 아마존의 성장세는 지금도 계속되고 있는데요. 아마존의 눈부신 성장 뒤에는 기존 유통 산업의 붕괴와 이에 따른 대규모 일자리 파괴라는 뼈아픈 현실이 자리 잡고 있습니다.

그렇지 않아도 아마존 때문에 무너져가던 미국의 유통업계는 2020년 코로나19로 치명타를 맞고 도미노 파산을 시작했습니다. 2020년 5월 113년 전통의 고급 백화점 니먼 마커스(Neiman Marcus)가 파산보호 신청을 했고, 단 일주일여 만에 118년 전통의 중저가 백화점 JC페니(J. C. Penney Company)마저 파산보호 신청을 하는 바람에 큰 충격을 주었습니다.

2015년부터 경영위기에 내몰렸던 메이시스(Macy's) 백화점은 2020년 800개 매장 중에 125개 매장을 폐점하는 구조 조정 끝에 간신히 살아남았습니다. 그러나 그 대가로 메이시스 백화점 직원 중 최소 2천 명 이상이 일자리를 잃었습니다. 뉴욕 타임스[3]는 백화점에 이어 대형 쇼핑몰까지 대거 무너지면서 향후 5년 안에 쇼핑몰의 4분의 1이 사라질 것이라고 경고했습니다.

이처럼 아마존의 눈부신 성장 뒤에는 수많은 백화점과 쇼핑몰, 할인매장의 파산이나 구조 조정이 뒤따르고 있습니다. 백화점에서 판매원이나 매니저로 일하던 중산층의 일자리가 대거 사라지면서 물류센터마저 완전히 자동화한 아마존이 새로 고용한 인력은 고임금을 받는 소수의 프로그래머와 마케팅 전략가들, 그리고 저임금과 열악한 노동환경에 시달리는 택배원들밖에 없습니다.

그렇다면 제조업은 괜찮을까요? 사실 제조업 쪽은 더욱 심각한데요. 과거 제조업 공장에서 일하는 사람들은 안정된 직장에서 숙련도를 높이며 괜찮은 임금을 받을 수 있었기 때문에 쉽게 중산층에 진입할 수 있었습니다. 하지만 4차 산업혁명이 시작된 이후 반복적인 일은 모두 AI나 로보틱스가 도맡아 하게 되면서 중산층으로 진입할 수 있는 일자리는 급격히 줄어들었습니다.

더구나 2010년대 이후에는 닷컴버블에서 살아남은 소수의 플랫폼 기업이 시장을 장악하면서 IT 기업 내에서도 집중화 현상이 일어났습니다. 2000년 초반까지만 해도 야후, AOL 등 수많은 IT 기업이 치열한 경쟁을 하면서 다양한 일자리가 창출됐지만, 이제 소수의 플랫폼 기업만 살아남아 시장을 독점하다시피 하면서 이들 기업에서

일하는 소수 IT 기술자의 임금만 크게 늘어났습니다. 이 때문에 일자리 양극화는 더욱더 심각해졌습니다.

다음 페이지의 그래프[4]는 기술 숙련도에 따른 일자리 증감률을 나타내는데요. 숙련도가 하위 20%인 저소득 일자리는 시간이 갈수록 증가하고 있지만, 숙련도가 중위권에 해당하는 하위 40~80%에 이르는 일자리 증가율은 지속적으로 감소하고 있음을 보여줍니다. 대신 숙련도가 100%에 가까운 고임금 일자리는 2007년까지 줄어들다가 그 이후에는 다시 늘어났습니다. 이로 인해 얼마 안 되는 중위소득 이상의 일자리를 차지하기 위한 무한 경쟁이 시작된 겁니다.

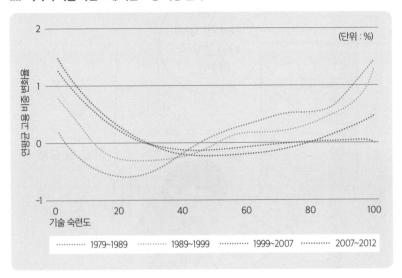

이처럼 일자리가 양극화되자 특히 새로 노동시장에 진입한 청년 층의 타격이 컸는데요. 점점 줄어든 중위 소득 일자리는 대체로 노 동조합이나 노동법으로 보호받는 경우가 많아 이미 일자리를 갖고 있던 기성세대에게 유리했습니다. 이 때문에 새로 노동시장에 진입 하는 청년들은 어쩔 수 없이 저임금 일자리로 내몰리거나 얼마 안 되는 고임금 직장에 진입하기 위해 무한 경쟁에 나설 수밖에 없게 되었습니다.

이렇게 빈부 격차, 기업 격차, 세대 격차가 점차 커지고 있는 상황 은 우리나라도 마찬가지입니다. 국내도 역시 대부분의 기업이 성장

이 정체된 상황에서 몇몇 플랫폼 기업만 이윤을 확대하고 있습니다. 게다가 고임금 직장이 줄어들면서 이를 두고 청년 세대의 무한 경쟁이 시작되었고, 취업 준비 기간이 길어진 탓에 청년 실업률도 높아졌습니다. 게다가 부동산 가격이 폭등함으로써 기성세대와의 자산 격차가 점점 더 벌어졌고, 청년들의 박탈감은 더욱 커지고 있습니다.

그런데 더 큰 문제는 미국 같은 경제 강국은 이 같은 자국 내 부의 격차 문제를 얼마든지 다른 나라로 전가시킬 수 있는 힘을 갖고 있다는 점입니다. 그러면 미국 내 격차는 조금 완화될지 몰라도 다른 나라들은 더 큰 격차에 시달릴 수 있습니다. 미국이 이 같은 전략을 점점 노골적으로 쓰게 되면 빅테크 산업의 주요 밸류 체인에 속해 있는 우리나라가 주요 타깃이 될 우려가 있습니다.

미국이 부의 격차를 다른 나라로 전가하는 첫 번째 전략은 바이든 대통령의 '바이 아메리칸' 정책을 강화하는 겁니다. 바이든 대통령은 대규모 인프라 투자를 감행하면서 연방정부 기관이 미국 제품을 우선적으로 사도록 하고 있습니다. 이에 따라 미국 중산층의 건설·제조업 일자리는 늘어나겠지만 다른 나라의 중산층 일자리가 증가할 기회는 줄어들 수밖에 없습니다.

두 번째 전략은 반도체, 전기차, 배터리 등 첨단 제조업의 공급망을 자국 내에 구축하려는 정책입니다. 미국 빅테크 산업은 원래 플랫폼 산업 중심으로 4차 산업의 밸류 체인 꼭대기를 지배하면서 반도체나 배터리 등의 제조보다 반도체 설계나 지적 서비스 산업 등에 특화해 왔습니다. 덕분에 4차 산업혁명의 밸류 체인에서 제조를 맡았던 우리나라나 대만 같은 나라들이 비교적 양호한 성장률을 유지하면서 양질의 직장을 창출할 수 있었던 것입니다.

그런데 바이든 행정부는 반도체와 배터리 등을 제조하는 것까지 모두 국가안보 산업으로 분류하고 독점하려 하고 있습니다. 명분은 국가안보이지만 이런 산업 설비를 자국으로 끌어들이면 양질의 제조업 일자리가 늘어난다는 이점이 있습니다. 앞으로 미국이 플랫폼과 반도체 설계, 지적 서비스 산업에 이어 직접 생산까지 도맡아 하게 된다면 그나마 4차 산업으로 창출되는 양질의 일자리는 미국이 모두 독차지하게 될 가능성이 큽니다.

만일 바이든 대통령이 국가안보를 명분으로 첨단 제조업 공장을

미국에 세우도록 유도하면 앞으로 우리 기업들은 미국에서 생산하는 비중을 늘릴 수밖에 없을 텐데요. 기업들이야 미국 중심의 경제 블록에 참여해 안정적인 수요 기반을 확보할 수 있다는 장점이라도 있겠지만, 우리 청년들 입장에서는 그나마 남아있던 양질의 제조업 일자리가 미국으로 넘어가 일자리가 더 심각하게 줄어드는 문제점이 있습니다.

미국의 세 번째 전략은 친환경과 인권을 강조하는 겁니다. 물론 지금처럼 환경오염과 기후변화의 위협이 심각한 상황에서 바이든 대통령이 내세우고 있는 그린뉴딜은 세계의 미래를 위해 너무나 중요한 어젠다임은 분명합니다. 하지만 친환경과 인권 문제는 이머징 국가에서의 수입을 줄이고 미국 내 생산을 확대할 중요한 무기로 활용할 가능성도 배제하기 어렵습니다.

특히 미국을 중심으로 한 글로벌 기업들은 사용 전력의 100%를 재생에너지로 충당하겠다고 스스로 서약하는 RE100(Renewable Energy 100) 운동에 나섰습니다. 이들은 심지어 재생에너지를 사용하지 않는 기업에서는 아예 납품조차 받지 않겠다고 선언하고 있는데요. 그렇게 되면 친환경 에너지원을 확보하지 못한 이머징 국가에는 더 이상 생산설비를 짓기가 어려워질 것입니다. 여기에 인권까지 내세우면 인권 후진국인 이머징 국가에서는 더 이상 생산설비가 들어설 수 없게 될 것입니다.

결국 바이든 행정부가 이 같은 정책들을 강화하면 주요 제조업의 리쇼어링(reshoring, 본국 회귀) 현상이 더욱 가속화될 가능성이 있습니다. 더구나 4차 산업혁명 시대에는 더 이상 인건비가 싼 나라에 공장을 지을 필요도 없어졌기 때문에 바이 아메리칸 정책과 국가안보,

그린뉴딜 등 그럴듯한 명분과 유인책까지 더하면 바이든 행정부의 계획대로 미국이 과거 1960년대와 같은 제조업 강국으로 거듭날 수도 있습니다.

이 때문에 개인 투자자들의 투자 포트폴리오 측면에서 미국 투자는 이제 더 이상 선택이 아니라 필수라고 할 수 있는데요. 특히 바이든의 바이 아메리칸 정책은 물론 인프라 투자나 가족 계획 투자 등 다양한 정책 패키지의 혜택을 보게 될 미국 기업들에 대해서도 지속적인 관심을 가질 필요가 있습니다. 또한 미국이 국가안보를 내세워 확보하려는 핵심 벨류 체인에 대한 투자도 눈여겨봐야 할 것입니다.

그리고 우리나라의 거시 경제적인 전략 측면에서도 앞으로 지속적인 경제 성장을 이어가려면 이 같은 미국의 정책과 우리의 목표를 잘 조화시키는 것이 중요한데요. 가치사슬 측면에서 내어 줄 것과 반드시 지켜야만 하는 것을 전략적으로 치밀하게 분석하고, 국내에 반드시 유지해야 할 핵심 산업과 제조공정을 지킬 수 있는 외교 전략이 그 어느 때보다 중요한 상황입니다. 마찬가지로 미국이 주도해 가는 새로운 기술 표준에도 적극 참여해야 할 것입니다.

4차 산업혁명의 영향으로 기업과 세대 간 격차가 커지고 있는 상황에서 첨단 생산설비가 해외로 이전되면 우리 경제와 청년들에게는 큰 충격이 될 수 있는데요. 우리 청년들의 일자리를 지키기 위해서라도 지금부터라도 미국과 중국의 패권 전쟁 속에서 가속화될 자국 중심주의와 경제 블록화에 맞서 우리 산업과 경제를 지켜낼 치밀한 대응 전략을 세워나가는 데 모든 국력을 기울여야 할 것입니다.

인구, 경제의 성패를 가르는 핵심 열쇠

지금 전 세계 선진국들의 가장 큰 고민거리 중 하나는 인구문제라고 할 수 있습니다. 사망이나 불임 등 여러 인구 감소 요인들이 존재하기에 인구가 유지되기 위해서는 합계 출산율이 최소 2.1은 되어야 합니다. 월드 뱅크(World Bank)의 최신 자료[5]를 보면 2019년 전 세계 합계 출산율은 2.4로 여전히 세계 인구는 전체적으로 증가하는 추세입니다.

그러나 지역별로는 큰 차이가 나는데요. 저소득 국가(low income country)의 합계 출산율은 4.5나 되어 여전히 급속한 인구 증가가 계속되고 있지만, OECD 회원국들의 합계 출산율은 1.7에 불과해 인구가 급격히 줄어들고 있습니다. 특히 유로존은 합계 출산율이 1.5로 뚝 떨어지는데, 이 중에서도 이탈리아가 1.3, 스페인이 1.2로 남유럽 국가의 출산율이 가장 저조합니다.

일본의 출산율은 1.5 정도로 남유럽보다는 높은 편이나, 워낙 오래전부터 저출산이 시작됐기 때문에 30년 전부터 인구 감소로 인한 심각한 경기 불황과 디플레이션 현상을 겪고 있습니다. 이 때문에 유로존도 출산율이 회복되지 않는다면 아무리 돈을 풀어도 일본처럼 긴 불황을 피하지 못할 것이라는 비관적인 전망이 커지고 있습니다.

그런데 문제는 우리나라입니다. 월드 뱅크 통계에서 2019년 우리나라 출산율은 0.9로 나와 있습니다. 그러나 2020년에는 합계 출산율이 0.84로 떨어졌고, 코로나19 영향이 본격적으로 영향을 미치는

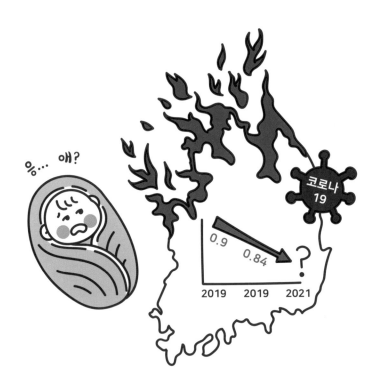

2021년에는 0.8도 넘기 어려울 것으로 보입니다. 이미 합계 출산율 0.9도 전 세계에서 유례를 찾아보기 힘든 낮은 출산율인데, 0.8조차 넘지 못한다면 우리나라의 미래는 정말 암담하다고 말할 수밖에 없습니다.

이미 1.5 이하의 낮은 출산율이 20년 이상 장기화된 일본과 남유럽 국가들은 지금 심각한 장기 불황에 시달리고 있는데요. 우리나라의 출산율 저하가 조금 더 늦게 시작된 탓에 지금은 간신히 버티고 있지만, 계속 이렇게 낮은 출산율이 지속된다면 남유럽이나 일본 같은 불황이 아니라 자칫 국가의 존립 자체를 걱정해야 할지도 모릅니다.

실제로 인류 역사를 살펴보면 인구 감소로 소멸하거나 멸망한 나라가 적지 않습니다. 대표적인 사례가 바로 스파르타(Sparta)인데요. 스파르타는 체계적인 군사훈련과 탁월한 용맹 덕분에 대제국이었던 페르시아를 격퇴할 정도로 강력한 군사력을 가진 나라였습니다. 그러나 한때 무적이나 다름이 없었던 스파르타를 무너뜨린 것은 외부의 강력한 적이 아니라 어이없게도 '인구 소멸'이라는 내부의 적이었습니다.

스파르타는 기원전 7세기 무렵, 자신들보다 인구가 훨씬 더 많았던 이웃 나라 메세니아(Messenia)를 제압하고, 포로가 된 모든 시민을 노예로 삼았습니다. 그 결과 스파르타에는 자유 시민이라고 불리는 지배계급과 노예의 비율이 1대 20을 넘어서게 되었죠. 지배계급과 노예의 비율이 1대 3 정도에 불과했던 아테네 등 다른 그리스 국가들과 비교하면 그 차이가 매우 컸습니다.

이처럼 자유 시민과 노예의 압도적인 인구 차이 때문에 스파르타인들은 늘 메세니아인들의 반란을 두려워했습니다. 결국 스파르타인들은 국가 체계를 지키기 위해 어린 소년들을 가족으로부터 분리해 군사학교에서 엘리트 전사로 집단 양육하는 데 열을 올렸습니다. 스파르타에서는 혹독한 군사훈련을 견뎌낸 남성만이 자유 시민으로 대우받을 수 있었습니다.

스파르타의 독특한 점은 정치·군사적으로는 집단주의를 택했지만, 경제적으로는 철저하게 개인주의 원칙을 고수했다는 점입니다. 성인 남성들은 열다섯 명씩 조를 짜서 공동식당(Syssitia)에서 함께 식사했지만 식사 비용은 각자 개인이 부담했습니다. 자녀를 아고게(Agoge; 학교)에 보내는 비용도 모두 개인의 몫이었습니다. 그러다보니 공동 식사 비용이나 교육비를 내지 못하는 것은 스파르타 시민으로서 부끄러운 일일 뿐만 아니라 자유 시민의 지위를 박탈당할 수도 있는 심각한 문제가 될 수 있었습니다.

스파르타가 한창 주변 국가를 정복해나가던 전성기에는 빈부 격차가 크지 않았기 때문에 이 같은 시스템에 별다른 문제가 발생하지 않았습니다. 하지만 기원전 3세기 무렵부터 부(富)가 소수에게 집중되면서 토지를 소유한 가문이 겨우 100여 개 정도로 줄어들자 심각한 문제가 발생하기 시작했습니다.

사실 어렸을 때부터 혹독한 군사교육만 받는 스파르타인들에게 토지란 절대적인 생산 수단이었습니다. 스파르타 시민들은 노예들의 반란에 대한 대비나 전쟁 준비에만 주력하고 농사는 주로 노예를 동원하던 경제 시스템에서 토지가 없다는 것은 사실상 돈을 벌 별다른 방법이 없다는 것과 다름이 없었습니다.

이처럼 토지가 소수의 가문에 집중되자 빈곤의 늪에 빠진 절대 다수의 스파르타 시민들은 개개인이 부담해야 하던 양육 비용을 감당할 수 없게 되어 아예 출산을 포기하는 시민들이 점차 늘어나게 되었습니다. 그 결과 스파르타 시민권을 가진 남성인 스파르탄(Spartan, Spartiate)의 수는 기원전 640년 9,000명에서 300년 뒤에는 1,000명으로 급감했습니다.

제아무리 무적의 군대를 갖고 있던 스파르타라고 하더라도 인구가 턱없이 줄어들자 심각한 위기에 빠졌습니다. 국가를 지킬 군대조차 유지할 수 없을 정도로 인구가 급감하자 노예들의 반란이 빈번하게 일어나기 시작했고, 중과부적(衆寡不敵)으로 몰려드는 적들 앞에 스파르타는 속절없이 무너져 결국 역사의 뒤안길로 사라지고 말았습니다.

사실 이런 상황은 현대에도 마찬가지로 일어납니다. 지금 우리나라의 인구밀도가 너무 높으니 저출산으로 인구가 줄면 좀 더 쾌적해지지 않겠냐고 농담조로 말을 하는 사람들도 있습니다. 그러나 합계 출산율이 1.5 이하로 떨어진 나라는 저출산이 시작된 이후 20~30년 안에 심각한 불황을 겪었습니다. 저출산 시대에 태어나 이들이 성인이 되었을 때 시장에 노동력이 줄어드는 것은 물론 소비가 급감해 내수 시장이 쪼그라들고 투자마저 감소하기 때문입니다.

우리나라처럼 합계 출산율이 1도 안 될 정도로 낮은 나라는 아직 세계적으로 전례가 없는 탓에 이러한 인구 급감이 어떤 영향을 미치게 될지 가늠조차 어렵습니다. 우리나라처럼 급격히 인구가 감소하면 두 세대도 지나기 전에 생산 연령 인구(15~64세 인구)가 4분의 1로 줄어들게 됩니다. 그러면 단순히 경제적 문제로 끝나는 것이 아니라 강대국 틈바구니 안에 있는 우리나라의 국경을 지킬 최소한의 군대도 유지하기 어렵습니다.

이처럼 저출산과 인구 감소가 워낙 심각한 정치·사회·경제 문제를 야기하기 때문에 우리보다 먼저 저출산 문제가 시작된 선진국들은 비상이 걸렸습니다. 특히 세계에서 가장 먼저 저출산, 저성장으로 장기 불황의 늪에 빠진 일본은 30년 동안 온갖 경기 부양책을 쏟아부었지만 좀처럼 경기가 살아나지 않고 있는데요. 이를 가리켜 일본화(Japanizaton, Japanification) 현상이라는 신조어까지 생겨났습니다.

이 같은 일본화 현상의 심각성을 목격한 유럽과 미국 등 선진국들은 일본화의 늪에 빠지지 않기 위해 온갖 대책을 내놓고 있습니다.

선진국들이 내놓은 대책은 나라마다 다르지만 대체로 기성세대의 은퇴를 늦추는 정년 연장 정책과 부족한 노동력과 내수 시장을 이민으로 채우는 이민 정책, 출산율을 높이기 위한 다양한 정책 패키지, 자산시장 부양책 등으로 나눌 수 있습니다.

문제는 대부분 정책들이 별다른 효과를 내지 못하고 있다는 점인데요. 먼저 정년 연장으로 기성세대의 은퇴를 늦추려는 정책은 은퇴 뒤 여유로운 삶을 꿈꾸던 기성세대의 격렬한 저항과 반대에 부딪혔습니다.

게다가 이미 저출산 저성장으로 경기 불황이 고착화되어 일자리가 줄어든 유럽 등 선진국에서 정년까지 연장하자 청년층 일자리가 줄어들게 되었습니다. 특히 정년 연장으로 인해 정년이 보장되는 양질의 일자리 경우 신규 채용이 급격히 줄어들다보니, 그 결과 청년들은 임시직을 전전하거나 얼마 안 되는 양질의 일자리를 잡기 위해 오랫동안 직업 탐색에 나서면서 청년 실업률도 급증했습니다.

실제로 프랑스 정부가 정년 연장을 추진하자 이에 반대하는 기성세대와 청년 세대가 함께 격렬한 시위에 나선 일도 있었습니다. 그렇게 정년 연장과 연금 개혁은 유럽 정치권에서 가장 인기 없는 정책 중 하나가 됐습니다. 이 때문에 기성세대의 은퇴를 늦추는 정년 연장은 일본화 현상을 막기 위한 근본적인 대책이 되기에는 부작용이 큰 정책이라고 할 수 있습니다.

인구 감소에 대응하는 또 다른 정책은 이민 정책인데요. 해외 이민자로 부족한 노동력을 메우고 소비 시장을 확대하는 정책입니다. 예를 들어 프랑스의 경우에는 관대한 이민 정책 덕에 아랍계 이민자들이 대거 들어왔고, 이들의 높은 출산율 덕분에 유럽 선진국 중에서는 가장 높은 출산율을 보이고 있습니다. 하지만 그 부작용도 만만치 않은데요. 이민자들과의 갈등이 잦은 테러와 소요 사태를 일으켜 사회적 불안이 커졌다는 반론도 있습니다.

대표적인 이민자의 나라라고 할 수 있는 미국은 고학력 고소득 이민자들 덕분에 단순히 노동력 부족만 해결한 것이 아니라, 이민자들이나 그 2세들이 실리콘밸리의 창업 열풍까지 주도하고 있는 상황

입니다. 애플의 창업자 스티브 잡스(Steve Jobs)의 아버지는 시리아계 이민자이고, 이베이의 창업자 피에르 오미다이어(Pierre Morad Omidyar)는 부모가 이란계 이민자입니다. 구글의 공동 창업자 세르게이 브린(Sergey Brin)은 모스크바대학까지 나온 러시아 이민자입니다.

테슬라의 창업자인 일론 머스크(Elon Musk)는 남아프리카공화국에서 태어나고 자랐습니다. 군 복무를 피하고자 캐나다 시민권자가 되었고, 나중에 미국 국적까지 취득해 3중 국적을 가지고 있습니다. 코로나19 이후 화상 회의에 널리 쓰이는 줌 비디오 커뮤니케이션스의 창업자인 에릭 위안(Eric S. Yuan)은 중국 산둥성에서 대학을 나와 미국 이민을 와서 창업에 성공한 인물입니다.

이처럼 이민 정책으로 가장 성공한 나라는 역시 미국이라고 할 수 있습니다. 이런 이름난 창업자들뿐만 아니라 실리콘 밸리를 지탱하는 수많은 엔지니어들이 인도 등 아시아나 유럽, 아랍권 출신의 엘리트들입니다. 전 세계에서 뛰어난 인재들이 모여들고 있어 단순히 부족한 노동력을 채우는 데 그치지 않고, 그들이 새로운 혁신의 돌풍을 일으키는 주역이 되고 있습니다. 게다가 세계 각국에서 몰려든 부유층 이민자들이 소비 시장을 지탱하는 버팀목 역할까지 하고 있으니 일석삼조라고 할 수 있죠.

하지만 이렇게 이민자들 덕에 경제적으로 큰 혜택을 보고 있는 미국에서조차 이민자들에 대해 반발하는 목소리가 커지고 있는데요. 특히 이민자들 때문에 일자리를 잃고 있다고 생각하는 백인 제조업 노동자들의 반발이 거셉니다. 그 결과 트럼프 대통령과 달리 이민자들에 대해 훨씬 관대한 정책을 쓸 것으로 예상됐던 바이든 행정부도 트럼프 대통령의 반이민 정책을 상당 부분 계승하고 있는 실정입니다.

물론 미국처럼 창업 열풍을 선도해 수많은 일자리를 창출하는 뛰어난 인재들을 이민자로 받아들일 수 있다면, 이민 정책이 일본화 현상을 극복하는 좋은 대안이 될 수 있을 겁니다. 하지만 이런 미국에서조차 이민 정책이 갈등과 분쟁의 불씨를 만들고 있는 상황이므로 섣부른 이민 정책이 자칫 심각한 사회적·정치적 갈등을 불러일으킬 소지가 큽니다. 특히 이민자들로 인해 청년들의 일자리가 위협받거나 임금이 하락하는 경우에는 도리어 더욱 심각한 사회적 문제로 번질 수도 있습니다.

저출산에 따른 일본형 불황을 넘어서기 위한 또 다른 정책은 불황의 근본 원인인 출산율을 높이는 것인데요. 안타깝게도 일단 출산율이 떨어지기 시작한 나라 중에서 그 어떤 정책으로도 획기적으로 출산율을 높이는 데 성공한 나라는 없습니다. 그나마 선진국 중에 프랑스와 미국의 출산율이 가장 높은 편인 것은 출산 장려 정책이 성공했다기보다는 이민자들의 출산율이 높았던 덕분이라는 해석도 많습니다.

이렇게 일본형 불황을 막기 위한 정책들의 대부분이 실패한 상황에서 그나마 일본형 불황을 막는 데 효과를 내고 있는 것은 천문학적인 국채를 발행하고 돈을 찍어 자산 가격을 떠받치는 정책입니다.

실제로 2008년 글로벌 금융 위기와 2020년 코로나19 위기 등 경제 위기가 올 때마다 미국과 유럽의 중앙은행은 금리를 0% 또는 마이너스로 낮추고 천문학적인 돈을 뿌려 자산 가격을 끌어올리는 방식으로 간신히 위기를 막았습니다.

게다가 2020년 코로나19 위기가 실물 경제에 큰 타격을 가하자 미국과 유럽은 전례 없던 규모의 재정지출을 단행하였고 그 재원은 국채를 발행해 조달했습니다. 한 마디로 천문학적인 규모의 빚으로 경제를 간신히 떠받치고 있는 것이죠. 하지만 국채를 발행해 경기를 부양하는 것은 내일의 성장을 오늘로 미리 끌어오는 것이기 때문에, 언젠가 돈을 갚아야 할 시기가 왔을 때 그 부담을 미래 세대로 고스란히 떠넘기는 것이나 다름이 없습니다.

지금까지 나라의 빚으로 경기부양을 할 때마다 미국과 유럽, 일본 등의 정부는 그럴듯한 핑계를 대곤 했습니다. 지금 부양책으로 경제 성장률이 올라가면 미래 세대가 지게 될 부담은 줄어들거나 오히려 혜택을 보게 될 것이라고 말이죠. 하지만 부양책으로도 경기가 살아나지 못하면 빚은 고스란히 미래 세대의 부담이 됩니다. 게다가 이미 심각한 저출산으로 인구 구조가 무너진 나라에서는 성장이 더욱 둔화되어 소수의 청년층이 악화된 경제 상황 속에서 천문학적인 빚을 감당해야 합니다.

그 대표적인 사례 역시 일본입니다. 일본은 30년 넘게 온갖 부양책을 다 써 봐도 경제가 좀처럼 회복되지 않자 점점 더 많은 국채를 발행해가며 부양책을 계속 쏟아 부었습니다. 그러다보니 2021년 일본의 GDP 대비 국가부채 비율은 238%로, 2위인 베네수엘라의 214%나 4위인 그리스의 174%를 월등히 넘어설 정도로 심각한 상황입니다. 그런데도 경제가 계속 악화되면서 일본의 청년들이 갚아야 할 빚만 천정부지로 늘어나고 있습니다.

문제는 매번 돈을 풀 때마다 좀처럼 실물 경제는 살아나지 않고 자산 가격만 끝없이 오르고 있다는 점입니다. 2000년 닷컴버블 이후 미 연준 역시 금리를 낮추고 돈을 풀었더니, 미국 집값은 전례 없이 폭등했습니다. 게다가 2008년 글로벌 금융 위기 이후나 2020년 코로나19 위기 이후에도 실물 경제를 살리겠다는 핑계로 돈을 풀었지만, 자산 가격만 치솟아 오르는 일이 반복됐습니다.

덕분에 이미 많은 자산을 보유하고 있었던 베이비붐 세대는 엄청난 부를 축적할 수 있었지만, 최근 20년 동안 실물경기가 치솟아 오른 자산 가격을 따라가지 못했기 때문에 모아둔 자산 없이 근로소득에 의존해야 하는 청년들은 돈을 불릴 기회조차 잡지 못하고 박탈감만 커졌습니다.

그 결과 우리나라뿐만 아니라 미국 등 거의 모든 선진국에서 기성세대와 청년 세대의 자산 격차가 역대 최고 수준으로 벌어지고 있는데요. 미 연준의 자료를 보면 미국에서 60세 이상 세대가 전체 부의 무려 80%를 차지하고 있는 것으로 나타났습니다.[6] 게다가 평균수명까지 늘어나면서 사실상 자녀가 아닌 손자나 증손자 상속을 해야 할 지경이 됐기 때문에 다음 세대로 이어지던 부의 연결고리마저 끊어진 상황입니다.

이처럼 천문학적인 재정·금융 부양책으로 자산 가격만 끌어올리고 실물 경제 회복을 가져오지 못하면, 결국 정부가 국채를 매개로 청년 세대가 미래에 누릴 수 있는 부를 기성세대에게 이전시키는 결과를 낳게 되는데요. 최근 미국에서 '밀레니얼 세대가 부모보다 가난한 첫 세대'가 될 것이라는 우려가 나오는 것도 자산 가격만 끌어올린 기성세대의 정책 기조와 무관하지 않습니다.

물론 이 같은 세계적인 자산 가격 폭등이 단순히 기성세대의 탐욕 때문이 아니라 일본형 경기 불황과 싸우는 과정에서 어쩔 수 없었던 선택일 수도 있습니다. 그동안 여러 선진국에서 시도했던 정년 연장과 이민 정책, 출산율 제고 정책들이 대부분 실패로 돌아갔기 때문에 당장 눈앞에 닥쳐온 일본형 불황을 막기 위해서는 자산 가격이라도 끌어올릴 수밖에 없었다고 볼 수도 있습니다.

자산 가격이 오르면 자산을 축적한 가계가 부유해졌다고 생각해 적어도 단기적으로는 경제 전체적으로 소비가 늘어나는 자산효과(wealth effect)를 기대할 수 있기 때문입니다. 더구나 미래 세대의 부를 오늘로 당겨온 덕분에 자산을 축적하는 데 성공할 수 있었던 부유한 기성세대는 노후 걱정을 덜 수 있게 되었죠.

하지만 장기적으로는 이런 자산 가격 상승이 오히려 더 큰 악순환을 불러일으킬 수 있습니다. 특히 자산 가격 상승에 비해 실물 경

제의 회복 속도가 더디면 자산을 축적하지 못한 청년 세대의 좌절로 이어지게 됩니다. 즉 청년들의 소득이 치솟아 오른 부동산 가격을 따라가지 못하게 되면 결혼과 출산은 물론 연애까지 포기하는 삼포세대(三抛世代)가 늘어나면서 출산율이 더 떨어지는 악순환까지 일어나게 됩니다.

노벨경제학상 수상자이자 스웨덴을 대표하는 경제학자인 귄나르 뮈르달(Gunnar Myrdal)과 그의 아내 알바 뮈르달(Alva Myrdal)은 이미 1934년에 『인구문제의 위기(Crisis in the Population Question)』[7]라는 저서에서 집값이 치솟아 오르면 출산율 저하로 이어져 장기적인 성장 동력을 악화될 것이라고 우려한 바 있습니다. 지금 그의 예언이 우리나라를 비롯한 세계 주요 선진국에서 정확히 맞아 떨어지고 있는 셈입니다.

이 같은 상황에서 벗어나려면 첫째, 청년 세대가 좌절하지 않고 스스로의 힘만으로 부를 일구어 나갈 수 있는 시스템을 마련하는 것이 무엇보다 시급합니다. 이를 위해서는 청년들이 좌절하지 않고 최선을 다해 노력하면 그 결실을 가져갈 수 있는 공정한 경쟁 시스템 확립이 중요합니다. 만약 부의 세습이 고착화되어 더 이상 노력이 차이를 만들지 못하게 된다면 그 누구도 노력하지 않게 될 겁니다.

둘째, 한두 번 실패해도 다시 도전할 수 있는 패자부활전을 만드는 일이 무엇보다 중요합니다. 한 번만 실패해도 다시는 일어설 수 없는 시스템에서는 청년들이 혁신적이고 모험적인 도전에 나서기보다 안전한 공무원이나 공기업으로 몰리게 될 수밖에 없을 겁니다.

따라서 청년들의 도전과 혁신이 계속되는 건강한 경제 구조를 만들려면 실패의 경험을 바탕으로 재기할 수 있는 기회가 주어지는 것이 필수입니다.

셋째, 부동산값 폭등으로 벌어진 세대 간 자산 격차를 해소해야 합니다. 이를 위해서는 청년들이 내 집을 마련할 수 있도록 집값이 안정되거나 치솟은 부동산 가격만큼 청년들의 소득이 늘어나야 하는데요. 어떤 방법으로든 이 같은 세대 간 부의 격차를 해소하지 못한다면 미래 청년들의 부를 오늘로 끌어와 만든 지금의 자산 가격 상승은 마치 모래성처럼 작은 충격만으로도 한순간에 무너질 수밖에 없습니다.

지금 우리나라뿐만 아니라 주요 선진국 청년들은 아무리 노력해

도 부모 세대보다 더 나은 삶을 살기 어렵다는 좌절감에 시달리고 있는데요. 이처럼 미래를 꿈꾸지 못하는 청년들의 좌절이 경제 활력을 더욱 떨어뜨려 경제 상황을 악화시키는 악순환을 만들고 있습니다. 이런 상황 속에서 새로운 혁신과 성장 동력을 회복하고 새로운 투자 기회를 찾아내려면 무엇보다 기성세대가 부러뜨린 '역전의 사다리'부터 복원해야 할 것입니다.

MZ세대의 슬기로운 투자 생활

지난 20여 년 동안 우리나라뿐만 아니라 미국과 유럽 등 전 세계적으로 부동산과 주가 등 주요 자산 가격이 폭등해왔기 때문에 베이비붐 세대는 평균적으로 다른 세대보다 큰 부를 거머쥘 수 있었습니다. 이에 비해 이미 자산 가격이 폭등한 뒤 뒤늦게 투자를 시작한 MZ세대는 종잣돈(seed money)을 만들기도 전에 주가가 치솟아 오르는 바람에 좀처럼 돈을 벌기 어려운 투자 환경에 처해 있습니다.

특히 2020년 3월 이후 각국 정부와 중앙은행 등 금융당국이 천문학적인 돈을 풀면서 자산 가격이 또 한 번 폭등했는데요. 이번에도 이미 많은 종잣돈을 보유하고 다양한 투자를 해놓았던 베이비붐 세대와 X세대가 자산시장의 승자가 됐습니다. 극히 일부 MZ세대 중 주식이나 코인 투자로 성공을 거둔 사례도 있지만, 대부분은 종잣돈이나 투자 경험 부족으로 자산 가격 폭등을 눈앞에서 지켜보면서도

기회를 잡기가 쉽지 않았습니다.

MZ세대 중 일부는 급한 마음에 뒤늦게 빚을 내서 투자에 뛰어든 경우도 많았는데요. 이렇게 빚내서 투자한 경우에는 조금만 손해를 봐도 빚을 떠안게 된다는 조급함 때문에 작은 조정만 와도 주식을 파는 경우가 많습니다. 게다가 주가 하락으로 반대매매를 당하는 경우도 많았기 때문에 빚내서 투자를 시작한 MZ세대들은 대세 상승기에도 불구하고 큰 손실을 본 경우가 적지 않았습니다.

MZ세대 중에는 특히 암호 화폐 투자에 관심을 보인 경우가 많습니다. 암호 화폐는 기성세대가 미처 투자하지 못한 새로운 자산인데다 하루에 2~3배 오를 정도로 변동성이 커서 그동안 자산 가격 상승에 뒤처져있던 MZ세대 입장에서는 암호 화폐 투자가 단번에 기성세대의 부를 역전할 수 있는 절호의 기회로 보였을 겁니다. 물론 실제로 남들이 미처 관심을 가지기 전에 코인 투자를 시작한 일부 MZ세대 중에는 투자에 성공한 경우도 있습니다.

하지만 2021년 2분기에는 일론 머스크의 한 마디에 암호 화폐 시장 전체가 출렁였고, 중국 정부의 강력 규제와 미국의 긴축 경제 전망이 나오면서 코인 가격이 속절없이 추락하자 뒤늦게 코인 투자에 뛰어들었던 투자자들이 큰 손실을 보기도 했습니다. 사실 암호 화폐는 지금까지 나온 그 어떤 자산보다도 변동성이 크기 때문에 결코 쉬운 투자처가 아닙니다. 게다가 24시간 시장이 열리기 때문에 암호 화폐에 투자했다가 자칫 삶 자체를 저당 잡힐 위험도 있습니다.

이처럼 불리한 상황에서 MZ세대는 어떻게 투자를 해나가야 할까요? 2000년 이후 자산 가격이 치솟아 오르는 시기가 지속된 상황에서는 남들이 돈을 벌었다는 얘기를 들으면 괜히 마음이 급해져 빚까지 지고 뒤늦게 위험한 투자에 나서는 경우도 적지 않습니다. 그랬다가 회복할 수 없는 손실을 보면 남들과 자산의 격차만 더욱 커지고 최악의 경우에는 재기할 기회조차 잃어버릴 수 있습니다.

투자의 기본은 워런 버핏이 강조한 것처럼 꾸준한 수익을 내는 상품에 장기 투자해서 복리 효과를 누리는 것인데요. 지금까지 투자의 세계에서 오랫동안 명성을 떨쳤던 사람들의 공통된 투자 방식은 상

대적으로 손실 가능성이 적고 투자수익률이 높은 투자 대상을 골라 오랜 기간 거대한 눈덩이로 불려 나가는 '스노우볼 효과(snowball effect; 눈사람을 만들 때처럼 작은 눈덩이를 계속 굴리면 어느새 큰 눈덩이가 돼 있는 효과)' 를 노리는 것이었습니다.

MZ세대는 자칫 투자에 뒤처졌다는 조바심에 빠질 수 있지만, 조금만 생각을 달리하면 앞으로 남은 사회 활동 기간이 충분히 길어서 더 큰 스노우볼 효과를 기대할 수 있다는 장점이 있습니다. 다만 이런 장기 투자를 할 때는 걸핏하면 2~3배 올랐다가 반토막이 나는 극심한 변동성을 보이는 상품은 피해야 합니다. 그렇다면 MZ세대가 장기 투자를 하기에 적합한 투자 대상에는 어떤 것들이 있을까요?

앞서 언급했던 뉴욕 대학교의 스턴 비즈니스 스쿨이 1928년 1월 1일부터 각 투자 대상에 100달러를 투자했다고 가정하고 진행한 연구를 다시 떠올려보면 답이 보일 겁니다. 그 연구의 결과는 주식에 투자한 경우 2020년 연말에는 59만 2,868달러(약 6억 6천만 원)로 무려 5,900배로 불어난 것으로 나타났습니다. 그야말로 엄청난 수익인데요. 이에 비해 10년 만기 미국 국채에 투자한 경우에는 90배, 회사채의 경우 900배로 불어났습니다. 이 조사에서는 부동산이 빠져있기 때문에 정확하게 비교하기는 어렵지만, 케이스-실러 지수에 따르면 같은 기간 동안 물가에 비해 부동산이 3배 정도 오른 것으로 나타나기 때문에, 부동산 투자는 주식 투자의 수익률을 따라가지 못했을 것으로 보입니다.

미국 기업들의 혁신과 경제력 집중 현상은 지금도 계속되고 있으므로 앞으로 세계 경제 시스템에 근본적인 변화가 오지 않는 한 MZ세대에게도 여전히 미국 주식 투자는 유효한 재테크 수단이 될 것으로 보입니다. 다만 주가가 한창 낮았던 2020년에 목돈을 투자하기 시작했다면 큰 문제가 없지만, 이미 주가가 많이 오른 2021년 하반기에는 자신만 투자에 뒤처져서 '벼락 거지'가 될지 모른다는 조바심 때문에 충분한 경험 없이 목돈을 한꺼번에 투자하는 것은 위험합니다.

특히 한발 늦었다는 생각에 높은 수익률만 좇아 투자하는 것은 매우 위험합니다. 높은 수익률을 기대할 수 있는 상품에는 항상 더 큰 위험이 따르기 마련입니다. 특히 2~3배가 넘는 고배율 레버리지나 인버스 상품을 주력 투자 대상으로 삼는 것은 정말 위험합니다. 이런 상품은 변동성이 워낙 커서 예측이 틀릴 경우 목돈을 잃어버릴 수 있는 데다 주가가 횡보할 때는 계속해서 돈을 잃게 되어 있는 구조로 상품이 설계되어 있기 때문입니다.

고위험 고수익 상품에 투자했을 때 가장 큰 문제는 하루하루 시세의 변화가 매우 크기 때문에 그 변동성에 몰입해 일상생활까지 지장을 받는 경우가 많다는 점입니다. MZ세대는 투자도 중요하지만 노동 시장에서 자신의 가치를 높이거나 새로운 아이디어로 창업에 나서는 것도 중요한 일인데요. 만일 하루하루 뒤바뀌는 무의미한 시세 변화에 몰입해 자신의 소중한 시간과 에너지를 빼앗기게 되면 자신의 성장을 위한 소중한 기회를 잃어버릴 위험성도 농후합니다.

이 때문에 MZ세대의 투자는 하루하루 시세 변동에 휘둘리지 않고 최대 강점인 시간을 활용해 장기 투자로 스노우볼을 만들어가는 것이 가장 중요합니다. 안정적인 투자 상품을 잘 골라 복리 효과만 잘 활용하면 은퇴 이후에는 얼마든지 목돈을 만들 수 있습니다. 그런 측면에서 추천하고 싶은 상품은 앞서 설명한 것처럼 S&P500 지수나 나스닥100 지수를 추종하는 ETF입니다.

지난 20년 동안 S&P500 ETF는 한 해 평균 10% 정도 상승해왔고, 해마다 2.5% 정도의 배당 수익률을 기대할 수 있는데요. 만일 배당금을 모두 재투자한다고 가정하고 100만 원어치 S&P500 인덱스 ETF를 사서 30년 동안 묻어두면 투자 원금은 약 3,400만 원으로 불

어납니다. 만일 매달 100만 원씩 S&P500 인덱스 ETF에 적금을 붓듯이 꾸준히 사고 배당금도 다시 재투자한다고 가정하면 30년 뒤에는 무려 39억이나 됩니다.

나스닥100 지수를 추종하는 ETF는 최근 20년 동안 한 해 평균 15% 정도 상승해왔는데요. 이 같은 수익률로 나스닥100 인덱스 ETF에 100만 원을 투자하고 30년을 묻어둔다면 투자 금액은 무려 6천 6백만 원으로 불어납니다. 또 매달 100만 원씩 30년 동안 나스닥100 인덱스 ETF를 산다고 가정하면 30년 뒤에는 투자 금액이 60억 원을 넘을 정도로 불어납니다.

이처럼 투자금이 엄청난 수준으로 불어나는 것은 복리 효과의 놀라운 마술 덕분인데요. 다만 2020년에는 3월 저점 대비 나스닥 지수가 고작 9달 만에 90%나 올랐기 때문에 연 수익률 15%도 우습게 보일 수 있겠지만, 2020년 3월 이후 나스닥 지수 상승률은 지금까지 90년 미국 증시 역사에서 보기 드문 상승률이기 때문에 다시 반복되기는 쉽지 않습니다. 하지만 복리 효과를 노리고 꾸준히 기다리면 엄청난 결과를 기대할 수 있을 겁니다.

다만 S&P500의 연평균 상승률 10%나 나스닥100의 연평균 상승률 15%는 어디까지나 '연평균' 상승률이라는 점에 유의해야 합니다. 2020년처럼 놀라운 상승률을 기록한 해가 있는 반면 드물지만 30%가 넘는 하락률을 기록했던 해도 있었습니다. 이 때문에 한 해 한 해 큰 폭의 등락을 거듭하는 주가 지수에 흔들리지 않고 수십 년 동안 꾸준히 투자한 경우에만 이 같은 복리 효과의 과실을 누릴 수 있음을 명심해야 합니다.

이 같은 투자 방식을 조금 더 응용해 주가가 단기에 일정 비율 이하로 하락하면 매달 투자하던 금액을 단계별로 늘리는 방식도 좋은 대안이 될 수 있습니다. 미국 증시는 평균 3년 7개월마다 주가 급락을 겪었다는 점을 감안할 때 2020년 2월과 같은 위기는 앞으로도 반복될 수밖에 없는데요. 주가가 하락할 때를 대비해 미리 투자 원칙을 세워두면 공포에 빠지지 않고 투자 비중을 확대하는 기회로 삼을 수 있습니다.

특히 이 방식의 투자는 우리 증시에서 더욱 효과적입니다. 지금까지 우리 증시는 위기가 끝난 뒤 2~3년 동안 급상승하고 7~8년 정체됐다가 다시 급상승하는 계단식 방식이었습니다. 이 같은 상승 구조

가 앞으로도 완전히 똑같은 방식으로 반복되지는 않겠지만, 수출에 의존하는 경제 구조와 경기 사이클을 타는 산업구조가 계속되는 한 유사한 현상이 나타날 수 있기 때문에 위기 이후 2~3년의 주가 급등기를 잘 활용하는 것이 하나의 투자 방법이 될 수 있겠습니다.

물론 지수 ETF에 투자하게 되면 시장 평균 수익률을 따라갈 수밖에 없습니다. 젊고 진취적인 MZ세대 투자자들은 이 같은 시장 수익률에 만족하지 못하고 개별 주식 직접 투자를 더 선호하기도 하는데요. 전문적인 펀드 매니저들조차 실제로 시장 수익률을 넘는 비율이 더 낮기 때문에 개별 주식 투자를 통해 시장 수익률을 넘는 초과수익을 노리고 싶다면 정말 엄청난 각고의 노력으로 개별 종목을 연구해야 합니다.

특히 개별 주식 투자를 할 때 유튜브나 언론이 추천하는 종목에 의존하는 것은 매우 위험한데요. 특정 종목에 대한 사람들의 관심이 최고조로 높아질 때 유튜브의 알고리즘이 그 종목을 추천하는 영상을 자주 노출하는 데다 언론도 조회 수를 늘리기 위해서 대중이 가장 관심을 보이는 종목만을 자주 다루기 때문입니다. 이 때문에 유튜브와 언론에 의존해 종목을 선택하면 2021년 1월의 삼성전자처럼 대체로 주가가 단기 정점을 찍을 때 주식을 사게 되기 쉽습니다.

그러므로 스스로 좋은 종목을 발굴하는 힘을 키워야 합니다. 단순히 투자하려는 종목이나 섹터만이 아니라 글로벌 경제 환경의 변화까지 모두 이해해야 진짜 좋은 종목을 제대로 고를 수 있습니다. 이와 관련해서는 경제 사이클을 읽을 수 있는 기본 지식을 계속 쌓아 가면서 이 책에서 소개한 '1등 기업의 경제적 해자'를 갖췄거나 '역전하는 기업의 특성'을 가진 기업 중에서 투자할 종목을 찾아낼 수 있는 안목을 키우기 위해 노력해야 합니다.

최근 MZ세대에게 가장 인기 있던 투자는 암호 화폐 투자였습니다. 최근 수년간 주가 상승률의 몇 배, 심지어 몇십 배까지 되는 경우도 있었기 때문에 관심은 더욱 커졌죠. 저도 개인적으로는 지금 우리가 쓰고 있는 돈의 형태가 새로운 형태로 진화해 나갈 것이라는 점에 전적으로 동의합니다. 하지만 그 최종 진화 형태가 지금의 암호 화폐가 될 것인지, 또는 암호 화폐가 계속해서 가치 저장 수단이 될지에 대해서는 아직 불확실한 측면이 많습니다.

미국에서 검색 엔진의 첫 장은 야후가 열었지만, 지금 시장을 지배하고 있는 기업은 구글이듯이 혁신적인 분야는 끝없는 역전과 재역전이 이루어지기 때문입니다. 특히 페이스북 같은 기업들이 자신들만의 디지털 머니를 만들려고 시도하고 있는데다 각국 중앙은행이 디지털 화폐를 만들려고 하고 있기 때문에 다양한 주체들이 새로운 화폐의 형태를 놓고 치열한 경쟁을 벌일 가능성이 큽니다.

한편에선 세계 주요국이 돈을 마구 찍어내는 데 비해 비트코인의 경우 채굴량이 2,100만 개로 정해져 있어 가치가 계속 올라갈 것이라고 기대하는 암호 화폐 투자자들이 많습니다. 물론 특정 코인의 발행량이 정해져 있는 점은 분명 강점이지만 도지코인 등 새로운 경쟁 코인이 끊임없이 등장하면서 코인 전체 발행량이 계속 늘어나고 있다는 점은 이 같은 강점을 상쇄하는 문제가 될 수 있습니다.

암호 화폐의 가장 큰 장점이자 단점은 주식이나 부동산 등 전통적인 자산과는 달리 누구도 코인의 가치를 평가할 마땅한 수단이 없기 때문에 사실상 '투자 전문가'라는 사람들조차 예측이 불가능하다는 점입니다. 대중의 관심이 얼마나 커지느냐에 따라 가격이 급변하기 때문에 인플루언서 한두 사람의 말이나 각국 정부의 규제 여부에 따라 전체 코인 가격이 크게 요동치는 경우도 적지 않습니다.

이처럼 변동성이 큰 데다 24시간 거래가 이루어져 일단 코인 투자를 시작하면 한밤중이나 새벽까지 시황판에서 눈을 떼기가 쉽지 않습니다. 결국 하루에도 크게는 몇 배씩 급등락하는 가격에 휘둘려 사고팔기를 반복하다가 자칫 큰 손실을 보는 경우도 많습니다. 게다

투자 전문가

가 24시간 변동하는 가격에 정신을 쓰다 보면 자신의 본업까지 소홀해질 수도 있습니다.

이 같은 위험에도 불구하고 코인 투자를 꼭 하고자 한다면 시시각각 바뀌는 가격 변동에 따라 자신의 자산 규모가 흔들리거나 멘탈에 타격을 받지 않도록 투자 규모를 한정해 놓는 것도 한 방법입니다. 또한, 암호 화폐는 내가 산 것보다 누군가 더 비싸게 사줄 사람이 많아져야 값이 뛰어오르고, 모든 언론과 유튜버가 코인 얘기를 할 정도로 투자 열기가 가장 뜨겁게 달아오른 순간이 단기 고점인 경우가 많기 때문에 이 순간의 매수 충동을 슬기롭게 피하는 것도 중요합니다.

미국에서 비트코인 투자의 상징적 존재인 테슬라의 최고경영자 일론 머스크나 트위터의 최고경영자 잭 도시가 수천억 원이 넘는 암호 화폐 투자를 하고 있다는 말에 혹해 이들을 따라 암호 화폐 투자를 하는 분들도 적지 않은데요. 이들이 가진 암호 화폐는 테슬라나 트위터가 갖고 있는 전체 자산 가운데 고작 3~5% 내외라는 점을 명심해야 합니다. 비트코인 가격이 설령 10분의 1토막이 나더라도 별다른 타격이 없을 정도죠.

MZ세대의 투자 항목 중에서 가장 골칫거리는 바로 부동산일 겁니다. 특히 2009년 글로벌 금융 위기 당시에도 양적 완화에 이은 온갖 경기 부양책으로 2012년 이후 미국을 비롯한 전 세계 집값이 반등하기 시작했습니다. 그러다가 2020년 코로나19 직후 더욱 강력한 양적 완화로 미국의 연준과 유럽 중앙은행 등 각국 중앙은행이 천문학적인 돈을 풀자 전 세계 집값이 또 한 번 폭등했습니다.

다음 페이지의 표는 2021년 6월 블룸버그 통신이 미국의 부동산 정보업체 나이트 프랭크가 발표한 2021년 주택 가격 지수 상승률을 인용해 보도한 내용인데요. 조사 대상 56개 국가의 2021년 1분기 주택 가격은 한 해 전보다 평균 7.3%가 올라 글로벌 금융 위기 직전인 2006년 3월 이후 연간 상승률로는 15년 만에 최고치를 기록했습니다.

그중 터키가 1년 사이 무려 32%나 올라 조사 대상 56개국 가운데 최고 상승률을 기록했고, 미국도 13.2%나 올랐습니다. 스웨덴과 노르웨이 등 북유럽 국가들도 집값이 폭등한 것은 물론 독일도 8.1%나 올랐습니다. 우리나라는 5.8% 올라 조사 대상 56개국 중에서 29번째로 높은 상승률을 보였습니다.[8]

📊 나이트 프랭크 세계 부동산 가격 인덱스 기준

	국가	각국 부동산 가격 상승률 (2020년 1분기~2021년 1분기)
1	터키	32.00%
2	뉴질랜드	22.10%
3	룩셈부르크	16.60%
4	슬로바키아	15.50%
5	미국	13.20%
6	스웨덴	13.00%
7	오스트리아	12.30%
8	네덜란드	11.30%
9	러시아	11.10%
10	노르웨이	10.90%
11	캐나다	10.80%
12	영국	10.20%
13	페루	10.00%
14	리투아니아	9.10%
15	체코	8.90%
16	폴란드	8.90%
17	아이슬란드	8.50%
18	오스트레일리아	8.30%
19	덴마크	8.30%
20	독일	8.10%
21	핀란드	7.70%
22	포르투갈	6.80%
23	멕시코	6.60%
24	스위스	6.50%
25	크로아티아	6.40%
26	프랑스	6.40%
27	싱가포르	6.10%
28	저지섬	6.00%
29	대한민국	5.80%
30	일본	5.70%

자료 : https://content.knightfrank.com/research/84/documents/en/global-house-price-index-q1-2021-8146.pdf

이렇게 전 세계 집값을 끌어올린 주범은 2008년 글로벌 금융 위기와 2020년 코로나19 위기 이후 시작된 연준의 천문학적인 경기 부양책인데요. 대체로 버블이 붕괴되면 집값이 하락해야 정상이지만 위기가 올 때마다 연준이 제로 금리와 천문학적인 규모의 양적 완화까지 실시하는 바람에 집값이 천정부지로 치솟아 올랐습니다. 어느 정도냐 하면, 2012년 2월부터 2021년 5월까지 물가를 고려한 미국의 실질 주택 가격이 무려 85%나 올라 글로벌 금융 위기 직전보다도 훨씬 더 높아졌습니다.[9]

같은 기간 동안 우리나라도 역시 심각한 집값 상승을 겪었습니다. 국가통계포털을 보면 2011년부터 2021년 7월까지 전국 아파트 값은 36% 오른 것으로 나타납니다. 얼핏 보면 미국이나 유럽보다 집값 상승률이 훨씬 낮았던 것처럼 보이지만,[10] 이를 반박하는 경제정의실천시민연합(경실련)의 자료를 보면 최근 집값 상승률이 정부 공식 통계보다 3배나 더 많이 오른 것으로 나타나 미국의 집값 상승률에 못지않습니다. 게다가 우리 국민들이 선호하는 대도시 새 아파트로 범위를 좁히면 상승률은 훨씬 더 높아집니다.[11]

우리나라에서 유독 아파트값 상승률만 높았던 이유는 국민들이 선호하는 새 아파트 공급이 충분하지 않았던 것이 한 원인이라고 할 수 있습니다. 따라서 아파트값이 안정되려면 세계적으로 풀린 막대한 유동성이 줄어들거나 아파트 공급이 충분히 이뤄져야 할 것입니다.

천문학적으로 풀린 유동성이 언제 줄어들 것이냐는 미국 연준에 달려있습니다. 양적 완화 규모를 줄여나가는 테이퍼링과 금리 인상 신호가 큰 변곡점이 될 것으로 보입니다. 현재로서는 2022년 테이퍼링이 시작되고 2023년 금리 인상 신호가 나올 것이라는 전망이 많은데요. 문제는 코로나19 변이나 인플레이션 등 여러 가지 상황 변화에 따라 그 정확한 시기가 여전히 유동적이라는 점입니다.

만일 코로나19 변이가 끊임없이 등장하거나 경기 회복이 지연될 경우 테이퍼링과 금리 인상 시기는 늦춰질 수밖에 없습니다. 반대로 인플레이션이 가속화되면 금리 인상 시기가 앞당겨질 테죠. 물론 현재까지 전망은 2023년은 되어야 금리 인상이 시작될 것이라는 시각이 많습니다. 만일 언젠가 금리 인상이 시작되면 글로벌 유동성이 축소되고 수요 측면의 집값 상승 압력은 상당 부분 줄어들겠지만, 그때까지는 제법 시간이 걸릴 가능성이 큽니다.

그것 외에도 공급 측면에서는 새 아파트 공급이 이뤄지는 시기가 중요한데요. 2020년에야 정부가 주택 공급의 중요성을 깨닫고 뒤늦게 공급 확대 정책으로 전환했지만, 주택을 착공한 뒤 입주할 때까지는 최소한 3년이 걸리는 만큼 정책 효과가 나타나기까지 시차가 있기 마련입니다. 특히 택지 마련부터 고려하면 5년 이상 걸리기도 하죠. 그래도 정부가 사전 청약이란 카드까지 꺼내든 만큼 아파트 공급은 2023년 정도 되면 어느 정도 숨통이 트일 것으로 보입니다.

이 때문에 수요와 공급의 두 측면에서 집값 상승의 여력이 남아 있는 2022년과 2023년은 내 집 마련을 하려는 MZ세대에게 가장 어려운 시기가 될 가능성이 큽니다. 여유자금이 충분하다면 큰 문제가 없겠지만, 이 시기에 집값이 오른다고 과도한 빚을 내 집을 사는 것

은 신중할 필요가 있는데요. 특히 2023년 이후 연준의 긴축이 본격화되면 세계적으로 풀렸던 돈이 미국으로 되돌아가면서 시중 금리가 들썩거릴 가능성에도 대비해야 합니다.

　노벨 경제학상 수상자인 로버트 실러 교수는 글로벌 금융 위기 직전 집값 폭락을 미리 예견했던 것으로도 유명한데요. 그가 2021년 5월 CNBC와의 인터뷰에서 미국 역사상 실질 주택 가격이 가장 높은 수준이라며 글로벌 금융 위기 직전과 유사한 패턴이 시작됐다고 경고했습니다. 그는 1년 이상 집값이 오른 뒤(2022년 5월 이후) 어느 시점에선가 집값 하락이 시작되고 3~5년 뒤에는 지금보다 훨씬 싸게 집을 살 수 있을 것이라고 내다봤습니다.

　지금 전 세계 금융 시장은 물론 부동산 시장까지 동조화된 상황이기 때문에 미국의 집값 변동은 우리나라에도 큰 영향을 미칠 수밖에 없습니다. 로버트 실러 교수의 예견대로 향후 3~5년 안에 미국에서

집값 하락이 시작되면 우리나라 주택 시장도 함께 움직일 가능성이 있습니다. 게다가 2023년에서 2024년 신도시 개발과 사전 청약 등으로 주택 공급이 늘어나는 시기와 맞물리게 되면 그 여파가 한층 커질 수 있습니다.

집값이 오를 때는 비인기 주택도 덩달아 오르지만 일단 하락 국면으로 돌아서면 비인기 주택은 가격이 하락하는 것으로 끝나지 않고 아예 매매가 이뤄지지 않는 경우가 많아 자칫 돈이 묶이게 될 수 있습니다. 이 때문에 집값 상승 여력이 남아있는 2022~2023년 과도기에 내 집을 마련하려는 MZ세대는 반드시 인구가 몰리는 인기 지역에서 사람들이 선호하는 주택으로 내 집을 마련하는 것이 좋습니다.

우리나라 주택 시장은 대체로 5~6년 대세 상승기 이후에는 일정 기간 하락기를 거쳐 왔는데요. 이번에는 상승 기간이 8~9년 이상 길어지고 있는 만큼 하락기가 찾아오면 그 골이 더 깊을 가능성을 배제하기 어렵습니다. 그런데 일본이나 미국 등 최근 집값 하락을 겪었던 나라에서 집값이 다시 반등할 때 인구가 몰리는 지역의 집값은 일찌감치 전고점을 넘었지만, 비인기 지역은 아직도 전고점을 돌파하지 못한 지역이 많았다는 점을 참고할 필요가 있습니다.

또 현재 청약 자격과 자금 여력만 된다면 무엇보다 청약 공부를 철저히 해둘 필요가 있습니다. 물론 기존 청약 제도에서 가점을 받는데 불리한 MZ세대가 청약에 성공하기란 쉬운 일이 아니지만, 청약만 당첨되면 거의 로또나 다름없는 데다 우리나라 청약 제도가 워

낙 복잡해서 생각보다 MZ세대에게도 지원할 수 있는 틈새가 분명 존재하기 때문에 정책적 목적에 따라 시시각각 바뀌는 청약 제도를 철저히 따라잡으면 그 소중한 기회를 잡을 수 있습니다.

우리나라에서 집값 대세 상승이 10년 이상 지속된 적이 드물기에 2023~2024년을 전후로 집값의 대세 상승이 끝날 것으로 보는 전문가들도 적지 않은데요. 만일 당장 내 집 마련을 하지 않고 집값 하락기까지 기다리려면 무엇보다 경매 공부를 해두는 것이 좋습니다. 집값은 하방 경직성이 크기 때문에 집값 하락기에도 호가는 잘 내려가지 않습니다. 이에 반해 경매 가격은 시장 가격을 곧바로 반영하기 때문에 경매가 내 집 마련의 좋은 대안이 될 수 있습니다.

실제로 2020년 3월 코로나19가 확산될 당시 부동산 시장에서 매도 호가는 거의 변화가 없었지만, 부동산 경매시장에서는 낙찰가가 과도하게 하락한 적이 있었는데요. 당시 경매시장에 참여했다면 수년 전 시세로 내 집을 마련할 수 있는 절호의 기회가 됐을 겁니다. 이때 단순히 책으로만 경매시장을 공부하는 것보다는 직접 발품을 팔아 입찰 현장을 직접 경험해보는 것이 중요합니다.

만일 집값 하락 시기까지 기다리기로 했다면 부동산 가격의 상승 여력이 남아 있어 향후 1~2년은 연일 쏟아지는 부동산 가격 폭등 기사에 초조한 마음이 들기 쉬울 겁니다. 특히 타사와 경쟁을 해야 하는 언론사들은 독자들의 눈길을 끌기 위해 유독 많이 오른 아파트 가격만 골라 선정적으로 제목을 다는 경우도 많습니다. 이 때문에 언론의 부동산 관련 기사만을 의존하기보다 국토교통부 실거래가 공개 시스템이나 한국부동산원 등의 객관적인 통계를 직접 살펴보는 것이 중요합니다.

또 내 집 마련 시기까지 목돈을 잘 불려나가는 것도 중요합니다. 단기적으로는 부동산 가격 상승률이 주식이나 채권 수익률을 앞서는 경우도 있지만, 20~30년에 이르는 장기간에는 주식 투자수익률이 집값 상승률보다 훨씬 높았습니다. 실제로 한국거래소가 1982년 이후 30년 동안 주식과 채권, 강남 아파트의 상승률을 비교한 결과 주식뿐만 아니라 채권 투자수익률도 강남 아파트 상승률을 앞지른 것으로 나타났습니다.[12]

이 같은 수익률 격차로 볼 때 국내외 주식과 채권 등에 적절히 분산 투자를 해놓으면 집값 상승률에 크게 뒤처지지 않고 비교적 안전하게 차곡차곡 목돈을 형성해 나갈 수 있습니다. 또한 미국 주식이나 미국 국채 등 달러 자산을 확보해둘 필요가 있는데요. 집값 하락 사이클이 시작되면 달러 가치가 치솟아 오르는 경우가 많았기 때문에 이를 활용하면 값이 뛰어오른 달러 자산을 팔고 싼 가격에 집을 사는 기회를 잡을 수도 있습니다.

❶ 왜 혁신 기업 투자가 중요할까?

❷ 혁신 기업 주식에 올라타는 방법

❸ 시장을 지배하는 기업의 법칙 1: 스스로 생태계를 만들어가는 기업

❹ 시장을 지배하는 기업의 법칙 2: 고객이 생산자로 유입되는 네트워크 기업

❺ 시장을 지배하는 기업의 법칙 3: 누구도 침범하지 못할 '경제적 해자' 기업

❻ 슈퍼 실버가 몰려온다

4장

불확실성의 시대, 올라탈 거인의 어깨를 찾아라

부의 시그널

왜 혁신 기업 투자가 중요할까?

경제학과에 입학해서 첫 시험 때 접했던 인상 깊은 문제가 있습니다. '공기는 우리 생존에 필수적인데도 공짜인데, 다이아몬드는 그렇지 않은데도 왜 가격이 비싼지 수요 공급의 원칙으로 설명하라'라는 문제였습니다. 물론 모두 예측하다시피 그 답은 '희소성'이었습니다. 지구상에 공기는 아주 흔하지만, 다이아몬드는 매우 희소하기 때문에 가격이 비싼 거죠.

예술품도 마찬가지입니다. 아무리 뛰어난 예술 작품이라도 무한대로 찍어낼 수 있다면 그 예술품을 비싸게 팔기는 어려울 겁니다. 그런 측면에서 디지털 콘텐츠는 사실 얼마든지 복제할 수 있다는 문제가 있지만, 같은 디지털 콘텐츠라도 블록체인 기술로 고유한 인식 값을 부여한 '대체 불가능한 토큰' 즉 NFT(Non-Fungible Token)는 그 희소성 때문에 가격이 천정부지로 올라가기도 합니다.

아래 보시는 그림은 무지개를 뿌리며 날아다니는 고양이 캐릭터 '냥캣(Nyan Cat)'인데요. 2011년 미국의 한 청년이 움직이는 이미지(움짤)를 만들어 자신의 웹사이트에 올린 이후 세계적인 유명세를 탔습니다. 그러다가 2021년 냥캣 탄생 10주년을 맞아 제작자가 이를 리마스터링 원본 파일로 제작해 고유한 인식값을 부여하고 경매에 올리자 무려 59만 달러, 우리 돈으로 6억 7천만 원에 팔렸습니다.

인터넷에서 얼마든지 구할 수 있는 이른바 움짤이 대중적인 인기를 끌고 고유한 인식값이라는 희소성과 결합하면서 엄청난 가격을 형성한 대표적인 케이스라고 할 수 있습니다. 이런 희소성의 공식은 주식에도 동일하게 적용됩니다. 물론 주식 투자에서는 내재가치가 중요한 요소지만, 이에 걸맞는 희소성과 대중적 관심도 자산 가격을

59만 달러에 팔린 냥캣 이미지(출처 : 위키백과 'Nyan Cat')

끌어올리는 핵심 요소라고 할 수 있습니다.

사실 2009년 이후 시작된 호황에서 유독 성장주, 특히 테크주의 상승률이 높았는데요. 2009년 2월 저점 대비 2021년 4월 나스닥 종합지수는 무려 10.3배나 올랐습니다. 이에 비해 S&P500 지수는 5.7배 오르는 데 그쳤죠. 그나마 S&P500 지수가 오른 것도 지수 안에 속해 있는 테크주의 주가 상승 덕이 컸습니다. 이 같은 상승률 차이는 바로 희소성에서 찾을 수 있습니다.

사실 미국의 1930~60년대에는 원체 경제 전체의 생산성 향상폭이 컸습니다. 아래 그래프는 최근 100년 동안 미국의 모든 생산성을 포괄하는 미국의 총요소생산성이 10년 단위로 어떻게 변화했는지를 나타내는 그래프인데요. 1960년까지 엄청난 생산성 향상을 보이다

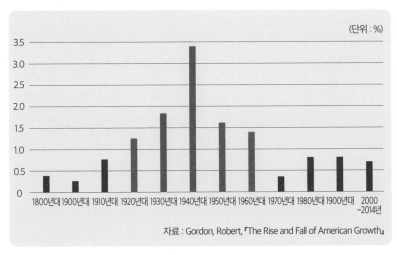

📊 미국 총요소생산성의 연평균 상승률

자료 : Gordon, Robert, 『The Rise and Fall of American Growth』

가 최근 40여 년 동안에는 대공황 때 생산성조차 못 따라잡고 있는 것을 확인할 수 있습니다.

지금처럼 인공지능에 자율주행까지 등장하고 있는 2000년대 이후보다 20세기 중반의 생산성 향상 폭이 더 컸다는 걸 의아하게 생각하시는 분들도 많을 텐데요. 20세기 중반에는 자동차와 세탁기, 상수도, 냉장고, 라디오, TV 등 이전에는 아예 없던 기술들이 대거 등장했고, 그 보급률이 급격히 늘어났던 시기였기 때문입니다.

물론 당연히 1960년대보다 그 뒤에 등장한 기술이 더 진보된 기술인 것은 맞지만 이미 존재하고 있던 기술이 조금씩 기능이 향상되는 것은 아예 없던 것이 생겼을 때보다 생산성 향상폭이 줄어들 수밖에 없습니다. 처음 세탁기가 등장한 것 자체가 놀라운 혁신이었지, 그 뒤에 편이성을 조금 더했다고 생산성 향상폭이 경이적으로 높아지는 것은 아니기 때문입니다.

이 같은 현상 때문에 1970년대 이후 미국 경제 전체의 생산성은 정체됐습니다. 게다가 2000년대 닷컴버블 붕괴 이후에는 새로운 혁신이 플랫폼을 장악한 소수의 빅테크 기업에 집중되기 시작했습니다. 특히 플랫폼 기업은 기존 소비자가 다른 소비자를 끌어들이며 스스로 확장해나가는 네트워크 효과를 가지고 있었기 때문에 일단 시장을 장악하면 자연스럽게 독과점 기업으로 성장해 나갔습니다.

게다가 초기에 시장을 장악한 기업들은 새로운 혁신 기업이 등장하면 막강한 자본력을 동원해 기업을 사들이기도 했죠. 구글이 일찌감치 유튜브의 가능성을 알아보고 기업을 통째로 인수 합병한 것처럼 빅테크 기업들은 틈만 나면 신생 혁신 기업들을 사들여 몸집을 불려 나갔습니다. 그 결과 혁신은 점점 더 소수의 기업에 집중되기 시작했습니다.

이처럼 경제 전체의 성장은 정체된 상황에서 소수의 혁신 기업만이 생산성 향상을 주도하기 시작하자 '혁신'은 매우 희소한 자원이 되기 시작했습니다. 그 결과 닷컴버블 붕괴 이후 살아남은 소수의 혁신 기업에 돈이 몰리기 시작했고 새로운 혁신 기업이 등장하는 순간 투자자가 줄을 서기 시작했습니다. 그 결과 혁신 기업의 주가는 빠르게 치솟아 올랐고, 앞으로도 한동안은 성장을 주도하는 혁신 기업이 증시를 이끌어갈 가능성이 큽니다.

다만 문제는 이 같은 사실을 투자자들 대부분이 너무나도 잘 알고 있어 이미 혁신 기업의 주가가 과도하다 싶을 정도로 치솟아 오른 상태라는 점입니다. 희소해진 '혁신'에 과도하게 가치를 부여하다 보니 결국 소수 혁신 기업의 주가는 먼 미래 가치까지 이미 반영되어 매우 비싸진 상태라고 할 수 있죠.

혁신 기업에 투자할 때 또 하나 주의할 점은 바로 정책적 측면인데요. 코로나19 위기가 끝나고 실물 경제가 본격적으로 회복되기 시작하거나 과도한 인플레이션이 나타나면 부양책의 강도를 축소하고 금리를 올릴 가능성도 있습니다. 그러면 전반적으로 주가가 조정을 받겠지만 과도하게 돈이 몰려있는 혁신 기업의 주가는 일시적으로 더 큰 폭의 조정을 받을 수 있다는 점에 유의해야 합니다.

이 때문에 아무리 성장주가 희소한 자원이라도 지금처럼 주가가

고평가되어있는 상황에서는 성장주와 가치주를 함께 담아두는 것이 투자의 안정성 측면에서 유리합니다. 2021년 투자의 귀재로 불리는 워런 버핏이 보수적인 투자 관점을 유지하면서도 가치주의 대명사인 버라이즌(Verizon; 우리나라의 SK텔레콤과 유사한 통신 기업)의 비중을 확대한 것도 그런 맥락에서 해석할 수 있을 겁니다.

마지막으로 성장주 투자에서 주의할 점은 성장 사이클에 따라 큰 폭의 등락을 보이며 심한 변동성을 보이기 때문에 언제 주식을 담느냐가 매우 중요하다는 점입니다. 제아무리 테슬라처럼 최고의 혁신 기업이라고 하더라도 모두의 관심이 집중된 시기에 투자를 시작했다가는 한동안 원금조차 회복하지 못할 수도 있습니다. 이에 대해서는 다음 절에서 더 자세히 설명해보겠습니다.

혁신 기업 주식에 올라타는 방법

혁신 기업이 아무리 희소한 자원이고 과거의 주가 상승률이 높았다고 해도 무턱대고 아무 때나 투자를 시작하는 것이 얼마나 위험한지 보여주는 대표적인 사례가 바로 닷컴버블 붕괴입니다. 닷컴버블 붕괴 당시 나스닥 종합지수가 78% 하락해 5분의 1 토막이 된 것은 물론, 당시 혁신의 대명사였던 기업 중에는 이미 흔적도 없이 사라지거나 간신히 명맥만 유지하고 있는 기업이 적지 않죠.

닷컴버블이 붕괴된 결과는 정말 참담했습니다. 하락폭도 문제지만 나스닥 지수가 다시 전고점을 돌파하는 데 무려 15년이나 걸렸습니다. 지수 투자자들의 경우는 그나마 15년 동안 참고 견뎠다면 적어도 원금은 건질 수 있었겠죠. 하지만 닷컴버블 당시에는 혁신의 상징이었던 수많은 기업이 파산하거나 헐값에 인수 합병되면서 개별 기업에 투자한 사람 중에는 원금을 모두 잃어버린 경우도 적지

않았습니다.

이처럼 제아무리 희소성이 있는 혁신 기업이라고 하더라도 단기간에 과도하게 돈이 몰리면 기업의 성장 가능성 이상으로 주가가 과도하게 치솟아 오를 수 있는데요. 문제는 그때쯤 되어야 언론이나 SNS, 유튜브를 통해 대중의 관심을 받게 된다는 점입니다. 사람의 심리라는 것이 아주 묘해서 가격이 치솟아 오른 것을 본 뒤에야 투자하려는 마음이 생기기 때문에 초보 투자자들이 꼭지에 물리는 일이 반복되곤 하죠.

최근에 대표적인 사례가 우리나라의 삼성전자나 미국의 테슬라라고 할 수 있는데요. 2021년 상반기에 개인 투자자들은 삼성전자의 우선주를 합쳐 무려 28조 원가량의 주식을 사들였지만, 주가는 2021년 1월 장 중 최고치인 9만 6,800원을 기록한 이후 코스피 지수조차 따라잡지 못하고 있습니다. 사실 2021년 연초만 해도 반도체 슈퍼사이클이 올 거라면서 대부분의 전문가들이 삼성전자를 추천했는데 정작 모두가 삼성전자에 투자를 했던 그 때가 단기적으로 고점이 된 셈입니다.

테슬라도 마찬가지입니다. 2020년 3월 이후 테슬라 주가가 하늘 높은 줄 모르고 치솟아 오르자 2021년 우리나라에서도 테슬라 투자 열풍이 불었습니다. 우리나라 주식 투자자들이 사들인 테슬라 주식이 10조 원이 넘는다는 얘기도 있을 정도죠. 하지만 테슬라 주가는 2021년 1월 장중 한때 900달러를 돌파한 이후 두 달 만에 500달러대까지 떨어졌다가 8월까지 700달러 초반을 벗어나지 못했습니다.

이 때문에 아무리 모든 이들의 주목을 받는 혁신 기업이라 할지라도 투자를 시작할 시기는 신중하게 선택하는 것이 중요합니다. 그

기다려 나도 탈거야 ……!!!

테슬라

리고 앞으로 주가가 오를 좋은 종목을 남보다 먼저 찾아내 시장 수익률을 초과하는 수익을 올리려면 철저한 사전 연구가 필요합니다. 특히 혁신 기업 주가는 대중의 관심도에 따라 일정한 사이클을 따라 움직이는 경우가 많기 때문에 더더욱 많은 공부가 필요합니다.

그래서 혁신 기술에 대한 대중의 관심과 이에 따른 성장 경로를 알려주는 지표를 참고할 필요가 있는데요. 그중 하나가 바로 미국의 컨설팅 업체 가트너(Gartner) 사의 '하이프 사이클(hype cycle)'입니다.[1] 하이프 사이클은 하나의 기술이 시장에 진입하고 몰락하는 과정에서 대중의 관심이 어떻게 변하는지를 보여주는 지표로, 주가도 이와 밀접하게 변화하기 때문에 중요한 참고 자료가 될 수 있습니다.

📊 하이프 사이클의 5단계

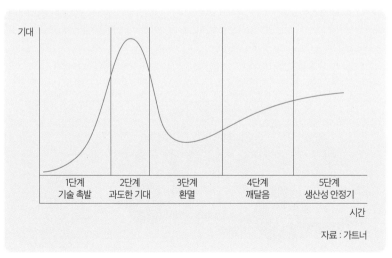

4장 — 불확실성의 시대, 올라탈 거인의 어깨를 찾아라

하이프 사이클은 옆 페이지의 그래프처럼 모두 5단계로 나눠집니다. 첫 번째 단계는 기술이 촉발되는 시기입니다. 이때는 선두주자가 새로운 기술을 도입하면서 처음으로 언론이 관심을 보이게 되고, 대중들도 서서히 해당 기술을 인식하기 시작합니다. 이 단계에서는 아직 상용화된 제품이 없거나 있더라도 얼리 어답터(early adopter; 제품이 출시될 때 가장 먼저 구입해 제품의 정보를 알려주는 성향을 지닌 소비자)들이 시험적으로 제품을 사는 단계입니다.

사실 이 시기에 투자하면 엄청난 수익률을 기대할 수 있지만, 기술이 촉발되는 단계에 좋은 기업을 찾아내는 것은 엔젤 투자자(angel investor; 새로운 아이디어를 가진 벤처 기업의 성장에 밑거름이 되는 자금을 제공하는 투자자) 같은 전문가의 영역입니다. 그런 엔젤 투자자들도 10곳에 투자해서 9곳에서 실패하더라도 1곳만 투자에 성공하면 된다고 할 정도로 고수익 고위험 투자라고 할 수 있습니다.

이 단계에서 투자하는 것은 적어도 자신이 그 기술 혁신에 대해 아주 잘 알고 미래를 확신할 때 투자하는 편이 좋습니다. 이때 그 산업에 대한 이해도 없이 섣불리 투자했다가는 자칫 원금조차 찾을 수 없는 경우도 많기 때문입니다. 또는 전문적인 엔젤 투자사에 돈을 맡기는 방식으로도 투자할 수 있는데요. 높은 수익률을 기대할 수 있는 만큼 큰 위험을 감수해야 한다는 점을 명심해야 합니다.

두 번째는 과도한 기대 단계입니다. 언론이나 유튜브, 소셜 미디어가 일부 성공 사례를 연일 소개하기 때문에 대중이 큰 관심을 갖는 단계이기도 하죠. 기술 초기 단계라 여전히 부족한 부분이 많고 실패할 가능성도 남아있지만, 성공 스토리만 과도하게 강조되면서 기술에 대한 장밋빛 환상이 절정에 이르는 단계입니다. 이 단계에서 대중은 실패의 가능성 따위는 전혀 염려하지 않기 때문에 대중의 대규모 투자가 이뤄집니다.

하지만 안타깝게도 모든 대중이 관심을 가졌던 바로 그 타이밍이 대체로 과도한 기대의 절정을 기록하는 경우가 대부분입니다. 관심을 가질 만한 사람이 이미 모두 투자를 한 상태에 이르면 주가는 단기 정점을 찍고 내려가는 경우가 많습니다. 특히 정점에 다다를수록 많은 사람이 더 큰 기대를 한 채 투자에 뛰어들기 때문에 가장 유망하다고 생각했던 종목일수록 투자자의 기대를 배신할 가능성이 큽니다.

이렇게 뒤늦게 뛰어든 투자자들의 부푼 희망과 달리 과도한 기대 뒤에는 세 번째 단계인 환멸의 단계가 찾아온 경우가 적지 않았습니

다. 매스컴이나 유튜브가 내놓는 환상적인 기대에 비해 초기 단계에 출시되는 제품은 마감 품질이 떨어지거나 사용자 인터페이스가 불편한 경우가 제법 많습니다. 초기 제품에 대한 실망이 커지면 기술에 대한 과도한 기대는 이내 환멸로 바뀌게 되고, 이 기간을 버티지 못한 기업은 시장에서 퇴출되는 경우도 많습니다.

사실 닷컴버블 붕괴 직전까지만 해도 인터넷 분야의 대표 기업이라면 누구나 AOL(America Online, Inc.)과 야후(Yahoo)를 꼽았고, 이들 기업의 위세가 지속될 것으로 생각했습니다. 구글(Google) 같은 새로운 기업이 등장해 새로운 시장의 지배자가 될 것이라고는 누구도 생각하지 못했죠. 하지만 보기 좋게 역전이 일어나 AOL과 야후는 사실상 시장의 대부분을 구글에 내주고 말았습니다.

이처럼 환멸 단계에 들어가면 과도한 기대 단계를 주도했던 기업들의 위기가 시작되는데요. 아마존(Amazon)처럼 이런 위기를 넘기고 계속해서 주도 기업으로 남는 사례도 있지만, AOL이나 야후처럼 새로운 혁신 기업에게 시장을 빼앗기고 역사의 뒤안길로 밀리는 경우도 많습니다. 이처럼 하나의 혁신 기술이 환멸 단계에 들어가게 되면 제아무리 업계 1등 기업이라도 한순간에 밀려 역전을 당하는 경우가 많기 때문에 투자에 가장 유의해야 하는 구간이기도 합니다.

우리는 흔히 최초의 혁신 기업이 시장을 계속 지배할 것이라는 막연한 기대를 하게 되는데요. 실제로는 최초가 반드시 최고를 담보하지 않습니다. 게임기 산업만 해도 1972년 등장한 아타리(Atari)가 새로운 시장을 열었다고 평가받았지만, 결국 시장을 장악한 것은 나중에 등장한 닌텐도와 소니였듯이 혁신 산업에서는 수많은 역전의 사건들이 벌어집니다. 특히 환멸 단계에서 역전이 일어나는 경우가 많기에 반대로 환멸 단계는 놀라운 투자의 기회가 되기도 합니다.

네 번째는 깨달음의 단계입니다. 환멸 단계에서 살아남은 기존의 혁신 기업이나 새로 등장한 뛰어난 후발 주자가 사용자 인터페이스를 개선하거나 마감 품질을 높인 2, 3세대 제품들을 대거 출시하면서 본격적인 대중화가 시작됩니다. 특히 생산이나 서비스 경험을 축적한 기업들이 점점 더 시장의 니즈(needs)에 맞는 제품들을 만들게 되는데요. 이를 통해 기업은 안정적인 성장기에 진입하게 됩니다.

투자의 관점에서 보면 깨달음의 단계는 시장의 승자가 어느 정도 굳어진 상황이기 때문에 투자 대상을 선정하기 쉽고 투자 리스크도 그만큼 낮지만 대신 기술 촉발 단계에서 성공할 기업을 일찌감치 찾아내거나 환멸 단계에서 역전에 나선 기업을 선별해 투자하는 것만큼 높은 주가 상승을 기대하기는 어렵습니다. 하지만 돈을 잃지 말라는 투자 원칙을 가장 중요시한다면 적절한 투자 시기가 될 수도 있습니다. 워런 버핏이 애플에 투자를 시작한 시점이 그 대표적인 사례라고 할 수 있습니다.

이런 과정을 거쳐 시장이 성숙해지면 생산성 안정기라는 마지막 단계로 접어들게 됩니다. 혁신적인 기술이 새로운 시장의 주류로 확실하게 자리를 잡으면서 시장 지배력을 점점 더 키워나가게 됩니다. 이 시기까지 살아남은 기업은 느리지만 안정적으로 시장을 확대해 나가게 됩니다. 그래서 상대적으로 혁신 초기보다 주가 상승 속도가 더뎌지는 대신 이를 대체할 또 다른 혁신이 등장하기 전까지 변동성은 줄어들게 됩니다.

이처럼 혁신 기술의 사이클을 정확히 이해하고 그 현주소를 파악할 수 있다면 자신의 투자성향에 걸맞는 최적의 투자 타이밍을 찾을 수 있을 겁니다. 이를 위해서는 강조했다시피 내가 투자하려는 업종이나 기술이 과연 어느 단계까지 와 있는지 정확히 파악하는 것이 중요합니다. 물론 그 과정이 쉽지는 않습니다만, 그래도 다행인 점은 해마다 가트너 사가 각종 혁신 산업이 하이프 사이클 상의 어느 단계에 있는지 발표하고 있다는 겁니다.

예를 들어 2020년 발표한 하이프 사이클을 보면 최신 기술이라고 할 수 있는 인공지능 디자인(AI-assisted design)이나 인간의 두뇌와 기계를 연결하는 기술(brain machine interface)은 초기 단계인 1단계 기술 촉발 단계에 와 있고, 얼마 전까지 엄청난 스포트라이트를 받았던 3D 프린팅 기술(3D printing in manufacturing operations)은 이미 3단계인 환멸 단계에 빠져든 기술로 분류해 놓았습니다.

다만 이는 어디까지나 가트너사라는 하나의 컨설팅 회사가 만든 분류표일 뿐이기 때문에 이것만 믿고 투자를 결정해서는 안 됩니다. 또한 하이프 사이클은 사람들의 관심과 기대가 얼마나 큰지를 나타낸 것이기 때문에 기술의 발전 단계를 의미하는 것은 아니라는 점도 유의해야 합니다. 그래도 주가는 나만이 아니라 남들이 모두 좋게 봐야 오른다는 점에서 대중의 관심과 기대를 나타내는 하이프 사이클은 주가의 미래를 엿볼 수 있는 소중한 정보가 될 수 있습니다.

이처럼 대중의 관심과 기대의 단계를 구체적으로 분류해보면 미처 생각하지 못했던 새로운 투자처를 발견하는 기회가 될 수 있습니다. 또 이미 투자를 검토하고 있는 섹터의 투자 성공 여부를 검증하는 도구로도 활용할 수 있을 겁니다.

이 과정에서 주의해야 할 점은 대중의 관심이 가장 커진 2단계인 과도한 기대 단계에 투자하는 것을 정말 조심해야 한다는 겁니다. 삼성전자나 테슬라처럼 아무리 좋은 기업이라도 남들이 다 좋다고 할 때 뒤늦게 투자를 시작하면 그때가 고점이 될 수밖에 없고, 주가가 회복되는 데 상당히 오랜 시간이 걸릴지도 모릅니다. 이 때문에 주변 사람들이 돈을 벌었다는 말을 듣고 충동적으로 투자하거나 모든 유튜브가 추천한다고 투자를 시작하는 것은 지양할 필요가 있습니다.

혁신을 이끌 종목을 미리 알아보고 한발 앞서 투자하면 좋겠지만, 이 같은 종목 투자에 성공하려면 남들을 따라 투자하는 것이 아닌 한발 앞선 깊은 연구와 통찰력이 필요합니다. 자신이 몸담는 산업이 아니라면 일반 직장인들이나 자영업자들이 이런 첨단 산업의 미래를 내다볼 수 있을 만큼 공부한다는 것이 좀처럼 쉬운 일은 아닙니다.

그러므로 만일 새로운 기술 혁신의 미래나 혁신 기업의 재무 상황까지 철저히 연구할 수 있는 전업 투자자가 아니라면 특정 종목에 투자하는 것보다 ETF에 투자하는 것도 한 방법이 될 수 있습니다. 특히 미국의 혁신 기술주에 투자하려면 나스닥100 지수를 추종하는 ETF인 QQQ(Invesco QQQ Trust Series 1)나 이보다 운용 수수료가 싼 QQQM(Invesco NASDAQ 100 ETF)도 좋은 대안입니다.

다만 전 세계인들이 미국 기술주에 투자하고 있어 이미 상당 수준 고평가되어 있는 것도 사실입니다. 이 때문에 같은 미국 증시 투자라도 다양한 섹터를 포함하고 있는 S&P500 지수를 추종하는 ETF인 SPY, IVV, VOO 중 하나를 골라 분산투자를 하는 것도 한 방법입니다. 또 미국에만 집중 투자하는 게 부담스럽다면 중국 기술주 ETF 중에 미국에 상장된 CQQQ나 한국에 상장된 차이나항셍테크ETF 중에 하나를 골라 일부 분산투자를 할 수도 있습니다. 다만 5장에서 소개하는 중국 투자의 위험성도 충분히 고려해야 합니다.

한국 증시에서 혁신 기술주에 투자할 때 아쉬운 점은 미국의 QQQ처럼 자산 규모가 크고 전체 성장주를 아우르는 대표적인

ETF가 없다는 점인데요. 대신 BBIG(Bio, Battery, Internet, Game)나 반도체 등 특정 분야 지수를 추종하는 ETF가 계속 쏟아져 나오고 있기 때문에 이를 잘 살펴보면 자신의 투자 원칙에 맞는 ETF를 찾아낼 수 있습니다. 더구나 우리 증시에 투자하는 ETF는 해외 투자와 달리 양도세가 없기 때문에 세금 측면에서 유리합니다.

또 우리나라에서 4차 산업 밸류 체인에 속한 기업들이 약진하면서 한국 증시 자체가 미국의 나스닥처럼 성장주 중심으로 바뀌고 있기 때문에 한국 증시를 대표하는 200개 종목의 지수인 코스피200을 추종하는 지수 KODEX200이나 TIGER200 같은 ETF에 투자해도 사실상 한국 기술주에 투자하는 것과 유사한 효과를 낼 수 있습니다. 다만 우리 증시에서 삼성의 시가총액이 워낙 커서 분산 효과는 다소 떨어집니다.

잠시 정리하자면, 미국 증시는 지난 90년 동안 꾸준히 상승해 온데다 지금도 미국의 성장 기업들이 세계 기술 혁신을 선도하고 있어 미국 증시를 추종하는 ETF는 장기 투자에 유리합니다. 이에 비해 우리나라 주가 지수는 급상승 이후 박스권에 빠지는 경우가 많았기 때문에 지수 ETF에 투자한다면 무작정 장기 투자를 하는 것보다 경제 위기가 왔을 때 저가 매수를 하고 2~3년 정도 보유하는 중기 투자가 더 나을 수도 있습니다.

물론 우리나라 주요 산업이 4차 산업의 밸류 체인에서 핵심 역할을 하고 있기 때문에 앞으로는 미국 증시처럼 주가 지수가 지속적인 상승을 하는 방향으로 경제 체질이 바뀔 수 있다는 기대도 분명 커

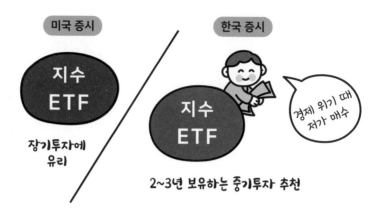

지고 있습니다. 하지만 이를 위해서는 세계 경제의 블록화와 미·중 패권 전쟁, 미국의 리쇼어링 정책, 세계 최악의 인구 감소 등 수많은 장애 요소를 넘어서야 가능한 일인 만큼 과도한 기대를 가지는 것은 위험합니다.

최근 ETF 투자가 워낙 인기를 끌면서 시장 지수를 추종하는 패시브 ETF에 투자할 것이냐, 아니면 펀드 매니저의 판단에 따라 시장 지수를 넘어서는 초과 수익을 노리고 적극적으로 주식을 사고파는 액티브 ETF에 투자할 것이냐도 관심의 대상이 되고 있는데요. 언뜻 들으면 초과 수익을 노리는 액티브 ETF가 좋아 보이지만 장기적으로는 그렇지 않은 경우가 많았다는 점에 주의해야 합니다.

액티브 ETF의 대표적인 사례는 2021년 1분기까지 높은 수익률을 거두었던 미국 아크 인베스트먼트(Ark Investment)사의 ARKK, ARKW, ARKG 같은 ETF들인데요. 펀드 매니저가 혁신 기업을 골라 투자하는 방식으로 2021년 1분기까지 나스닥 지수를 상회하는 높은 수익률을 올렸습니다. 그 결과 아크 인베스트먼트의 대표인 캐시 우드 (Cathie Wood)는 세계적인 스타로 떠올랐습니다.

하지만 2분기 이후에는 큰 폭의 하락세를 겪기도 했는데요. 이 같은 액티브 ETF의 변동성은 구조적인 문제이기 때문에 피하기가 쉽지 않습니다. 공격적인 투자로 높은 수익률을 노리는 헤지펀드의 경우 자금이 너무 많이 들어와 관리하기 어려울 때는 추가 자금의 납입을 중단시키는 등 자율적인 펀드 운용이 가능합니다. 그러나 액티브 ETF의 경우에는 자금이 계속 들어와도 증시에 상장된 ETF의 특성상 이를 중단시킬 방법이 없습니다.

게다가 액티브 ETF는 시장 수익률을 초과하는 수익을 내기 위해 특정 기업을 집중 매수하는 경향이 있습니다. 그래서 특정 액티브 ETF의 인기가 올라가면 자금이 쏟아져 들어오게 되고 특정 종목의 주식을 더 많이 매집해 주가가 더 크게 오르게 됩니다. 덕분에 그 ETF의 성과가 좋은 것처럼 보이지만 반대로 어떤 이유로든 자금이 빠져나가기 시작하면 대량 매집했던 주식을 팔아야 하므로 특정 종목의 주가가 과도하게 하락하게 되고 ETF 실적도 악화됩니다.

이 때문에 액티브 ETF는 특정 분야가 인기를 끌 때 단기나 중기로 투자를 하기에는 좋은 수단이 될 수 있지만, 10년 이상 장기 투자를 할 때는 결국 주가 지수를 추종하는 ETF와 비슷하거나 오히려 더 못한 성과를 내는 경우도 많습니다. 게다가 적극적으로 편입 종목을 바꾸는 액티브 ETF는 펀드 매니저가 지속적으로 관리해야 하

기 때문에 그만큼 수수료가 비싸져서 장기 투자에는 더욱 불리할 수
밖에 없습니다.

③

시장을 지배하는 기업의 법칙 1: 스스로 생태계를 만들어가는 기업

투자를 시작할 때 업계에서 1등인 기업에 투자하라는 얘기를 많이 듣습니다. 물론 초보 투자자에게 1등 기업 중심의 투자 전략은 그리 나쁜 전략은 아닙니다. 하지만 1등 기업이라고 해도 삼성전자처럼 시가총액에서 차지하는 비중이 워낙 커지면 1등 기업의 주가가 지수를 좌우하기 때문에 시장 지수를 뛰어넘는 놀라운 수익률을 기대하기는 어렵습니다.

더구나 어떤 특정 분야에서 1등을 하는 기업이라도 전체 주가 지수보다는 변동성이 더 클 수밖에 없습니다. 국가 경제나 증시 전체에 영향을 줄 정도의 거대한 시장 리스크보다 특정 산업이나 기업에 영향을 주는 작은 리스크가 더 자주 발생하고 이런 리스크가 발생할 때마다 개별 주식의 주가가 출렁이는 경우가 많기 때문입니다.

더구나 현재 1등 기업이라고 해서 무조건 장기 투자가 유리하리라 생각해서는 안 됩니다. 그동안 우리나라 증시의 역사를 보면 1등 기업이 뒤바뀌는 경우는 아주 흔히 일어났기 때문입니다. 아래 표는 1990년 이후 10년마다 우리나라 시가총액 상위 종목이 어떻게 변해왔는지를 보여주고 있는데요. 놀랍게도 1990년 상위 10대 종목에 들었던 기업 가운데 2020년 10대 종목에 들어있는 기업이 단 하나도 없다는 것을 확인할 수 있습니다. 30년 동안을 10대 기업으로 버틴다는 것이 얼마나 어려운지를 보여주는 셈이죠.

특히 1990년 시가총액 1위였던 한국전력이 눈에 띕니다. 당시 한국전력의 주가는 15,000원 정도였는데요. 당시만 해도 많은 사람이 청약에 참여해 국민주라고 불릴 정도로 인기가 높았던 주식입니다. 그러나 2021년 7월 주가는 24,000원 정도에 불과합니다. 만일 31년

📊 **코스피 연도별 시총 상위기업(한국거래소 자료)**

시총순위	1990년	2000년	2010년	2020년
1	한국전력	삼성전자	삼성전자	삼성전자
2	POSCO	SK텔레콤	POSCO	SK하이닉스
3	한일은행	KT	현대자동차	삼성바이오로직스
4	제일은행	한국전력	현대중공업	네이버
5	조흥은행	POSCO	현대모비스	셀트리온
6	상업은행	국민은행	LG화학	LG화학
7	서울신탁은행	KT&G	신한지주	삼성SDI
8	신한은행	외환은행	KB금융	카카오
9	삼성전자	기아차	삼성생명	삼성물산
10	대우	주택은행	기아자동차	LG생활건강

을 투자했다면 수익률은 53% 정도에 불과했습니다. 배당금을 감안하더라도 그동안 높았던 금리를 고려하면 은행에 예금했던 것보다도 형편없는 성과를 낸 셈입니다.

그럼 다른 기업을 알아볼까요? 2010년까지 개인 투자자들에게 가장 인기를 끌었던 종목 중 하나가 당시 시가총액 2위를 기록했던 포스코였습니다. 2007년만 해도 주가가 70만 원을 넘었고, 2010년 1월까지도 60만 원대를 기록했습니다. 그러나 2021년 7월에는 33만 원 정도로 하락해 한때 우리나라를 대표하던 국민주가 14년 동안 주가가 오르기는커녕 반 토막이 났습니다.

반대로 2020년에 시총 상위 10대 기업에 오른 기업을 보면 삼성전자와 LG화학을 제외한 나머지 8개 종목은 이전에 한 번도 이름이 오른 적이 없는 새로운 종목들인 것을 확인할 수 있는데요. 20년 넘게 시가총액 1위를 차지하고 있는 삼성전자가 새삼 대단해 보입니다. 그렇다고 과거 삼성전자의 눈부신 성장만 보면서 미래에도 그럴 것이라고 예단하는 것은 위험합니다. 주식 시장에서는 기업 간에 끝없는 역전과 재역전이 계속되고 있기 때문입니다.

세계 시장에서 혁신 기업들의 주가는 훨씬 더 역동적입니다. 특히 1980년대와 90년대에 세계 IT 기업 중에서 시가총액 1위를 차지했던 IBM의 몰락이 눈에 띕니다. 영원한 강자일 것 같았던 IBM의 시가총액은 2000년부터 차츰 내려가기 시작하더니 2021년 5월에는 시가총액 117위로 추락했습니다. 다른 빅테크 기업들이 무섭게 치솟아 오르던 2010년대에 IBM의 주가는 역주행했는데요. 2013년 210달러를 넘었던 주가는 2021년 5월 144달러로 하락했습니다.

또 눈에 띄는 종목은 노키아입니다. 인구 550만 명 밖에 안 되는 핀란드의 기업이 2000년에는 세계 시장에서 시가총액 3위를 기록하는 기염을 토한 바 있습니다. 당시에는 글로벌 휴대전화 시장의 절대 강자였기 때문에 엄청난 인기를 끌었던 주식이었습니다. 그러나 2010년에는 세계 시가총액이 21위로 추락하더니 2013년에는 핵심 사업이었던 휴대 전화 사업 부문을 마이크로소프트에 팔아야 할 정도로 순식간에 몰락했습니다. 그나마 통신장비나 특허 사용권 판매 등으로 겨우 명맥을 이어나가고 있지만 이제 세계 시장에서의 시가총액 순위는 600위권 아래로 추락했습니다.

그 대신 2000년까지는 30권에 들지 못했을 뿐만 아니라 망해가는 회사로 취급받았던 애플이 2010년부터 시가총액 1위에 등극하더니 2020년 이후에도 계속해서 시총 1위를 차지하고 있습니다. 이처럼 만일 개별 주식 투자를 하려면 무조건 현재 업계에서 1등을 하고 있는 기업만 쫓을 것이 아니라 애플처럼 대역전에 성공할 기업을 찾아내야 합니다. 그렇다면 역전에 성공할 혁신 기업을 어떻게 찾아낼 수 있을까요?

2000년만 해도 30위권에서 탈락해 몰락의 길을 걷던 애플을 다시 일으켜 세운 핵심 제품은 누구나 알다시피 스마트폰 혁명을 불러온 아이폰(iPhone)입니다. 그렇다면 현대인들의 삶을 송두리째 바꾼 발명품인 스마트폰을 맨 처음 만든 기업은 어디일까요? 아마 애플의 아이폰을 떠올리시는 분도 계실 테고, 그 이전에 등장했던 노키아나

📊 IT 산업 시가총액 세계 30대 업체 순위(1980~2010년)

	1980년		1990년	
	기업	국가	기업	국가
1	IBM	미국	IBM	미국
2	코닥	미국	히타치	일본
3	휴렛 패커드	미국	파나소닉	일본
4	파나소닉	일본	루슨트 테크놀로지스	미국
5	소니	일본	NEC	일본
6	산요	일본	소니	일본
7	텍사스 인스트루먼트	미국	코닥	미국
8	모토로라	미국	후지쯔	일본
9	에머슨	미국	샤프	일본
10	유니시스	미국	산요	일본
11	쿠퍼	미국	마이크로소프트	미국
12	인텔	미국	에머슨	미국
13	애플	미국	교세라	일본
14	해리스	미국	휴렛 패커드	미국
15	교세라	일본	인텔	미국
16	필립스	네덜란드	모토로라	미국
17	코닝	미국	에릭슨	스웨덴
18	내셔널 세미컨덕터	미국	파이오니아	일본
19	애브넷	미국	애플	미국
20	자링크	미국	쿠퍼	미국
21	AMD	미국	삼성	대한민국
22	몰렉스	미국	코닝	미국
23	토마스 앤 베츠	미국	후지 전기	일본
24	다이볼드	미국	TDK	일본
25	애널로그 디바이시스	미국	무라타	일본
26	테라다인	미국	필립스	네덜란드
27	CSC	미국	오므론	일본
28	사이텍스	이스라엘	후루카와 전기	일본
29	어플라이드 머티어리얼즈	미국	오키 전기공업	일본
30	텔렙스	미국	도쿄 일렉트론	일본

4장 — 불확실성의 시대, 올라탈 거인의 어깨를 찾아라

	2000년		2021년	
	기업	국가	기업	국가
1	시스코 시스템즈	미국	애플	미국
2	마이크로소프트	미국	마이크로소프트	미국
3	노키아	핀란드	알파벳(구글)	미국
4	인텔	미국	사우디 아람코	사우디아라비아
5	오라클	미국	아마존	미국
6	IBM	미국	페이스북	미국
7	EMC	미국	테슬라	미국
8	에릭슨	스웨덴	버크셔 해서웨이	미국
9	텍사스 인스트루먼트	미국	TSMC	미국
10	루슨트 테크놀로지스	미국	텐센트	중국
11	소니	일본	엔비디아	미국
12	퀄컴	미국	VISA	미국
13	휴렛 패커드	미국	JP 모건 체이스	미국
14	파나소닉	일본	존슨 앤 존슨	미국
15	코닝	미국	알리바바	중국
16	필립스	네덜란드	삼성	대한민국
17	델	미국	월마트	미국
18	모토로라	미국	유나이티드헬스	미국
19	JDSU	미국	LVMH	프랑스
20	주니퍼	미국	뱅크 오브 아메리카	미국
21	TSMC	대만	마스터 카드	미국
22	ST 마이크로 일렉트로닉스	스위스	네슬레	스위스
23	에머슨	미국	로슈	스위스
24	어플라이드 머티어리얼즈	미국	프록터 앤드 갬블	미국
25	NEC	일본	홈디포	미국
26	SAP	독일	ASML 홀딩	네덜란드
27	후지쯔	일본	페이팔	미국
28	히타치	일본	월트 디즈니	미국
29	무라타	일본	구이저우 마오타이	중국
30	애질런트 테크놀로지스	미국	어도비	미국

* 시가총액은 각 연도 12월 31일 기준으로 달러화로 환산
* 2021년의 경우 2021년 8월 26일 기준으로 달러화로 환산
자료 : S&P Capital IQ, Thomason Reuters 자료를 이용해 재구성

블랙베리의 스마트폰을 생각하시는 분도 계실 겁니다.

그러나 세계 최초로 스마트폰을 만든 회사는 1990년대까지 IT 산업을 이끌던 대표 기업이자 오랜 기간 전 세계 시가총액 1위를 차지하던 IBM이었습니다. 애플의 아이폰이 등장하기 무려 15년 전인 1992년 IBM은 세계 최초의 스마트폰 '사이먼(Simon)'을 899달러

세계 최초의 스마트폰 '사이먼(Simon)'

(약 106만 원)에 내놓았습니다. 당대 최고의 IT 기업답게 스마트폰도 가장 먼저 만들었던 겁니다.

지금 시각으로 보면 그렇게 멋진 디자인은 아니지만 의외로 기능은 상당했습니다. 최근 나온 스마트폰처럼 터치스크린이 있어서 화면을 터치해 전화를 걸고 문자를 입력하는 것은 물론, 지금 삼성전자의 S펜처럼 스타일러스(stylus)라고 불리는 전자펜까지 갖추고 있었습니다. 또 자체 응용 프로그램(application)으로 이메일을 확인할 수 있었고, 확장 슬롯으로 추가적인 소프트웨어를 설치할 수도 있었습니다.

사이먼은 분명 시대를 앞서간 세계 최초의 스마트폰이었지만, 결과는 참담한 실패로 끝났습니다. 출시한 지 6개월 동안 판매량은 고작 5만 대에 그쳤고, 결국 반액 할인을 해도 안 팔릴 정도로 심각한 판매 부진을 겪다가 끝내 단종되고 말았습니다. 지금 시각에서 보면

분명히 혁신적인 제품인데 왜 이런 참담한 실패를 한 것일까요?

1992년만 해도 소비자들이 스마트폰에 대한 인식 자체가 없다보니 그런 첨단 기능을 어디에 사용해야 할지 그 필요성을 느끼지 못했습니다. 게다가 기존 휴대전화에 없던 첨단 기능을 추가하는 데만 집착하는 바람에, 소비자들이 스마트폰 사용법을 따로 공부해야 할 정도로 사용자 인터페이스가 불편하고 마감 품질도 떨어졌습니다.

결국 최초의 스마트폰을 만드는 데는 성공했지만, 새로운 생태계를 창출하기에는 역부족이었습니다. 당시 굴지의 기업이었던 IBM에게 스마트폰 실패에 따른 금전적 손실은 매우 미미한 수준이었지만 참담한 실패의 경험은 IBM 경영진에게 스마트폰이 시장성 없는 제품이라는 잘못된 인식을 심어주었습니다. 그 결과 세계 최초로 스

마트폰을 개발했던 경험이 오히려 스마트폰 시장에서 뒤처지는 결정적 요인이 되고 말았습니다.

하지만 IBM이 실패한 이후에도 여러 기업들의 스마트폰에 대한 도전은 계속되었습니다. 특히 블랙베리와 함께 노키아가 스마트폰 시장의 새로운 개척자로 떠올랐습니다. 흔히 노키아가 스마트폰의 가능성을 몰라보고 뒤늦게 대응하는 바람에 무너졌다고 알고 있는 분들이 많은데요. 이는 완전한 오해입니다. 노키아가 실패한 원인은 스마트폰에서 뒤처졌다기보다 오히려 너무 빨리 진출했다가 고정관념에 사로잡혀 새로운 변화의 바람을 놓쳤기 때문입니다.

노키아는 IBM의 스마트폰인 사이먼이 시장에서 퇴출된 바로 이듬해인 1996년, 노키아 최초의 스마트폰인 노키아 9000 커뮤니케이터(Nokia 9000 Communicator)를 내놓았습니다. 일부지만 퍼스널컴퓨터(PC) 프로그램을 사용할 수 있었고 인터넷 접속 기능까지 갖고 있었습니다. 나오자마자 실패했던 IBM의 사이먼과 달리 노키아의 스마트폰 판매량은 해마다 꾸준히 늘어 2006년에는 3,900만 대를 기록하며 압도적인 점유율을 차지했습니다.

애플이 아이폰을 출시한 2007년에는 이미 노키아가 스마트폰 시장을 장악한 상태였습니다. 이 때문에 애플이 지금처럼 노키아를 완전히 밀

Nokia 9000 Communicator

4장 – 불확실성의 시대, 올라탈 거인의 어깨를 찾아라

어내고 스마트폰 시장의 새로운 지배자가 될 것이라고 예상했던 사람은 많지 않았습니다. 하지만 애플은 아이튠즈를 통해 방대한 음악 콘텐츠를 손쉽게 접근할 수 있게 했고, 앱 스토어를 통해 개발자와 소비자가 다양한 애플리케이션을 거래할 수 있는 새로운 생태계까지 만들어 스마트폰 시장을 공략했습니다.

이런 상황에서 스마트폰이 만들어갈 새로운 생태계의 무한한 가능성을 간파한 구글이 이듬해인 2008년 안드로이드 운영체제를 발표하고 앱 스토어를 본뜬 플레이스토어를 만들어 애플에 대항하는 새로운 생태계를 만들었습니다. 그러나 이미 수천만 대의 스마트폰을 팔고 있었던 노키아는 자신만의 새로운 애플리케이션 생태계를 만들거나 안드로이드 진영에 합류하는 것을 거부하고 기존의 구시대적인 스마트폰 운영체제인 심비안(Symbian)에 집착했습니다.

차라리 심비안이라는 독자적인 운영체제가 없었다면, 당시 노키아의 강력한 시장 지배력을 바탕으로 더 효율적인 생태계를 조성할 새로운 운영체제를 만들거나 일찍부터 안드로이드 진영에 뛰어들어 진영 전체를 이끌며 여전히 세계 최고의 휴대전화 회사로 남아 있었을지도 모릅니다. 하지만 오히려 구시대의 운영체제였던 심비안에만 의존하며 시간을 허비한 탓에 결국엔 기업의 핵심이나 다름없던 휴대전화 사업부를 매각하는 최악의 상황까지 내몰리게 되었습니다.

이처럼 스마트폰을 처음 만든 것은 IBM이었고 그 시장을 처음 조성한 것은 노키아였지만, 끝내 그 거대한 시장을 차지한 것은 훨씬 더 늦게 뛰어든 애플이었습니다. 이 시장을 누가 차지했느냐에 따라 앞서 살펴본 시가총액 세계 순위에도 지각 변동이 일어난 겁니다. 그렇다면 스마트폰에 먼저 진출했던 IBM이나 노키아는 왜 스마트폰 시장이 제대로 꽃을 피워보기도 전에 실패하고 만 것일까요?

첫 번째 차이점은 편리한 사용자 인터페이스에 있습니다. 노키아의 스마트폰은 IBM의 사이먼보다는 훨씬 사용하기 쉬웠지만, 그래도 여전히 불편했습니다. 당시 노키아의 스마트폰은 PC의 기능을 작은 스마트폰에 이식하려고 했기 때문에 다양한 기능을 보유한 대신 사용법이 PC만큼이나 까다로웠습니다. 이 때문에 많은 기능이 들어가 있었지만, 그 다양한 기능을 익히고 제대로 활용하려면 많은 시간을 투자해 공부해야만 했습니다.

그러나 아이폰이나 안드로이드 스마트폰은 PC나 노키아와는 다른 직관적인 방식으로 모든 기능을 손쉽게 사용할 수 있었습니다. 컴퓨터를 잘 못 다룬다는 뜻의 '컴맹'이란 신조어는 익히 들어봤지만, '스마트폰맹'이란 단어는 좀처럼 듣기 힘들 정도로 누구나 손쉽게 조작 방법을 익힐 수 있었습니다. 게다가 감각적인 디자인은 금세 사람들의 마음을 사로잡았습니다. 이처럼 시장을 넓히고 대중성을 확보하려면 친화적인 사용자 인터페이스와 마감 품질을 높이는 것이 무엇보다 중요했습니다.

애플의 두 번째 역전 원인은 아이튠즈와 앱 스토어로 확보한 엄청난 동맹군 덕분이었습니다. 애플은 이들 플랫폼을 통해 수많은 음반 제작사와 소프트웨어 개발자들을 아군으로 끌어들였는데요. 자신들이 시장을 장악하기 전까지는 개발자들과 적절히 이익을 나누고 각종 교육과 개발 툴을 지원하는 등 기술적 지원도 아끼지 않았기 때문에 뛰어난 개발자들이 대거 앱 스토어로 몰려들었습니다.

초기에 창의적인 개발자들이 앱 스토어에 참여한 덕분에 다양하고 참신한 애플리케이션이 쏟아져 나왔습니다. 그러자 더 많은 소비자들이 참여해 앱 스토어 시장의 규모가 커지기 시작했습니다. 그 결과 성공을 꿈꾸는 소프트웨어 개발자들이 대거 앱 스토어로 몰려들면서 기존 시장 참여자가 더 많은 참여자를 끌어들이는 네트워크 효과가 일어났고 앱 스토어는 스스로 성장하는 하나의 생태계로 자리 잡아 나갔습니다.

이에 비해 노키아의 운영체제인 심비안은 스마트폰 개발 초기에 만들어진 데다 PC를 흉내 낸 바람에 스마트폰에 걸맞은 응용 프로그램을 개발하기에는 적합하지 않았습니다. 게다가 같은 노키아에서 만든 스마트폰 기종인데도 서로 호환이 제대로 되지 않아 하나의 응용 프로그램을 개발하는 것보다 기기마다 최적화하는 데 더 많은 비용과 인력, 시간이 소요됐기 때문에 개발자들이 외면했고, 성장하는 생태계가 생기기는커녕 점점 더 쪼그라들었습니다.

세 번째로 중요한 역전의 요소는 적절한 타이밍에 있었습니다. 2006년 노키아가 전 세계적으로 3,900만 대의 스마트폰을 팔았지만, 세계 인구 대비 시장 점유율은 여전히 미미한 수준이었습니다. 애플은 노키아가 스마트폰 시장에 대한 지배력을 완전히 구축하기 전에 스마트폰 시장에 뛰어들어 노키아의 시행착오를 정확히 분석하고 그 약점을 파고들었기 때문에 대역전에 성공할 수 있었던 겁니다.

아무리 사용하기 불편하고 다소 성능이 떨어지는 기술이라도 일단 시장 지배력을 갖게 되면 엄청난 기술 차이가 나지 않는 한 처음 익숙해신 제품을 쭉 사용하게 되는 경로의존성이 생기게 됩니다. 일단 그런 경로의존성이 생기면 웬만해서는 후발 주자가 역전하기가 불가능한데요. 애플은 그런 경로의존성이 생기기 전에 시장에 진출해 승기를 잡았기 때문에 대역전이 가능했던 것입니다.

처음 투자를 시작하신 분들은 대체로 삼성전자나 테슬라처럼 1등 기업 투자에 올인하는 경향이 있습니다. 하지만 시장 수익률 정도의 안정적인 수익을 노리는 20~30년 장기 투자를 생각한다면 현재 1등하고 있는 기업에 올인하는 것보다 지수 ETF에도 적절히 분산 투자하는 전략을 권하고 싶습니다. 지금 당장은 부동의 경쟁력을 갖춘 것처럼 보이는 1등 기업이라도 20~30년을 버티는 기업은 흔치 않기 때문입니다.

또 다소 위험 부담을 감수하고 시장 수익률을 초과하는 수익을 누리고 싶다면 노키아와 블랙베리를 몰아내고 대역전을 시작한 2006년의 애플이나, 검색 엔진의 상징과도 같던 야후를 몰아내고 새로운 시장의 지배자로 떠오르기 시작한 2005년의 구글처럼 지금 새로운 역전의 드라마를 쓰고 있는 새로운 혁신 기업을 찾아내야 하는데요. 이를 위해서는 투자하려는 기업의 혁신성을 철저히 연구하고 투자를 시작해야 합니다.

시장을 지배하는 기업의 법칙 2: 고객이 생산자로 유입되는 네트워크 기업

새로운 혁신은 창조적 파괴를 낳는다는 말을 많이 들으셨을 겁니다. 바로 오스트리아학파의 거장 조지프 슘페터(Joseph Alois Schumpeter)가 한 말인데요. 그러나 이는 어디까지나 혁신을 하다 보면 결과적으로 파괴되는 분야가 있다는 뜻이지, 기존의 사업자나 경쟁자들을 파괴하고 적으로 돌려야 새로운 혁신을 할 수 있다는 뜻이 결코 아닙니다.

오히려 기존 사업자나 고객을 동맹으로 끌어안는 것이 사업을 성공시키는 결정적 요인이 되는 경우가 많습니다. 아무리 뛰어난 혁신이라도 시장 참여자들을 모두 적대관계로 돌린다면 성공하기란 쉽지 않기 때문입니다. 투자를 할 때도 굳이 기존 사업자를 모두 적으로 돌리고 그들의 몫까지 모두 빼앗으려는 제로섬(zero-sum)게임을 벌

제로섬 게임	윈윈 게임
(zero - sum)	(win - win)

이는 기업보다 기존 사업자들과 윈윈(win-win)게임을 하려는 기업에 투자하는 게 더 유리합니다.

남들보다 한발 앞선 혁신에 성공했음에도 기존 사업자들을 모두 적으로 돌렸다가 참담한 실패를 한 대표적인 사례가 바로 1999년 디지털 음원 서비스로 혁명을 일으켰던 냅스터(Napster)입니다. 만일 냅스터가 기존의 음반 시장과 완전히 적대 관계가 되지 않았다면 지금 세계인들은 미국의 아이튠즈가 아니라 냅스터로 음악을 듣고 있었을지도 모릅니다.

냅스터는 아주 우연한 기회로 놀라운 서비스를 시작했는데요. 냅스터의 창업자인 숀 패닝(Shawn Fanning)은 노스이스턴대학(Northeastern University)에 다니며 기숙사 생활을 하고 있었습니다. 그러다가 인터넷에서 공짜 MP3 파일[2]을 찾으려고 밤을 지새우는 룸메이트 때문에 매일 밤잠을 설치게 되자, 편히 자고 싶다는 일념으로 1999년 3월에 MP3 파일을 쉽게 공유할 수 있는 검색 엔진을 개발하고 자신의 별명에서 따 와 '냅스터'라고 이름 붙였습니다.

냅스터는 누구나 인터넷을 통해 다른 회원들이 갖고 있는 MP3 파일을 검색해 무료로 다운로드받고 자신이 소유한 파일을 남들과 공유하는 서비스였는데요. MP3 파일을 자신의 서버에 직접 보유하지 않고 위치 정보만 제공했기 때문에 운영 비용도 크게 들어가지 않았습니다. 개인 간에 직접 정보나 데이터를 주고받는 'P2P(Peer to Peer) 파일 공유 서비스'[3]의 원조라고 할 수 있습니다.

당시 음반 시장의 기본 유통 구조는 음반 제작사가 음반을 만들면 이를 총판과 소매업체를 거쳐 소비자에게 판매되는 방식이었습니다. 이 구조는 CD나 카세트테이프를 실물로 제작해야 하는 데다가 여러 유통 단계를 거치는 동안 가격이 비싸질 수밖에 없었습니다. 이에 비해 냅스터는 검색어만 입력하면 공짜로 음원을 다운로드받을 수 있었기 때문에 기존의 시장 질서를 붕괴시킬 만큼 무시무시한 파괴력을 가지고 있었습니다.

이 사이트가 폭발적인 인기를 끌면서 서비스를 시작한 지 불과 1년여 만에 가입자가 2,800만 명으로 불어나면서 닷컴버블 시대에 IT 업계를 이끄는 새로운 스타 기업으로 떠올랐습니다. 당시 냅스터의 창업자인 숀 패닝은 타임지의 표지 모델을 장식할 정도로 큰 관심과 인기를 끌었습니다.

음원을 공짜로 구할 수 있게 된 사람들에게는 냅스터의 등장이 신

나는 일이었겠지만, 음반 회사들과 이와 연관된 수많은 유통사들 입장에서는 기존의 가치사슬을 파괴해 기업의 생존을 위협하는 존재로 보였을 겁니다. 이 때문에 절체절명의 위기에 빠진 음반업계는 냅스터를 몰아내기 위해 다 같이 힘을 합쳐 사활을 건 소송전을 시작했습니다.

당시 냅스터는 초기 시장을 장악한 IT 업체의 특성상 엄청난 수익을 낼 수 있는 무한한 잠재력이 있었습니다. 냅스터는 이를 토대로 음반업계와 수익을 나누기로 합의할 수도 있었지만, 그 수익을 독식하는 쪽을 택했습니다. 그 결과 생존을 위해 하나로 뭉친 음반업계는 대동단결하여 냅스터를 몰아내기 위한 소송전을 벌였고, 냅스터 서비스가 불법이라는 판결을 끌어냈습니다.

이 판결로 한때 IT 업계에 혁명을 몰고 왔던 냅스터는 2001년 7월을 끝으로 서비스를 중단했습니다. 혁신의 결과로 창조적 파괴가 일어나는 것은 어쩔 수 없는 일이지만, 처음부터 기존의 질서와 가치를 파괴하겠다는 야욕을 드러내면 기존 질서를 형성하고 있는 시장 참여자들의 강한 저항을 받게 되어 제아무리 뛰어난 혁신이라도 성공하기 어렵다는 것을 보여준 대표적 사례입니다.

냅스터와 정반대 전략으로 음원 서비스의 혁명을 일으키고 대박을 터뜨린 회사가 바로 스포티파이(Spotify)입니다. 스포티파이는 수많은 스타트업이 그렇듯이 2006년 스웨덴 교외의 한 임대 아파트에서 소박하게 창업했는데요. 서비스가 시작된 지 단 15년 만인 2021년 7월 시가총액이 490억 달러(약 56조 원)를 넘는 엄청난 가치의 기업으로 성장했습니다. 당시 우리나라 시총 8위를 기록한 현대차를 훨씬 넘어서는 시가총액입니다.

단순히 음원 서비스를 제공하는 스포티파이의 시가총액이 한 해 160만 대의 자동차를 생산하는 현대차를 넘어설 정도로 높아진 겁니다. 그렇다면 비슷한 음원 서비스를 시작했던 냅스터가 소송에 패해 문을 닫았던 것과 달리 스포티파이가 대박을 터뜨린 이유는 어디

에 있을까요? 스포티파이는 냅스터가 적으로 만들었던 음반 제작사 뿐만 아니라 아티스트까지 모두 아군으로 만들었기 때문입니다.

스포티파이를 창업한 다니엘 엑(Daniel Ek)은 원래 냅스터와 같은 방식의 개인 간 파일 공유(P2P) 서비스인 뮤토렌트(μTorrent)를 만든 인물입니다. 이 서비스는 불법 해적 파일의 온상으로 큰 비난을 받던 서비스였죠. 그러다가 광고를 들으면 음악을 무료로 들을 수 있는 '광고 지원 스트리밍' 서비스라는 획기적인 아이디어로 스포티파이를 만들었습니다. 이를 통해 광고 수입을 음반 제작사나 아티스트와 나누는 방식을 찾아낸 것입니다.

당시 스포티파이는 회원 가입만 하면 플랫폼에 등록된 4천만 개의 음원을 무료로 감상할 수 있었습니다. 다만 음원 재생 중간에 광고가 들어가는데요. 중간 광고를 없애려면 한 달에 12달러를 내고 프리미엄 서비스에 가입하면 됐기 때문에 처음에는 무료로 음악을 듣기 위해 스포티파이에 가입했던 소비자들이 점점 유료 회원으로 전환하기 시작했습니다.

더구나 넷플릭스처럼 회원들의 빅 데이터를 이용해 개개인의 취향에 맞춘 플레이리스트를 제공했고, 스마트폰의 동작 센서를 활용해 사용자의 움직임까지 감지해 그에 알맞은 음원을 들려주는 서비스까지 개발했습니다. 예를 들어, 운동을 하고 있을 때는 빠른 템포의 음악을 자동으로 추천해주는 개인화 서비스까지 개발한 겁니다.

이를 통해 음원 소비자들은 개인의 취향뿐만 아니라 출근이나 퇴근, 독서 등 개인의 상황에 따라 음악의 템포, 장르 등을 모두 고려한 일대일 맞춤형 플레이리스트를 제공받을 수 있었습니다. 세심하게 음원을 선택해주는 정교한 맞춤 서비스를 통해 소비자들은 자신의 취향에 맞는 새로운 음원을 찾아가는 즐거움까지 누릴 수 있었죠.

더구나 스포티파이는 광고와 유료 서비스 수입으로 얻은 수익에서 30%만 자신들의 몫으로 떼어가고 나머지 70%를 음반 제작자나 아티스트의 몫으로 돌렸습니다. 아티스트들은 더 이상 메이저 음반 회사를 통하지 않고도 스포티파이를 통해 직접 대중에게 음원을 선보일 수 있게 됐습니다. 덕분에 무명의 아티스트도 직접 음원을 올려 일약 스타덤에 오르는 경우가 많아졌습니다.

이 같은 스포티파이의 시스템은 아티스트들에게 새로운 창작에 나설 동기를 불어넣어 침체됐던 전 세계 음반 시장에 활력을 불어넣는 원윈게임을 만들어냈는데요. 이 과정에서 소비자들은 자신들이 선택한 무명의 아티스트가 스타가 되는 과정을 함께 즐기며 아티스트와 소비자가 함께 성장하는 하나의 생태계가 만들어졌습니다.

그 결과 기존의 아티스트와 소비자가 더 많은 가입자들을 끌어들이는 네트워크 효과가 일어나면서 스포티파이는 창업한 지 14년 만인 2020년에 전 세계 약 3억 명의 회원을 거느린 거대한 플랫폼으로 성장했습니다. 이 중 1억 4,000만 명이 유료 구독자로 세계 유료 음원 스트리밍 시장의 35%를 장악해 세계 2위인 애플 뮤직의 시장 점유율 21%를 가뿐하게 따돌렸습니다.

이처럼 소비자와 생산자를 모두 내 편으로 만들려고 할 때 가장

강력한 모델은 스포티파이처럼 스스로 진화하는 생태계를 만들어가는 것입니다. 스스로 진화하는 생태계란 고객과 생산자들이 상호 작용을 통해 끊임없이 제품과 서비스가 생산되고 고객들 스스로 니즈를 찾아갈 뿐만 아니라 이를 통해 새로운 고객과 생산자가 끝없이 유입되는 네트워크 효과를 가진 생태계를 뜻합니다.

반대로 우리나라의 '타다' 서비스나 냅스터처럼 아무리 혁신적이고 편리한 서비스라고 해도 기존 사업자를 모두 적으로 돌린다면 성공하기가 쉽지 않습니다. 오직 기술 혁신만 믿고 창조적 파괴가 가능하다고 생각한다면 큰 오산입니다. 그러므로 투자자 입장에서는 기존 사업자를 모두 적대적인 세력으로 돌리는 기업에 투자하는 것보다 오히려 아군으로 만들어 스스로 성장하는 생태계를 구축하고 있는 기업에 투자하는 것이 현명한 투자 전략입니다.

이처럼 끊임없이 고객과 생산자가 유입되면서 놀라운 성장을 한 또 다른 사례는 바로 페이스북입니다. 몇몇 하버드생들 사이에서 처음 쓰이기 시작한 페이스북이 순식간에 다른 학교로 퍼져나가면서 결국 전 세계 18억 명이 교류하는 사이트로 성장했습니다. 페이스북은 단지 플랫폼을 제공했을 뿐인데, 먼저 페이스북을 사용하기 시작한 고객들이 새로운 고객들을 끌어들이면서 스스로 성장하는 하나의 생태계가 된 겁니다.

이 고객들은 소셜 미디어에 자신의 얘기를 적고 사진을 올리기 시작하면서 스스로 콘텐츠를 만드는 생산자가 되기도 하고, 또 동시에 이렇게 만들어진 콘텐츠를 소비하는 소비자가 됐습니다. 일단 이렇게 스스로 진화하는 생태계가 만들어지면 고객들의 상호 작용을 통해 방대한 콘텐츠가 누적됩니다. 그러면 이를 통해 오랫동안 시장을 지배할 수 있는 강력한 기반을 마련할 수 있죠.

지금처럼 고객들의 상호 작용이 활발해진 세상에서는 스스로 진화하는 고객들의 생태계를 가졌느냐 아니냐가 기업의 미래를 좌우할 만큼 중요한 요인이 될 것입니다. 문제는 이런 기업들을 찾아내는 눈입니다.

스스로 진화하는 생태계를 조성해 성공한 또 다른 사례는 순식간에 세계 최대 숙박 공유 사이트로 성장한 에어비앤비(airbnb)입니다. 에어비앤비가 등장하기 전까지는 자신의 집이나 방, 별장을 빌려주고 싶어도 빌리려는 사람을 찾기가 어려웠고, 아무리 좋은 서비스를 제공해도 이를 널리 알릴 방법이 없어 제값을 받기가 쉽지 않았습니다. 하지만 에어비앤비의 등장으로 많은 사람들이 새로운 사업을 할 수 있게 됐습니다.

에어비앤비가 등장하기 전에는 여행객들에게 특별한 정보가 없었기 때문에 기존의 호텔이나 리조트처럼 기업화된 숙소를 이용할 수밖에 없었는데요. 에어비앤비가 등장한 이후에는 일반 가정집에서 그 나라의 문화를 직접 체험해 보거나, 예쁜 별장이나 자연환경을 반영한 독특한 숙소, 저렴한 방 등 다양한 형태로 숙소를 빌리고자 하는 사람들이 자신의 취향에 맞는 숙소를 선택할 수 있게 됐습니다.

게다가 개인 숙박을 제공하는 호스트 중에는 숙박과 함께 다양한 체험이나 관광 프로그램을 제공하는 경우도 많습니다. 이런 특별한 경험들이 에어비엔비를 직접 체험한 고객들의 리뷰를 통해 공유되고 더 많은 고객들을 끌어들이는 원동력이 되었습니다. 고객들의 자발적이고 솔직한 후기와 평가가 수천 건씩 누적되기 시작하자, 여행 전문가들이 쓴 여행 책자보다 훨씬 더 신뢰할 수 있는 소중한 정보로 자리 잡았습니다.

에어비앤비 사용자들의 색다른 경험이 소셜 미디어를 타고 빠르게 확산되면서 결국 에어비앤비의 고객 하나하나가 새로운 고객들을 끌어들이는 바이럴 마케터(viral marketer)[4]가 된 셈입니다. 그 결과 숙소를 제공하려는 사람들은 제값을 받고 방을 빌려줄 수 있게 되었고, 이 같은 성공사례가 더욱 다양한 숙박과 체험을 제공하려는 호스트들을 끌어모았기 때문에 에어비앤비는 더욱 빠르게 성장할 수 있었습니다.

서비스 마케팅의 대가인 제임스 헤스켓(James L. Heskett) 하버드 비즈니스스쿨 교수는 이 같은 고객들을 고객 오너(customer owners)라고 부르는데요.[5] 고객 오너란 제품과 서비스를 사용해본 고객들이 제품에

4장 ─ 불확실성의 시대, 올라탈 거인의 어깨를 찾아라

크게 만족해 더 많이 구매하고, 자신의 경험을 다른 사람들에게 전달해서 새로운 다른 고객들을 유인하는 사람들을 뜻합니다. 결국 에어비앤비에서는 호스트와 여행자가 고객 오너가 된 셈이죠.

이런 고객 오너를 계속 유치하기 위해서는 좋은 평판을 유지하는 것이 중요합니다. 만일 평판을 잃게 되면 아무리 확장세에 있는 플랫폼이라고 해도 순식간에 고객을 잃게 되기 때문입니다. 이 때문에 스포티파이는 아티스트에게 더 많은 혜택이 돌아가도록 노력하고 있고, 에어비앤비는 다양한 호스트의 목소리를 듣기 위해 호스트들로 구성된 자문 위원회를 만들고 커뮤니티까지 조성했습니다.

문제는 누구나 이런 기업들이 좋다는 것을 알기 때문에 주가가 너무 높다는 건데요. 이처럼 스스로 성장하는 네트워크형 성장 기업들의 주가가 치솟아 오르기 전에 남보다 먼저 일찌감치 찾아내 투자하려면 시장에 등장하는 새로운 플랫폼 기업들을 항상 주시해야 합니다.

사실 우리나라의 카카오나 네이버의 라인 같은 경우도 스스로 성장하는 네트워크를 통해 빠르게 성장한 기업이라고 할 수 있습니다. 특히 우리나라에서는 카카오나 네이버 주가가 치솟는 것을 보면서 아쉬워하는 분들이 많았을 텐데요. 앞으로도 끝없는 혁신 속에서 이런 기업들은 계속 등장할 것이기 때문에 이미 놓친 기회를 아쉬워하기보다 새로운 기업을 찾아내는 노력을 해야 합니다. 특히 새로운 네트워크 플랫폼 기업이 등장하면 남들보다 먼저 직접 생산자나 소비자가 되어 장단점을 파악한 뒤 투자하는 것이 중요하고, 이를 위해서는 가급적 새로운 변화와 혁신을 빨리 체험해보는 것이 중요합니다.

대체로 이런 혁신적인 플랫폼은 나이가 어릴수록 더 빨리 체험하는 경향이 있는데요. 본인이 2030 세대라면 자신이나 또래 집단에 유행하는 새로운 서비스 중에서 진화하는 네트워크 기업을 찾아보는 것도 좋은 방법입니다. 또 기성세대라면 본인의 체험뿐만 아니라 자신의 자녀들이나 주변의 젊은 세대가 앞다퉈 사용하는 새로운 서비스를 눈여겨본다면 앞으로 빠르게 성장할 새로운 플랫폼 기업들을 남들보다 한발 먼저 찾아낼 수 있을 것입니다.

시장을 지배하는 기업의 법칙 3: 누구도 침범하지 못할 '경제적 해자' 기업

앞서 살펴본 것처럼 1등 기업이 오랫동안 경쟁력을 유지하면서 시가총액 상위 기업에 계속 들어간다는 게 쉬운 일은 아닌데요. 그럼에도 불구하고 가끔은 오랫동안 1등을 차지하는 기업이 나타납니다. 이런 좋은 기업을 찾으려 할 때 가장 중요한 기준은 세계적인 투자자인 워런 버핏이 강조하는 것처럼 '경제적 해자(垓字)'가 있는 기업을 찾아내는 것입니다.

해자란 외부 적의 침입을 막기 위해 성벽 바깥 둘레를 파서 만든 못을 뜻합니다. 경제적 해자는 마치 중세의 성이 만든 해자처럼 경쟁 기업의 도전을 방어할 수 있는 강력한 진입장벽을 뜻합니다. 만일 한 기업이 경제적 해자를 만들 수 있다면 다른 기업보다 오랜 기간 1등의 지위를 유지할 수 있고, 주가의 지속적인 상승도 기대할 수

있습니다.

그렇다면 어떤 기업이 경제적 해자를 갖고 있는 기업일까요? 안타깝게도 워런 버핏은 이에 대해 구체적인 설명까지는 해주지 않았지만, 미국의 투자자문사인 모닝스타의 팻 도시(Pat Dorsey)가 경제적 해자를 무형 자산과 고객 전환 비용, 네트워크 효과, 원가 우위, 규모 우위 등으로 정리했습니다. 여기서는 제가 중요하다고 보는 4가지 해자를 소개해 보도록 하겠습니다.[6]

무형 자산 해자 기업

경제적 해자를 가지고 있는 기업 중에서 가장 주목할 만한 기업은 브랜드 가치와 같은 강력한 무형 자산을 가지고 있는 기업입니다. 워런 버핏이 코카콜라 주식을 사서 장기 보유하고 있는 이유이기도 하죠. 최근에는 애플이나 스타벅스처럼 고객의 충성도가 높은 기업이 바로 그런 무형 자산을 가지고 있다고 할 수 있습니다.

브랜드 가치는 단순히 사람들에게 널리 알려진 것을 넘어서 직접 구매로 이어지는 로열티(Royalty)를 가지고 있어야 하는데요. 스타벅스나 코카콜라처럼 일단 한 번 마시기 시작한 사람은 거의 습관처럼 사거나, 애플처럼 한 번 아이폰을 산 사람은 계속 아이폰을 살 정도로 재구매율이 높은 브랜드가 그런 무형 자산을 가지고 있는 대표적인 경우라고 할 수 있습니다.

하지만 제아무리 그런 강력한 무형 자산을 구축했다고 해도 기업에 대한 신뢰가 무너지면 그런 브랜드 가치도 한순간에 무너질 수 있습니다. 특히 창업자나 최고경영자(CEO)가 끊임없이 스스로 신뢰를 무너뜨리는 언행을 하거나 고객의 신뢰를 저버리는 행위를 하게 되면 그 어떤 무형 자산이라도 한순간에 사라질 수 있기 때문에 투자에 나서기 전에 그 기업이 브랜드 가치를 끊임없이 유지하기 위해 얼마나 노력하고 있는지를 잘 살펴야 합니다.

고객 전환 비용 해자 기업

고객 전환 비용 해자란 고객이 다른 경쟁 회사 제품이나 서비스로 바꾸려 할 때 많은 비용이나 노력이 필요한 경우에 생기는 해자입니다. 컴퓨터 사용자라면 우스갯소리로 거의 노예가 되다시피 했다고 말해도 과언이 아닌 마이크로소프트 윈도우가 바로 그 대표적인 사례입니다. 윈도우가 없는 컴퓨터는 생각하기도 어려울 정도가 된 상황에서 다른 운영체제로 전환하려면 엄청난 비용과 노력이 필요하기 때문입니다.

그래픽 디자인을 하는 분들은 너무나 잘 아는 어도비(Adobe)도 고객 전환 비용 해자를 누리는 대표적인 기업입니다. 그래픽 디자인을 처음 접할 때부터 어도비 제품을 사용해 온 디자이너들이 다른 프로그램으로 갈아타기란 쉽지 않기 때문입니다. 게다가 최근 영상과 그래픽 시장이 커진 데다 구독 서비스까지 도입한 덕에 어도비의 주가는 최근 4년 동안 5배나 오르면서 IT 산업의 대표 기업이 됐습니다.

그러나 고객 전환 비용 해자는 외부의 혁신에 의해 시장 자체가 흔들리게 되면 한순간에 무너질 수도 있기 때문에 주의해야 합니다. 대표적인 사례가 바로 렌즈 교환식 디지털 카메라(DSLR)라고 할 수 있습니다. DSLR 카메라는 일단 본체와 렌즈를 구입하면 다른 카메라와 호환이 되지 않기 때문에 본체와 렌즈를 한꺼번에 교환해야 합니다. 이 때문에 처음 쓰기 시작한 카메라를 바꾸려면 상당한 고객 전환 비용이 들어가게 됩니다.

고객 전환 비용
해자 기업　**＝**　**서비스를 바꿀 때**
비용이 많이 든다!!

하지만 최근 스마트폰 카메라의 엄청난 혁신으로 사진 품질이 향상되고 DSLR만의 기능들을 소프트웨어적으로 보완하기 시작하자 무겁고 큰 DSLR 카메라 자체를 외면하면서 시장이 급격히 축소되고 있습니다. 이처럼 시장의 패러다임까지 바꾸는 혁신적인 변화가 일어나면 제아무리 고객 전환 비용 해자를 갖고 있었다고 해도 별 도움이 안 되기 때문에 고객 전환 비용 해자를 가진 기업에 투자했다면 이를 위협하는 새로운 외부 환경의 변화와 기술 혁신을 늘 유심히 잘 살펴야 합니다.

네트워크 효과 해자 기업

네트워크 효과는 제가 개인적으로 가장 좋아하는 경제적 해자입니다. 그래서 몇 번에 걸쳐 그 장점을 소개했는데요. 다시 한번 정리하자면 네트워크 효과 해자란 사용자들 스스로가 새로운 사용자를 끌어들이는 효과를 가져 기업의 폭발적인 성장을 가능하게 만드는 강력한 해자입니다. 예를 들어 앱 스토어 같은 플랫폼을 갖고 있는 애플이 대표적인 사례입니다.

앱 스토어를 사용하는 소비자가 많아지면 애플리케이션 하나만 잘 만들어도 더 쉽게 팔 수 있기 때문에 더 많은 앱 개발자들이 그 플랫폼에 참여하게 됩니다. 게다가 앱 개발자가 늘어나면 더욱 다양한 앱 속에서 자신의 취향에 맞는 앱을 찾아낼 수 있게 되고, 결국 더 많은 소비자가 앱 스토어를 이용하게 되는 선순환이 일어납니다.

게다가 앱 스토어를 사용하는 소비자의 경험이 각종 소셜 미디어를 통해 공유되면서 자연스럽게 바이럴 마케팅까지 일어나 더 많은 소비자의 참여로 이어지게 됩니다.

앞서 언급했던 것처럼 우리나라의 카카오도 네트워크 효과를 가진 대표적인 기업인데요. 모두가 카카오톡으로 대화를 하는 것은 물론, 심지어 업무까지 카카오톡을 통해 진행되기 때문에 싫어도 가입할 수밖에 없는 막강한 플랫폼입니다. 일단 카카오 정도의 네트워크 효과를 갖게 되면 아무리 뛰어난 기술을 가진 후발 주자라도 웬만한 차이가 아니고서는 카카오가 만든 네트워크 해자를 뛰어넘기가 쉽지 않습니다.

다만 이런 네트워크 효과를 가진 기업 중에 언론과 유튜버의 주목을 받는 기업들은 이미 그 강력한 네트워크 효과 해자가 주가에 반영되어 있다는 게 유일한 문제입니다. 하지만 최근에도 틱톡이나 인스타그램처럼 네트워크 효과를 만들어내는 플랫폼이 꾸준히 등장했고, 앞으로도 계속 새로운 네트워크 효과 해자 기업이 등장할 것이기 때문에 꾸준히 연구하고 시야를 넓혀나가면 얼마든지 새로운 기업을 찾아낼 수 있습니다.

가장 최근 등장한 네트워크 효과 해자 기업은 코로나 19 이후 비대면 회의가 확산되면서 큰 인기를 끌었던 줌 비디오 커뮤니케이션이라고 할 수 있는데요. 시장을 넘어서는 초과 수익률을 올리기 위해서는 이런 기업들에 대한 과도한 열풍이 일어나기 전에 조기에 발견하는 것이 중요하기 때문에 끊임없이 시장의 새로운 동향을 살펴야 합니다.

끊임없이 확장하는 네트워크 효과를 만들어내는 기업은 스스로 성장하는 생태계를 갖게 되기 때문에 퀀텀 점프라고 부를 만큼 성장 속도가 빠르고 주가도 빠르게 치솟아 오른다는 특징이 있습니다. 하지만 이렇게 유망한 기업에 투자할 때도 주의해야 할 점이 있습니다. 바로 더욱 강력한 플랫폼이 나타나 기존의 플랫폼을 위협하는 경우입니다.

과거 트위터가 바로 그런 네트워크 효과 해자를 만들며 빠르게 성장했지만, 결국 페이스북처럼 새로운 방식의 인기 있는 플랫폼들이

새로운 플랫폼

쏟아져 나오면서 성장이 정체되기 시작했죠. 트위터의 주가는 2014년 1월에 70달러를 돌파할 정도로 인기를 끌었지만 7년이 지난 2021년 7월 트위터 주가는 60달러대에 머물러 있을 정도로 오랜 정체를 겪었습니다. 이 때문에 네트워크 해자를 가진 기업에 투자할 때는 항상 기존의 서비스를 대체할 수 있는 새로운 혁신적 플랫폼의 등장을 경계하며 예의주시해야 합니다.

원가 우위 해자 기업

마지막은 원가 우위 해자 기업입니다. 대표적인 기업은 저비용 항공사(LCC)로 빠른 성장을 한 사우스웨스트 항공(Southwest Airline)입니다. 이 회사는 항공사가 보유한 전 기종을 한 기종으로 통일하는 방식으로 대량 구매를 진행해서 대당 평균 구매비용을 낮추고, 정비나 조종사 교육 비용을 줄이는 방법으로 원가 우위를 확보해 시장 점유율을 높이는 방법을 사용했습니다.

코스트코도 이 같은 원가 우위 기업의 대표적인 사례입니다. 대용량 제품을 대량으로 현금 구매해 구매비용을 낮추고 이를 통해 판매가를 낮추는 데 성공했고, 게다가 매장도 창고형으로 꾸며 인테리어 비용까지 최대한 절감했죠. 원가 우위 해자는 전통 산업에서 주로 찾아볼 수 있는데요. 포트폴리오 다변화 차원에서 전통 산업을 편입하려고 할 때 고려해볼 만한 해자 기업이라고 볼 수 있습니다.

다만 원가 우위는 오랫동안 경쟁 기업의 진출을 막는 강력한 해자가 되기가 어려운 측면이 있습니다. 후발 저비용 항공사들 뿐만 아니라 기존항공사들이 자회사를 만들면서 사우스웨스트 항공과 비슷한 방식으로 원가를 낮춰 경쟁에 뛰어들면서 사실상 저비용 항공도 무한 경쟁 체제에 들어갔기 때문입니다. 한때 미국 시장에서 돌풍을 일으켰던 코스트코도 아마존의 막강한 가격 경쟁력 앞에 흔들리고 있는 상황입니다.

이 때문에 개인적으로 원가 우위 해자 기업은 장기적인 투자 대상으로 권하지 않습니다. 원가 우위란 새로운 기술 혁신 앞에 취약한 데다 브랜드 해자나 네트워크 효과 해자만큼 강력한 시장 우위를 유지하기 어렵기 때문입니다. 그러므로 지금 현재 원가 우위를 차지한 해자 기업에 투자하려고 한다면, 과연 다른 기업이 모방하기 어려운 해자로서 역할을 해줄 수 있을 것인지 면밀히 검토할 필요가 있습니다.

슈퍼 실버가 몰려온다

이번 절에서는 고령화 문제를 다른 측면에서 다뤄볼까 합니다. 경제 전체적으로 봤을 때 고령화는 성장을 둔화시키고 불황을 가져오는 심각한 위험 요소가 될 가능성이 크지만, 투자 측면에서는 고령화가 새로운 기회로 작용할 수도 있습니다. 특히 건강한 노년층이 늘어나면서 새로운 소비와 생산의 주체가 되고 있는 점을 잘 활용하면 놀라운 투자 기회를 잡을 수도 있습니다.

우리나라뿐만 아니라 전 세계적으로 베이비붐 세대와 MZ세대의 자산 편중 현상은 심각합니다. 특히 미국에서는 전체 자산 가운데 80% 이상을 가구주 나이가 60대 이상인 세대가 가지고 있을 정도로 대부분의 자산을 고령층이 소유하고 있습니다.

게다가 전 세계적으로 베이비붐 세대는 이전의 고령층과 달리 늙고 병들어가는 세대가 아니라 여전히 건강하고 도전적이며 창의적인 세대입니다. 지금의 70대는 젊었을 때부터 충분한 운동과 건강 관리로 반세기 전의 50대와 비슷한 건강을 유지하고 있는 사람들이 많은데요. 외모로 봐서는 나이를 가늠하기 어려울 정도로 젊어 보이는 사람들도 많습니다.

게다가 앞서 언급했다시피 선진국의 베이비붐 세대는 인류 역사상 그 어떤 세대보다도 부유하다고 할 수 있죠. 고도 성장기에 높은 소득을 누릴 수 있었고, 평생에 걸쳐 모든 자산 가격이 빠르게 올랐기 때문에 부를 축적할 기회도 많았습니다. 특히 최근 20년 동안에는 연준의 초저금리 정책과 끝없는 부양책 덕분에 자산 가격이 더욱 치솟아 올라 이전보다 더 큰 부를 누리고 있습니다.

현업에서 은퇴했거나 은퇴를 앞두고 있지만, 과거의 어떤 세대보다도 건강하고 충분한 여가 시간이 있으며, 심지어 막대한 부를 축적한 지금의 베이비붐 세대는 그야말로 '슈퍼 실버(super silver)'라고 할 수 있습니다. 다만 이는 어디까지나 평균일 뿐 자산 축적의 성공 여부에 따라 빈부 격차가 매우 큰 세대이기도 합니다.

이미 선진국 반열에 든 한국에서도 앞으로 베이비붐 세대가 단군 이래 가장 부유한 세대인 슈퍼 실버로 자리 잡을 가능성이 큽니다. 다만 우리나라에서는 1차 베이비붐 세대가 1955~1963년생, 2차 베이비붐 세대는 1968~1974년생으로 슈퍼 실버가 경제 전면에 등장하는 시기는 미국보다 10년 정도 늦게 진행되고 있다고 볼 수 있죠.

앞으로 부유한 은퇴 세대가 평생 쌓아온 막대한 자산과 여유 시간으로 소비 시장을 주도하게 되면 시장의 판도가 바뀔 수밖에 없는데요. 슈퍼 실버를 겨냥한 수많은 기술 혁신이 등장할 가능성이 큽니다. 더구나 일부러 고령층을 겨냥하지 않더라도 인간을 편리하게 만들고 노동력을 절감하게 해주는 다양한 기술 혁신의 최대 수혜자는 바로 이들 슈퍼 실버가 될 것입니다.

자율주행, 메타버스(metaverse; 현실 세계와 같이 사회·경제·문화 활동이 이뤄지는 3차원 가상 세계), 음성 인식, 인공지능 등 최근 등장하고 있는 기술 혁신들은 청년세대에게도 편리함을 주는 기술이지만 특히 노년층에게는 체력적 약점을 넘어 활동 반경을 넓히는 데 결정적인 역할을 하는 중요한 기술 혁신이 될 수 있습니다. 이를 통해 슈퍼 실버들의 소비·생산 역량이 획기적으로 높아지고 청년세대 못지않은 활동성을 확보하게 될 가능성이 큽니다.

특히 슈퍼 실버들은 젊었을 때부터 많은 변화를 겪었던 혁신의 시대를 살아왔기 때문에 새로 등장한 스마트 기기를 자유자재로 다룰 수 있다는 점이 특징인데요. 이처럼 스마트 기기에 능숙한 노년층을 인터넷 서핑에 능하다는 뜻에서 실버 서퍼(silver surfer)라고 부릅니다. 노년층을 의미하는 실버와 인터넷 서핑을 한다는 의미의 서퍼를 합성한 단어인데요. 실제로 미국에서 65~74세 노년층의 인터넷 사용 비율은 2011년 52%에서 2019년 83%로 급증했습니다.

우리는 흔히 노년층이 새로운 혁신에 뒤처질 것이라는 고정관념을 갖고 있지만, 앞으로는 슈퍼 실버가 새로운 혁신 산업의 주요 고객이자 생산자가 될 가능성이 점점 더 커지고 있습니다. 특히 건강한 은퇴 세대의 여가나 취미, 활동 반경을 확장해주는 서비스의 성

장 잠재력은 무궁무진한데요. 이 중 메타버스의 경우 지금은 청소년이나 청년층을 주요 타깃으로 성장하고 있지만, 앞으로는 슈퍼 실버에 특화된 플랫폼으로 성장할 가능성도 무시할 수 없을 겁니다.

또 금융과 IT 기술을 결합한 핀테크(fintech) 산업도 지금 당장은 18~35세 청년층이 주요 고객인 시장이지만, 사용자 인터페이스가 더욱 단순해지고 직관적으로 진화하면 노년층에게 더욱 유용한 기술이 될 수 있습니다. 대부분의 선진국에서 슈퍼 실버의 인구 집단이 청년층보다 훨씬 더 크기 때문에 이 시장을 먼저 장악한 서비스나 플랫폼이 미래의 성장 동력이 될 가능성이 큽니다. 따라서 투자자라면 남보다 먼저 슈퍼 실버 시장을 장악해나가는 혁신 플랫폼에 관심을 기울여야 합니다.

SNS 서비스에서도 고령층의 파워가 점점 더 커지고 있습니다. 동영상 서비스인 유튜브도 마찬가지입니다. 특히 유튜브의 경우 고령층이 단순히 콘텐츠를 소비하는 데 그치지 않고 아예 유튜브 크리에이터, 즉 생산자로 활동 영역을 넓히고 있다는 점이 특징입니다. 특히 고령층 크리에이터가 만든 콘텐츠가 동일 연령대뿐만 아니라 젊은 층의 큰 호응까지 얻으면서 시장 참여자가 점점 확대되고 있습니다.

지금까지는 많은 자산을 축적하고 은퇴 생활을 즐기는 슈퍼 실버들을 단순히 소비 시장으로 접근하는 시각이 많았는데요. 이제 슈퍼 실버들을 아예 생산자로 참여시키려는 플랫폼들이 점점 많아지고 있습니다. 앞으로 고령층을 생산자로 참여시키는 데 성공하는 네트워크 서비스나 플랫폼 기업은 고령화를 경영의 위협 요인이 아닌 새로운 도약의 기회로 삼을 수 있을 겁니다.

글로벌 트렌드 전문가인 와튼스쿨 국제경영학과 마우로 기엔(Mauro F. Guillen) 교수는 슈퍼 실버를 소비자만이 아니라 생산자로도 참여시킨 대표적인 사례로 글로벌 숙박 공유 서비스인 에어비앤비를 꼽는데요. 에어비앤비를 활용하는 소비자 중에는 낯선 곳에서 한 달 살기를 하는 은퇴 세대가 의외로 많았습니다. 더 놀라운 것은 부동산을 소유하고 있는 노년층이 에어비앤비 플랫폼을 통해 자신의 집을 빌려주는 호스트, 즉 공급자로 나섰다는 점입니다.

노년층을 단순히 소비 시장의 주체로만 보던 고정관념을 깨고 생산자이자 공급자로 시장에 참가할 수 있는 플랫폼을 제공해 새로운 시장을 만들어낸 겁니다. 게다가 초반 참여자들이 성공적으로 노후

자금을 확보한 것을 보고 점점 더 많은 노년층이 에어비앤비를 통해 새로운 호스트로 시장에 진입하는 네트워크 효과까지 일어났습니다. 그 결과 코로나19 위기가 오기 직전까지 에어비앤비는 기존 호텔 예약 사이트를 위협할 정도로 급성장했습니다.

유튜브와 에어비앤비의 사례는 건강하고 창의적이며 도전적인 슈퍼 실버가 단순히 소비 주체에 그치지 않고 크리에이터나 생산자로 거듭나면서 새로운 4차 산업의 혁신에서 또 하나의 주역이 될 수 있음을 보여준 대표적인 사례인데요. 앞으로 슈퍼 실버의 숫자가 더욱 크게 늘어날 전망인 만큼 이들을 끌어들이는 네트워크 생태계를 가진 플랫폼들이 끊임없이 등장하고 새로운 가치를 창출할 가능성이 큽니다.

슈퍼 실버의 등장으로 앞으로 발전 가능성이 큰 대표적인 분야가 바로 영생기술(eternal-life technology)입니다. 부유한 노년층의 가장 큰 꿈은 건강하게 오래 사는 겁니다. 2000년 6월 26일 빌 클린턴 당시 미국 대통령이 백악관에서 인간 유전체(genome) 지도 초안의 완성을 선언한 이후, 이를 활용한 신약 개발과 난치병 치료 기술의 혁신이 끝없이 이루어지고 있습니다. 코로나19에 대한 대응이 그 어느 때보다도 신속히 이루어질 수 있었던 것도 바로 이 같은 연구의 산물이고, 코로나19 진단 키트를 신속히 개발하고 코로나19가 유행하기 시작한 지 단 10개월 만에 mRNA(메신저 리보핵산) 백신을 만들 수 있었던 것도 그동안의 유전공학 발전으로 유전체를 분석하고 심지어 편집

까지 할 수 있는 기술을 확보했기 때문입니다.

이제는 백신 개발을 넘어 희귀 질환을 극복하는 것은 물론, 아예 노화를 하나의 질병으로 보고 인간의 수명을 연장하는 연구까지 가속화되고 있습니다. 지금과 같은 속도로 연구개발이 이루어지면 30년 뒤인 2050년대에는 인간 수명의 한계로 알려진 120년을 극복하고 500년에 도전할 것이라는 전망까지 나오고 있습니다. 심지어 '영생'을 목표로 한 연구에도 천문학적인 금액이 투자되고 있습니다.

물론 이 같은 수명 연장이 인류에게 축복이 될지 재난이 될지는 아직 불분명합니다. 건강하게 오래 사는 것은 개개인에게는 좋은 일일지 몰라도 지금처럼 고령층에 부가 집중된 상황에서 수명까지 무한히 늘어난다면 청년층은 더욱 소외되어 심각한 사회·경제 문제를 야기할 수도 있습니다. 게다가 지금과 같은 민주주의 시스템에서 고령층이 계속 늘어나면 정치적 영향력도 더욱 커질 수밖에 없기 때문에 점점 더 소외되는 청년들과 갈등을 빚을 수도 있습니다.

그러나 투자 관점에서 볼 때 게놈의 분석과 편집 기술은 앞으로 엄청난 부를 안겨줄 새로운 게임 체인저가 될 가능성이 큽니다. 유전자 편집 기술이 지금과 같은 속도로 발달하면 조만간 늙은 세포가 젊어지도록 유도하거나 제거할 수도 있습니다. 그렇다면 부유한 고령층인 슈퍼 실버는 건강 수명을 10~20년만 연장할 수 있더라도 돈을 아끼지 않고 얼마든지 지갑을 열 것이 분명합니다.

다만 현재는 이런 분야의 대표 기업들이 과대 평가되어 있는 점이 문제인데요. 영생 관련 기업의 주가가 고평가된 데는 미국 월가에서 가장 핫한 투자가인 캐시 우드와 연관이 깊습니다. 캐시 우드의 아크 인베스트먼트가 운용하는 ARKG(유전체 관련 종목에 투자하는 액티브 ETF)에 단기적으로 과도한 자금이 몰리는 바람에 전반적으로 주가가 급등한 상황이죠.

이 때문에 앞서 설명했던 가트너 사의 하이프 곡선을 참고해 앞으로 영생 관련 기업에 대한 과도한 기대 단계가 끝나고 환멸의 단계가 찾아와 서서히 옥석이 가려지기 시작하면 그때부터 영생 산업에 본격적으로 투자를 시작할 필요가 있습니다. 특히 바이오 산업은 정부의 천문학적인 연구자금에 의존하는 경우가 많기 때문에 미국이나 독일 등 주요 선진국 정부의 강력한 후원을 받는 기업을 찾는 것도 중요할 것입니다.

❶ 정부가 만들고 정부가 터뜨리는 중국식 버블

❷ 중국 경제를 압박하는 5중의 위협

❸ 공정함이 무너진 나라에 투자하면 안 되는 이유

❹ 원자재 가격 돌풍, 그래도 원자재에 올인하면 안 되는 이유

❺ 당신이 목돈을 모으지 못하는 이유

5장

투자의 함정, 깨어 있으면 피할 수 있다

부의 시그널

정부가 만들고
정부가 터뜨리는 중국식 버블

다음 페이지의 그래프는 상하이 종합 지수를 나타낸 그래프입니다. 2007년 근처를 보면 주가가 갑자기 치솟아 올랐다가 폭락하면서 아주 뾰족하고 높은 산을 하나 만든 것을 볼 수 있습니다. 2005년만 해도 상하이 종합 지수는 고작 1,200선을 오르내리는 정도였는데요. 불과 2년여 만인 2007년 10월에는 6,000을 돌파했습니다. 2년이란 짧은 기간 동안 주가 지수가 5배가 넘게 오른 겁니다. 그런데 6,000을 돌파한 직후 주가가 갑자기 급락세로 돌아서 정확히 1년 뒤인 2008년 10월에는 1,700선이 붕괴될 정도로 주가가 폭락했습니다. 어찌 보면 2년간 급등했던 상승폭의 상당 부분을 반납한 셈이 됐습니다.

그 뒤 2015년에도 반짝 상승세를 보이면서 뾰족한 산을 한 개 더

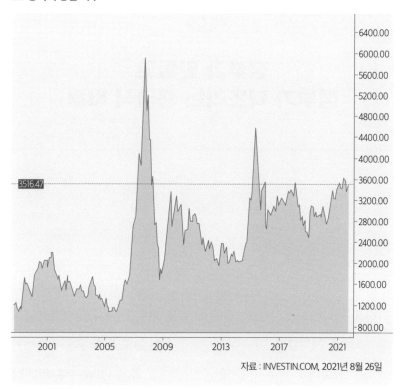

자료 : INVESTIN.COM, 2021년 8월 26일

만들었다가 2007년 기록했던 최고점 근처에도 가보지 못하고 다시 급락했습니다. 그 결과 상하이 증시는 무려 14년째 2007년에 기록했던 고점을 회복하지 못하고 있습니다.

2008년과 2015년 중국 증시가 폭등할 때 우리나라에서도 중국 투자 열풍이 불었습니다. 당시 중국에 투자했던 투자자들은 아직도 원금을 회복하지 못해 큰 고통을 겪고 있습니다. 이 기간에 중국이

7~8%가 넘는 엄청난 성장률을 기록하고 있었던 점을 감안하면 이 같은 증시 부진이 언뜻 이해가 가지 않는데요. 이 같은 중국 증시의 급등락과 오랜 부진에는 사실 중국 정부의 잘못된 증시 개입이 자리 잡고 있습니다.

2005년 중국 상하이와 선전 증시에 상장된 1,341개 기업 가운데 64% 기업들의 최대 주주는 중앙 정부와 지방 정부였습니다. 그리고 정부가 소유한 주식은 증권거래소에서 거래되지 않고 있었죠.[1] 그런데 2005년 중국 정부는 자신들이 보유하고 있던 주식을 민간에 팔기로 결정했고 조금이라도 더 비싸게 민간에 팔아넘기기 위한 사전 작업으로 증시를 부양하기 시작했습니다.

중국 인민은행은 인위적으로 주가를 끌어올리기 위해 실질 금리가 마이너스가 될 정도로 정책 금리를 낮췄습니다. 완전히 자본이 통제되어 해외 투자가 불가능했던 중국에서 금리가 추락하자 돈을 굴리기 어려워진 중국인들은 주식 투자에 뛰어들기 시작했습니다. 일단 주가가 오르기 시작하자 중국 정부는 국영 기업들이 수익률 전망을 높여 잡도록 유도하고 국영언론을 동원해 대대적으로 주식 투자를 홍보하기 시작했습니다.

중국 정부가 의도적으로 증시를 부양하자 상하이 지수가 치솟아 오르기 시작했고, 덕분에 정부는 이 기간에 목표했던 물량을 민간에 비싸게 팔아넘기는 데 성공했습니다. 여기까지는 중국 정부의 계획이 성공한 것처럼 보였습니다. 하지만 일단 돈맛을 본 인간의 탐욕은 끝이 없었습니다. 주가 폭등에 흥분한 중국인들이 너도나도 주식

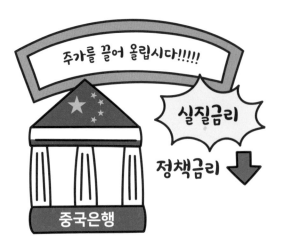

투자에 뛰어들기 시작했습니다. 중국인들은 2005년만 해도 저축의 7%를 증시에 투자하고 있었으나 2007년에는 30%로 급증했습니다.

공산주의 체제였던 중국에서 주식이라는 것을 처음 접한 일반 투자자들이 투자할 종목을 고르는 방법은 매우 황당합니다. 종목 이름에 중국에서 부를 상징하는 행운의 숫자인 '8(八, 빠)'을 암시하는 글자가 있으면 주식을 사거나 스스로 점을 쳐서 투자 종목을 고르는 경우도 있었습니다. 당시만 해도 대부분의 중국 개인 투자자들에게 기업 가치나 실적, 성장성 따위는 안중에도 없었습니다.

그러나 주가 지수 자체가 몇 배씩 뛰어올랐기 때문에 증시에 대한 아무런 경험이 없어도 어떤 주식이든 사놓기만 하면 무조건 폭등하여 초반에는 누구나 큰돈을 벌 수 있었습니다. 게다가 이 같은 투자 성공 사례가 더 많은 사람들을 증시로 끌어들이면서 주가는 더욱 빠

르게 치솟아 올랐습니다. 이런 상황에서 주식으로 돈을 번 사람들은 자신의 실력을 과신하고 더 많은 돈을 빌려 주식 투자 규모를 확대했죠.

주가가 짧은 기간에 과도하게 치솟아 오르자 버블 논란이 나오기 시작하면서 2007년에는 수차례에 걸쳐 주가 급락이 일어났습니다. 그러자 국영언론이 나서 주가가 하락하면 국가가 증시를 부양할 것이라는 사설과 전망을 쏟아내며 동요하는 투자자들을 붙잡았습니다. 그러나 그 어떤 노력에도 불구하고 2007년 10월 이후 주가가 폭락하기 시작하더니 정확히 1년 뒤인 2008년 10월까지 상하이 종합지수는 무려 71%나 추락했습니다.

주가 폭락으로 어려움을 겪고 있던 2008년 가을, 때마침 글로벌 금융 위기까지 일어나자 이를 평계로 중국 정부는 대규모 신규 대출을 포함해 역사상 가장 큰 규모의 경기부양책을 단행했습니다. 이 같은 천문학적 부양책 덕분에 바닥을 모르고 추락하던 상하이 증시는 다행히 반등세로 돌아섰지만, 그 여파로 중국 기업과 지방 정부의 부채가 크게 늘어났고 이는 지금까지도 중국 경제의 큰 걸림돌이 되고 있습니다.

어쨌든 천문학적인 부양책 덕분에 중국의 경제성장률은 글로벌 금융 위기 이후 오히려 더욱 높아지면서 2010년에는 10.6%로 정점을 찍었습니다. 덕분에 중국 경제는 글로벌 금융 위기 이후 세계 경제를 이끄는 유일한 성장 엔진이라는 찬사까지 듣곤 했죠. 그러나 부양책의 효과가 사라지면서 중국의 성장률은 2013년에는 7.8%, 2014년 7.3%에서 2015년 6.9%까지 급격히 하락하기 시작했습니다.

그러자 중국 정부는 경제성장률 하락이 일자리 감소로 이어지면 중국 공산당 정권에 대한 불만이 커져 정치적 안정성까지 뒤흔드는 위협 요소가 될 것이라고 우려했습니다. 그래서인지 중국 정부는 꺼져가는 성장의 불씨를 되살리기 위해 2차 증시 부양을 기획했습니다. 2014년 11월 후강퉁(해외 투자자가 홍콩 거래소를 통해 상하이 주식을 사고 팔 수 있는 제도)으로 외국인 투자자들을 끌어들이고, 기준 금리와 은행의 지급 준비율을 낮춰 시중에 막대한 돈이 풀리도록 유도했습니다.

중국 정부는 이번에도 국영언론을 총동원해 개인 투자자들의 주식 투자를 부추겼습니다. 중국 언론들은 '차이나 드림'을 위해 주식을 사야 한다고 유혹하면서 본격적인 강세장이 시작될 것이라는 전망을

담은 기사를 마구 쏟아냈습니다. 이 같은 정부의 개입으로 2014년 6월 2,000선을 오르내리던 상하이 종합 지수는 단 1년 만인 2015년 6월에는 5,000선을 돌파할 정도로 빠르게 치솟아 올랐습니다.

이처럼 주가가 치솟아 오르자 중국의 국영 및 민영 기업들은 이 같은 기회를 틈타 무더기로 기업 공개에 나서고 잇따라 유상 증자를 단행해 대규모로 자금을 조달했습니다. 그 결과 상하이 증시에서는 상장사가 2013년 953개에서 2016년 1,182개로 늘었고, 선전 증시에서는 1,536개에서 1,870개로 폭증했습니다. 같은 기간 상하이 증시에 상장된 총 주식의 수는 2조 5,000억 주에서 3조 3,000억 주로 늘어났고 선전 증시에 상장된 총 주식의 수는 8,000억 주에서 1조 6,000억 주로 무려 2배 가까이 늘었습니다.

덕분에 기업은 각종 신사업을 시작할 자금을 조달할 수 있었지만, 단기간에 시장에서 유통되는 주식이 폭증하자 증시 상승에는 큰 부담으로 작용하기 시작했습니다. 이처럼 상장된 주식이 폭증한 상황에서 더 이상 주식을 새로 사들일 투자자가 유입되지 않자 2015년 6월부터 주가가 폭락하기 시작했습니다. 그런데도 국영언론들은 주가의 단기 조정을 걱정하지 말고 장기 투자를 하라는 논조의 기사와 사설을 쏟아냈습니다.

하지만 국영언론들의 선동에도 불구하고 주가가 속절없이 추락하면서 이듬해인 2016년 1월에는 상하이 지수가 고점 대비 거의 반 토막 수준인 2,600대로 추락했습니다. 주식 수가 더 많이 늘어난 선전 증시에서는 주가 지수가 반 토막도 안 될 정도로 폭락했습니다. 2015년 주가 하락률은 2007년 버블 붕괴 시기보다는 나았지만, 주식시장에 참가했던 개인 투자자가 늘어난 탓에 더 광범위한 피해가 발생했습니다.

그렇게 중국 증시에서는 2007년과 2015년에 마치 쌍봉낙타의 등처럼 두 번에 걸친 증시 버블과 버블 붕괴가 일어났는데요. 중국 버블의 가장 큰 특징은 중국 정부와 금융당국, 국영언론이 버블을 키운 주범이었다는 점입니다. 게다가 이들이 어떻게든 버블을 유지하고자 했음에도 불구하고 일단 버블 붕괴가 시작된 이후에는 그 어떤 수단으로도 막을 수 없었죠.

이 같은 투기 열풍은 중국 정부가 정치적 목적을 달성하기 전까지는 뜨겁게 달아올랐지만 일단 목적을 달성하면 순식간에 꺼져버렸

기 때문에 중국 투자를 계획하고 있다면 중국 정부의 심중을 잘 읽어야 합니다.

게다가 중국에서는 정부의 개입으로 멀쩡한 기업이 하루아침에 퇴출되거나 경영 상태가 악화되는 경우도 많기 때문에 투자에 더욱 유의해야 합니다. '중국판 우버'로 불리는 차량 호출 서비스인 디디추싱이 그 대표적인 사례인데요. 디디추싱이 2021년 6월 말 뉴욕증권거래소에 기업공개를 해서 40억 달러를 조달하자마자 열흘 만에 중국 정부는 디디추싱이 개인정보 보호 의무를 소홀히 했다며 모든 앱 스토어에서 내리라고 명령했습니다.

사실상 디디추싱의 새로운 시장 확장을 불가능하게 만든 셈인데요, 그 여파로 디디추싱 주가가 한때 30% 넘게 하락한 것은 물론, 중국의 기술주가 전반적으로 급락세를 보였습니다. 디디추싱은 사실상 중국의 차량 호출 서비스를 독점하다시피 한 대표적인 해자 기업입니다. 하지만 제아무리 좋은 기업이라도 중국 정부의 규제 한 번에 주가가 출렁거리거나 심지어 퇴출될 수도 있어 중국에 투자하려면 정부라는 리스크를 충분히 고려해야 합니다.

중국에 투자할 때 또 다른 문제점은 낮은 투명성입니다. 미국에 상장했던 중국 기업들 중에 루이싱커피(瑞幸咖啡, Luckin Coffee)처럼 회계 부정이나 허위 공시로 문제가 됐던 기업들은 어김없이 시장에서 퇴출된 바 있습니다. 미국의 경우 미국증권거래 위원회가 회계와 공시 투명성을 철저히 관리하는 데다 기관이나 개인 투자자들이 직접 회계 부정이나 허위 공시를 하는 기업을 찾아내고 주가 하락에 베팅하는 효율적인 시장 시스템도 발달해있기 때문입니다.

그러나 중국 증시에서는 엄정한 감독이 이루어지기가 쉽지 않습니다. 미국 같은 선진국만큼 회계 투명성이 높지 않은 데다 기업 임원들과 고위 공무원들과의 꽌시(关系: 중국 특유의 인맥 문화)가 더 중요한 역할을 하고 있기 때문입니다. 게다가 투자 여부를 결정하는 기관 투자가들의 자율성마저 낮은 편이기 때문에 시장의 자정 기능은 애초에 기대하기 어렵습니다. 이 때문에 중국의 개별 주식에 투자해 성공하려면 그 불투명한 시장을 꿰뚫어 볼 수 있는 남다른 눈을 갖고 있어야 합니다.

중국 투자가 어려운 또 다른 이유는 개인 투자자의 비중이 너무 높다는 데 있습니다. 2015년 중국 증시 버블 당시 전체 주식 거래량의 90% 이상이 개인 투자자 거래였을 정도로 개인 투자자 비중이 높았는데요. 지금은 개인 투자 비중이 80% 정도로 다소 줄어들었지만 여전히 다른 나라와 비교하면 그 수치가 압도적으로 높습니다. 2020년 미국의 개인 투자자 비중이 20%이고 중국 다음으로 높은 편인 한국이 66%인 것에 비하면 여전히 세계에서 가장 개인 투자자의 거래 비중이 높은 나라에 속하죠.

중국처럼 개인 투자자 비중이 높으면 주가 변동성이 커지는 문제가 있습니다. 물론 변동성이 크면 주가가 오를 때 더 강하게 치솟아 오르기 때문에 강세장에서는 단기적으로 더 큰 돈을 벌 기회가 될 수 있지만, 개인 투자자 비중이 클수록 기업의 내재가치보다 막연한 기대감에 의해 주가가 오르는 경우가 많기 때문에 주가가 급등했을 때 고점에 투자를 시작했다가는 오랫동안 전고점을 회복하지 못할

가능성이 더욱 커질 수밖에 없습니다.

　물론 이 같은 온갖 약점에도 불구하고 최근 40년 동안 전 세계에서 가장 높은 성장률을 유지해온 중국 경제의 특수성으로 볼 때 중국 투자는 한 번쯤 고려해볼 만한 선택지인 것은 분명합니다. 다만 본격적인 투자에 앞서 증시에 영향을 미칠 수 있는 중국 정부의 정책 방향을 정확히 파악하는 것이 중요합니다. 또한 불투명한 시장 환경을 꿰뚫고 진짜 좋은 기업을 찾아낼 수 있는 안목도 키워야 한다는 점을 명심해야 합니다.

중국 경제를 압박하는 5중의 위협

중국 경제는 그동안 세계 어떤 나라보다 빠른 성장을 해왔습니다. 이를 기반으로 중국은 2035년까지 중국의 GDP를 2배로 끌어올려 미국의 GDP를 넘어서겠다는 야심찬 계획을 내놓기도 했죠. 물론 중국이 지난 40년 동안 이룩해온 놀라운 성장을 앞으로도 지속할 수 있다면 충분히 가능한 얘기지만, 중국이 이 같은 과거의 성장률을 유지하려면 앞으로 중국의 성장을 압박할 '5중 위협'을 넘어서야 합니다.

어떤 나라든 계속 고성장을 하려면 인구나 투자, 생산성 중에 반드시 하나는 빠르게 늘어나야 합니다. 중국은 인구와 투자, 생산성 등 모든 측면에서 다른 나라와는 비교할 수 없을 정도로 유리했기 때문에 지금까지 고성장을 누릴 수 있었습니다. 생산 연령 인구(15~64세 인구)가 급증한 것은 물론, 이들이 도시로 이주하면서 활용할

📊 중국의 성장을 저해할 '5중 위협'

| 인구 감소 | 빈부 격차 | 중진국 함정 | 부채 | 미국의 견제 |

수 있는 노동력이 급증한 데다 세계 최대 시장을 노린 글로벌 자금을 유리한 조건으로 유치했기 때문입니다.

인구

먼저 인구 측면을 살펴보면 중국 경제는 그동안 엄청난 인구와 급속하게 진행된 도시화 덕분에 인구 보너스(demographic bonus; 총인구 중에 생산할 수 있는 인구가 늘어나면서 경제성장률이 증가하는 현상)를 누렸습니다. 40년 전만 해도 중국 전체 인구의 90%가 농촌에 살았는데요. 어차피 경작지는 한정돼 있었기 때문에 농촌 인구의 상당수가 사실상 유휴인력이나 다름이 없었습니다.

그러다가 경제 개발로 많은 인력이 도시로 이동하기 시작하면서 엄청난 노동력의 증가 현상이 일어났습니다. 원래 경제가 급성장하면 노동 부족 현상이 일어나고 임금이 치솟아 올라 수출 경쟁력이

약화되기 마련이지만, 중국은 아무리 빠른 성장을 해도 얼마든지 농촌에서 유휴 인력이 유입되어 노동력이 지속적으로 공급되었기 때문에 오랫동안 임금 상승을 억제할 수 있었습니다.

하지만 도시화가 가속화되면서 이제는 중국 전체 인구의 61%가 도시에 살게 되었습니다. 물론 많은 선진국들의 도시 인구가 80~90%에 이르는 점을 감안하면 아직도 중국에 도시화 여력이 남았다고 보는 전문가들도 있습니다. 중국도 언젠가는 선진국들 수준으로 도시 인구가 늘어나는 날이 오겠지만 지금 당장은 도시화 속도가 급격히 둔화되고 있습니다.

중국에서는 출산율 하락도 심각한 문제인데요. 중국의 2020년 합계 출산율은 1.3명으로 중진국 평균은 물론 선진국 평균에도 못 미칩니다. 물론 2020년 우리나라의 합계 출산율은 0.84명에 불과하지만, 우리는 1인당 국민 소득이 이미 3만 달러 시대를 넘어선 이후인 2020년에 처음으로 인구 감소가 시작됐고, 중국은 1인당 국민 소득이 1만 달러 초반인 중진국 수준에서 이제 곧 인구 감소가 시작될 것이라는 것이 결정적인 차이점입니다.

결국 앞으로 중국은 도시화에 따른 노동 인구 증가나 생산 연령 인구 증가에 따른 경제 성장 효과를 기대하기가 어려워졌습니다. 오히려 급격한 노동력 감소로 경제 성장이 둔화되는 인구오너스(demographic onus; 생산 연령 인구가 줄고 부양해야 할 고령층이 늘어나면서 경제 성장이 정체되는 현상)를 걱정해야 할 상황입니다. 이에 중국 정부가 급하게 3자녀까지 출산을 허용하는 등 인구 감소를 막기 위한 정책 전환에 나섰지만, 이미 경제·사회 구조가 저출산을 야기하고 있는 중국에서 다시 출산율을 끌어올리기는 어려운 상황입니다.

빈부 격차

중국의 고질적인 또 하나의 문제는 빈부 격차입니다. 2019년 중국에서 빈부 격차를 나타내는 지니 계수(gini coefficient)는 0.46을 기록했습니다. 우리나라와 일본, 대만이 대체로 0.33~0.35 수준인 것과 비교하면 중국의 빈부 격차는 정말 심각한 편입니다. 게다가 이마저도 과소 평가됐다는 지적이 많을 정도로 상황이 심각한 탓에 빈부 격차가 큰 중국에서 저소득층이 아이를 낳아 키운다는 것은 매우 어려운 일일 수밖에 없습니다.

게다가 베이징이나 상하이 등 중국의 주요 1선 도시의 경우 근로자들이 한 푼도 쓰지 않고 40년 이상 모아야 집 한 채를 살 수 있는 상황인데요. 이는 뉴욕, 도쿄, 베를린, 서울 등 주요 선진국의 도시가 10~20년 정도 모으면 집을 살 수 있는 것과 비교했을 때, 소득 대비 집값은 선진국보다 2~3배 이상 비싼 편입니다. 이렇다보니 중국의 청년들은 부모에게 물려받은 돈 없이 자신들이 번 돈만으로 집을 마련할 수 있을 것이라는 꿈을 포기하고 있는 실정입니다.

이처럼 빈부 격차가 커진 데다 최근에는 부의 세습까지 시작되면서 청년들 사이에서는 이제 더 이상 자신의 힘만으로는 결코 성공할 수 없다는 비관론이 퍼져나가고 있습니다. 아무리 노력해도 아무런 차이를 만들지 못하는 상황에 빠지자 중국에서는 가난한 상황을 극복하기 위해 노력하기보다 아예 자포자기해서 아무것도 하지 않으려는 이른바 '탕핑족(躺平族; 누워서 아무것도 하지 않는 청년 세대)'을 자처하는 청년들이 늘어나고 있습니다.

탕핑족

탕핑족은 1980년대 이후 태어난 일본의 욕망을 잃어버린 청년 세대를 칭하는 '사토리 세대(さとり世代; 득도한 세대)'나 우리나라의 N포 세대와 비슷한 개념으로, 이미 빈부 격차가 확대된 1990년대 이후 태어난 청년들 사이에서 크게 확산되고 있습니다. 이들은 이제 중국에서는 뼈를 갈아 넣는 '996 근무(오전 9시부터 밤 9시까지 주 6일 근무)'를 해도 삶이 나아질 희망이 없다며 차라리 욕망을 포기하는 게 편하게 사는 길이라고 주장하고 있습니다.

한때 차이나 드림(China dream)을 꿈꾸던 청년들이 넘쳐나면서 중국은 40년 성장을 누렸지만, 이미 그 꿈을 성취한 기존의 부유층이 청년들의 성공 사다리를 끊어버리면서 청년들이 아예 노력 자체를 포기하기 시작한 겁니다. 중국 청년들이 포기한 욕망에는 기본적으로 연애와 결혼, 출산이 포함되어 있어 극심한 빈부 격차가 출산율을 끌어내리고 경제의 활력을 악화시키는 악순환이 이제 곧 시작될 것이라는 우려가 점점 커지고 있습니다.

중진국 함정

이러한 상황에서 더 큰 문제는 중국의 생산성 증가율까지 둔화되고 있다는 점입니다. 중국은 고성장을 누렸던 지난 40년 동안 높은 노동 생산성 증가율을 자랑해왔습니다. 2007년까지만 해도 9.3%를 기록했던 노동 생산성 증가율이 2019년에는 6.3%로 뚝 떨어졌습니다. 이렇게 생산성 증가율이 낮아진 데는 여러 가지 이유가 있지만 그 중에서도 가장 큰 이유는 중국의 노동 생산성 증가를 이끌었던 '빠른 추격자(fast follower) 전략'이 더 이상 통하지 않게 됐기 때문입니다.

중국은 사실 다른 나라의 특허권조차 무시하는 모방 전략으로 빠른 생산성 증가를 누려왔습니다. 또 거대한 내수 시장을 무기로 중국에 투자하는 글로벌 기업들에게 기술 이전을 요구하기도 했죠. 게다가 선진국들은 과거 저개발국가였던 중국에 선진국 수준의 지적 재산권 보호를 요구하지도 않았습니다. 하지만 이제 중국이 본격적인 경쟁 상대로 떠올랐기 때문에 선진국들이 견제를 강화하기 시작한 만큼 예전처럼 다른 나라 기술을 베끼기가 쉽지 않게 됐습니다.

이미 중국의 기술 수준이 충분히 높아져서 더 이상 과거처럼 베끼는 것만으로는 빠른 생산성 향상을 기대하기도 어려운 상황입니다. 중국이 과거와 같은 생산성 증가 속도를 유지하려면 이제 한발 더 나아가 스스로 새로운 혁신의 주체가 될 수 있어야 합니다. 이를 위해서는 자신이 이룩한 혁신에 대해 정당한 대가를 받아갈 수 있는 공정한 시스템과 시장 자율의 혁신 생태계가 필수적입니다.

그러나 중국에서는 제아무리 놀라운 혁신을 이룬 창업자라 할지라도 중국 정부가 마음만 먹으면 언제든 그 혁신의 대가를 빼앗아 갈 수 있다는 우려가 커지고 있는데요. 마윈(馬雲)이 창업한 알리바바의 자회사 앤트그룹의 상장을 중국 정부가 강제로 중단시킨 경우가 그 대표적인 사례입니다. 중국에서 실리콘밸리와 같은 공정한 경쟁 시스템이나 시장 자율의 혁신 생태계를 기대하기에는 정부의 입김이 너무 강하다는 게 문제입니다.

그동안 중국의 빠른 성장을 이끌었던 천문학적인 설비투자도 이제는 중국 경제의 골칫거리로 떠오르고 있습니다. 지금까지 중국은 WTO 가입 이후 거대 내수 시장을 미끼로 엄청난 해외 투자를 유치했습니다. 게다가 2008년 글로벌 금융 위기 이후에는 중국 정부와 지방 정부의 천문학적인 부양책을 통해 과도하다고 할 정도로 많은 투자를 이끌어냈죠. 지금도 중국 경제의 성장은 소비보다 투자가 이끌고 있다고 해도 과언이 아닙니다.

하지만 그동안 이뤄진 과도한 투자 때문에 이제는 과잉 투자와 과잉 생산이 중국 경제의 고질적인 병폐로 떠오르고 있습니다. 심지어

과잉 투자와 과잉 생산에 이어

보조금

지방 정부

중국 정부

부실 기업

중국 정부와 지방 정부의 각종 보조금으로 마땅히 퇴출됐어야 할 부실기업까지 지원해왔기 때문에 중국에는 영업이익으로 이자도 갚지 못하는 좀비 기업들이 넘쳐나고 있습니다. 중국이 뒤늦게나마 이런 좀비 기업을 정리하기 위해 나섰지만, 이런 구조 조정이 본격화되면 과거와 같은 고성장을 유지하기는 쉽지 않을 겁니다.

부채

중국은 이 같은 온갖 악재를 모두 빚으로 틀어막고 있는데요. 중국의 GDP 대비 기업과 가계, 정부 부채를 합친 총부채 비율은 미국에 육박할 정도입니다. 사실 선진국이 되어 금융이 고도화될수록 총부채 비율이 올라가는 것은 통상적인 현상입니다. 하지만 경제 발전 단계로는 중진국 수준에 불과한 중국의 총부채 비율이 세계 1위 선진국인 미국과 비슷하다는 것은 중국의 부채 문제가 얼마나 심각한가를 보여주는 중요한 지표입니다.

특히 중국 지방 정부의 부채 문제는 부동산 버블과 연결되어 있어 더욱 심각합니다. 중국에서는 지방 정부가 직접 천문학적인 빚을 지고 대규모 신도시를 개발해 자금을 조달해왔는데요. 지금까지는 개발만 하면 부동산 가격이 치솟아 올랐기 때문에 지방 정부가 큰돈을 벌어왔지만, 부동산 개발 단계에서 자칫 집값이 떨어지기라도 하면 지방 정부의 채무 부담은 천문학적인 수준으로 불어날 수 있습니다.

게다가 앞서 말한 것처럼 중국은 아무리 물건을 팔아도 이자도 갚지 못하는 이른바 좀비 기업 문제가 심각합니다. 지금도 좀비 기업들이 살아남아 생산을 계속하고 있기 때문에 시장 가격을 끌어내리고 있어 멀쩡한 기업까지 좀비 기업으로 만들고 있습니다. 지금은 중국의 4대 국영 은행이나 지방 정부 또는 지방 정부 산하 은행들의 지원으로 간신히 명맥을 유지하고 있지만, 만일 좀비 기업들이 점점더 한계 상황에 내몰리면 은행들의 부실로 연결돼 전체 경제 시스템의 위기를 불러올 위험이 있습니다.

더구나 중국 기업들은 글로벌 금융 위기 이후 미국의 낮은 금리를 이용해 중국의 외환 보유고를 넘어서는 엄청난 규모의 달러 자금을 조달해왔는데요. 당장 2021년은 중국의 성장률이 회복돼 중국 기업들의 부채 문제가 수면 아래로 내려갔지만, 앞으로 중국의 성장률이 조금만 낮아져도 중국의 금융 안정성을 위협하는 심각한 문제가 될 수 있습니다. 이 때문에 중국이 2022년 이후에도 지금의 6~7%대 성장률을 유지할 수 있는지 예의 주시할 필요가 있습니다.

미국의 견제

중국의 또 다른 문제는 바로 미국의 본격적인 견제가 시작됐다는 점입니다. 중국은 2010년 이후 자신들의 경제력을 믿고 전랑외교(戰狼外交: 경제력과 군사력을 바탕으로 무력과 보복 등 공세적 외교를 지향하는 중국의 외교) 방식으로 주변 국가는 물론 서방 선진국까지 압박해왔습니다. 이를 통해 중국의 달라진 위상을 확인하고 중국 내부의 결속을 강화한 대신 다른 국가를 적으로 돌리고 말았습니다.

트럼프 전 대통령은 미국의 전통적인 우방 국가들마저 적으로 돌렸기 때문에 중국의 전랑외교가 큰 문제가 되지 않았지만, 바이든 행정부의 등장 이후 동맹을 강화하기 시작하면서 중국의 외교적 고립이 시작됐습니다. 사실 글로벌 기업들 입장에서는 자국의 이해관계에 따라 언제든 경제적 보복을 가하는 나라를 믿고 투자하기란 쉬운 일이 아닐 겁니다. 그런 탓에 이제 거침없이 상대국을 밀어붙였던 과거 중국의 외교 방식이 중요한 시험대에 올랐다고 해도 과언이 아닙니다.

앞으로 미·중 패권 전쟁이 더욱더 거세게 일어날 경우, 중국은 미

국과 진검승부를 해야 하는 상황에 부닥칠 수도 있습니다. 미국과의 패권 전쟁은 40년 동안 지속해왔던 중국의 경제 성장에 가장 큰 위협 요인이 될 수 있습니다. 지금까지 세계사를 돌이켜보면 강대국 간의 패권 전쟁에서는 의외의 결과가 나온 적도 있기 때문에 아직 승패를 단언하기는 어렵지만, 경제적으로는 아직 중진국 상태인 중국이 세계 최강인 미국과 경제·외교 전쟁을 벌이는 것은 쉬운 일이 아닐 겁니다.

여기까지가 앞으로 중국 경제를 압박할 '5중 위협'입니다. 그러나 중국 경제에 반드시 위협 요인만 있는 것은 아닙니다. 워낙 오랫동안 별다른 위기 없이 압축 성장을 해왔기 때문에 위협 요인이 점점 커지고 있기는 하지만, 단일 시장으로는 규모가 워낙 큰 데다 다양한 산업에서 동시에 경쟁력을 높여가고 있는 것은 중국 경제의 장점입니다. 특히 구글 같은 주요 플랫폼 산업을 미국에 내준 유럽과 달리 알리바바와 텐센트 같은 자국 플랫폼 기업을 보유하고 있죠.

게다가 중국은 2차 산업혁명 때 뒤처진 대신 단번에 4차 산업혁명으로 넘어가는 단계 생략형 추격(stage-skipping catch-up) 전략을 쓰고 있습니다. 예를 들어 내연기관에서 축적된 경험이 많지 않은 대신 차라리 내연 기관 단계를 생략하고 곧바로 전기차로 넘어가 생산 경험을 쌓고 있습니다. 실제로 전기차 내수 시장 규모는 중국이 세계 1위인데, 2위인 미국과 3위인 독일을 합친 것보다도 그 규모가 훨씬 큽니다.

이처럼 중국 경제가 워낙 독특한 특징을 갖고 있어 여전히 기대와 우려가 교차하고 있는데요. 투자자 입장에서는 중국의 경제성장률이 다른 나라보다 높다는 것만 보고 투자를 결정하기보다는 중국이라는 나라의 특수성을 충분히 이해한 다음 투자에 나설 필요가 있습니다. 중국의 자본 시장이 분명 미국보다 훨씬 큰 변동성을 갖고 있기 때문입니다. 변동성이 크다는 것은 투자위험이 큰 만큼 높은 수익률을 낼 기회도 있다는 뜻이기도 하죠.

　다만 중국 경제는 우리가 익숙한 자본주의 경제 시스템과는 매우 다르므로 본격적인 투자에 앞서 철저한 연구가 필요하다는 점을 명심하길 바랍니다. 중국의 경제 시스템을 정확히 꿰뚫어 볼 수 있는 노련한 안목과 중국 기업의 특수성에 대한 충분한 이해를 바탕으로 투자를 시작한다면 앞으로 중국의 자본 시장도 미국 자본 시장 못지않은 부의 창출 기회를 제공할 수도 있을 겁니다.

공정함이 무너진 나라에
투자하면 안 되는 이유

과거 미국의 닷컴버블 붕괴 이후 유럽 국가들의 주가 지수도 일제히 하락세를 보인 적이 있습니다. 당시 미국과 영국 등 일부 국가들만 닷컴버블 당시 주가를 상회하는 높은 상승률을 보였을 뿐, 유럽 대륙 국가 중에는 아직도 그 당시 주가를 회복하지 못한 나라들이 많습니다. 오랜 기간 증시가 부진의 늪에 빠진 프랑스나 이탈리아가 그 대표적인 국가입니다.

특히 이탈리아 FTSE MIB 지수의 경우 2000년 2월 48,000을 돌파한 뒤 등락을 거듭하다가 2012년에는 4분의 1 토막 수준인 12,000선까지 떨어졌습니다. 그 뒤 반등에 성공했지만 2021년 8월에도 26,000선 안팎에 머무르고 있습니다. 무려 21년이 지난 지금도 2000년에 기록했던 주가의 반 토막 수준밖에 되지 않는 부진한 성적을

낸 것입니다.

이 같은 이탈리아 증시의 부진은 경제성장률 하락과 연관이 깊습니다. 1990년대 10년 동안 이탈리아의 연평균 경제성장률은 2.5%였습니다. 그러나 2000년대 연평균 성장률은 5분의 1 수준인 0.5%로 하락했고 2010년대에는 다시 반으로 줄면서 연평균 0.26%까지 추락했습니다. G7 국가 중에 하나로 손꼽히던 대표적인 선진국인 이탈리아에 도대체 무슨 일이 일어난 것일까요?

우선 이탈리아가 당면한 가장 큰 문제는 인구가 급격히 줄어들고 있다는 점입니다. 2020년 이탈리아의 합계 출산율은 1.29에 불과해 0.84인 우리나라와 1.26인 스페인을 제외하면 OECD에서 3번째로

📈 이탈리아 FTSE MIB 지수

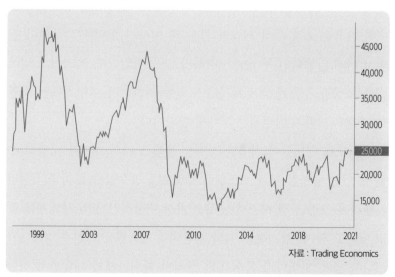

자료 : Trading Economics

출산율이 낮습니다. 게다가 저출산 문제가 우리보다 훨씬 먼저 시작됐기 때문에 2015년부터 인구 감소가 시작됐고, 이미 5년 동안 인구가 55만 명이나 줄었습니다.

이미 중국을 이야기할 때 언급했던 것처럼 경제성장률을 높이려면 인구나 자본 투입이 증가하거나 생산성이 향상되어야 합니다. 그런데 인구가 급속히 줄어드는 나라에서는 내수 시장이 축소되고 젊고 참신한 인재도 급감하기 때문에 새로운 투자가 늘어날 가능성이 크지 않습니다. 결국 인구 감소가 시작된 나라에서 경제성장률을 끌어올리기 위해 남은 방법은 생산성을 끌어올리는 것뿐이라고 할 수 있습니다.

생산성을 끌어올리려면 새로운 혁신을 끊임없이 불러일으키는 스타트업 생태계가 갖춰져야 합니다. 이를 위해서는 무엇보다 본인의 아이디어와 노력만 있으면 성공할 수 있는 공정한 경쟁 시스템이 필수적입니다. 오직 부의 세습만 있을 뿐 아무리 노력해도 상황이 전혀 바뀌지 않는다면 누구도 노력하지 않을 것입니다. 심지어 노력에 대한 보상을 누군가 가로채거나 노력할 기회마저 빼앗긴다면 치열한 경쟁은 사라지고 경제는 정체될 것입니다.

그러므로 청년들이 치열한 경쟁을 통해 노력의 대가를 정당히 누릴 수 있는 공정한 경쟁 시스템이 무엇보다 필수입니다. 미국의 실리콘밸리가 그런 경쟁 시스템을 갖춘 가장 이상적인 창업 생태계를 갖고 있다고 할 수 있는데요. 그와 정반대로 기득권을 가진 기성세대가 그나마 남은 기회마저 독식하고, 심지어 자식들에게 세습까지 하는 바람에 경쟁력을 완전히 잃어버린 나라가 바로 이탈리아입니다.

이탈리아의 가장 심각한 문제는 기득권을 가진 기성세대가 부와 좋은 일자리를 독점하면서 청년들이 새로운 혁신을 위해 치열한 경쟁에 나설 동기 자체를 완전히 상실했다는 점입니다. 게다가 부모에게 직업까지 세습받는 경우가 많기 때문에 뛰어난 경쟁력을 갖춘 청년들은 이탈리아에서 성공하는 것을 포기하고 독일이나 미국으로의 이민을 택하는 경우가 늘어나고 있습니다.

그 대표적인 사례가 바로 2010년 27살의 젊은 나이에 자살한 청년 노르만 자르코네(Norman Zarcone)입니다. 자르코네는 교수를 꿈꾸며 대학원을 다니던 청년이었는데요. 지도 교수와 장래 직업을 상담

하는 과정에서 "너는 실력이 있어도 잘나가는 든든한 친인척이 없어 교수가 되는 것은 불가능하다"라는 말을 듣고 깊은 절망에 빠져 죽음을 택했습니다.

당시 이탈리아 대학가는 학사행정은 물론 교수 선발권까지 좌우하는 '바로네(Barone)'라고 불리는 교수들이 지배하고 있습니다. 바로네는 남작(男爵)이라는 뜻으로 이탈리아에서는 권력을 가진 교수를 상징하는 은어로 쓰이고 있습니다. 이들은 교수 지원서를 받기도 전에 자신이나 권력층의 자녀 중에서 미리 뽑을 사람을 정해놓기 때문에 교수 선발 과정은 요식 행위에 지나지 않습니다.

자르코네의 자살 이후 이탈리아 사회는 물론 정치권까지 발칵 뒤집혀 세습화된 교수 임용 관행을 막아야 한다는 여론이 들끓었습니다. 하지만 이탈리아 정치권이 늘 그렇듯이 국민들의 관심이 쏠린 동안만 개혁을 단행하는 척하며 시간을 끌다가 국민들의 관심이 멀어지자 별다른 제도 개혁 없이 어물쩍 넘어가버리고 말았습니다.

이처럼 세습이 일상화되어 있어 재능있는 청년들은 아예 이탈리아에서 성공하겠다는 꿈을 접고 해외로 탈출하고 있습니다. 실제로 이탈리아를 탈출해 미국에서 진화생물학의 대가가 된 다리오 마에스트리피에리(Dario Maestripieri)는 자신의 저서 『영장류 게임』[2]에서 이같은 이탈리아의 현실을 신랄하게 비판하기도 했습니다. 하지만 그 어떤 비판에도 이탈리아 기득권층의 직업 세습은 변함없이 계속되고 있죠.

이탈리아에서는 교수뿐만 아니라 기업인과 각종 전문직 종사자들이 자신의 직업과 부를 자식에게 물려주는 데 혈안이 되어 있습니다. 심지어 택시 면허 가격이 턱없이 비싸서 자영업자인 택시 기사 직업마저 부모에게 세습을 받는 경우가 많습니다. 이렇게 사회 전반에 만연한 세습은 청년들에게 노력이 부의 차이를 만들 수 없다는 박탈감을 키워 이탈리아 경제에 치명적인 악영향을 주고 있습니다.

문제는 이탈리아의 기득권층이 청년 세대 전체를 위해 경제 구조를 혁신하는 길을 택하지 않고 오직 자신의 자녀에게만 부와 직업을 세습하는 최악의 선택을 하고 있어 '세습형 경제구조'를 고착화시키고 있다는 점입니다. 이 때문에 대다수 이탈리아 청년들은 3명 중 1명이 실업자일 정도로 높은 실업률에 고통받고 있습니다.[3]

아무리 노력해도 부모에게 부와 직업을 물려받은 사람을 도저히 따라잡을 수 없다면 누가 최선을 다해 노력하고 혁신에 나설까요? 반대로 아무런 노력도 하지 않아도 부모에게 직업과 부를 세습 받을 수 있다면 누가 최선을 다해 노력할까요? 결국 세습형 경제에서는 결단코 혁신이 일어날 수 없고, 그런 나라에서 생산성 향상을 통한 경제 성장을 기대하기는 불가능할 것입니다.

게다가 세습형 경제가 자리 잡아 소수가 부동산과 부를 대물림하는 바람에 이에 소외된 청년들의 대다수는 결혼과 출산을 포기하고 있습니다. 그 결과 세습형 경제 구조가 고착화된 이탈리아와 스페인의 출산율은 유럽에서 최하위권으로 추락했죠. 이 같은 구조를 바꾸지 않는 한 남유럽 국가들은 출산율 저하는 물론 경제적 몰락도 피할 수 없을 것입니다.

이처럼 생산성 추락과 성장률 둔화에 출산율 둔화까지 장기화되면서 이탈리아 증시도 함께 몰락의 길을 걷기 시작했는데요. 이탈리아 주가 지수가 20년이 넘도록 2000년에 기록했던 고점의 절반 수준을 맴도는 것은 결코 우연이 아닙니다. 혁신이 사라진 경제에서 주가가 장기적이고 지속적으로 상승하리라고 기대하는 것은 헛된 망상에 불과합니다. 당장은 기득권층의 자녀들에게 유리해 보일지 모르지만, 결국 성장이 정체된 경제에서는 자산 가격이 주저앉게 되어 모두를 더욱 가난하게 만들 뿐입니다.

이 때문에 해외 투자를 할 때는 개개인의 노력과 재능이 제값을

받을 수 있는 건전한 생태계를 갖춘 나라에 투자해야 합니다. 한 나라가 치열한 경쟁을 유도하는 공정한 보상시스템을 갖추면, 공정한 시스템에 목말라 있는 전 세계의 뛰어난 인재들까지 끌어들이면서 혁신을 창출하는 강력한 용광로가 되기 때문입니다.

이 같은 측면에서 우리나라는 지금 중요한 시험대에 올라있다고 봐도 무방합니다. 우리나라는 일본이나 이탈리아, 스페인 같은 나라보다는 20년쯤 늦게 고령화가 시작됐지만, 합계 출산율이 세계 200여 개 나라 중에 최하위 수준으로 추락한 탓에 그 어떤 나라보다도 고령화 속도가 빠릅니다. 이 때문에 그대로 방치하면 수년 안에 이탈리아보다도 인구구조가 악화될 심각한 상황에 처해있습니다.

인구구조가 악화된 경제가 지속적인 성장을 하려면 오직 혁신을 통한 생산성 향상만이 유일한 희망인 만큼, 이를 위해서는 무엇보다 창의적인 청년들이 최선을 다해 노력해 뛰어난 성과를 내기만 하면 그에 상응하는 정당한 보상을 받을 수 있는 공정한 시스템이 확립되어야 합니다. 이런 시스템을 만들어 내느냐 아니면 이탈리아처럼 세습형 고착 경제로 주저앉느냐가 앞으로 우리나라의 새로운 도약과 몰락의 중대한 전환점이 될 것입니다.

그런데 안타까운 점은 청년들이 우리나라 경쟁 시스템의 공정성에 대해 매우 안 좋은 평가를 하고 있다는 겁니다. 서울 연구원이 2020년 7월 서울에 거주하는 20~39세 청년들을 대상으로 서울 청년 불평등 인식을 조사한 결과 '우리 사회는 노력에 따른 공정한 대가가 제공되고 있다.'는 설문에 긍정적인 답변을 한 응답자는 14%에

불과했습니다.[4]

특히 심각한 것은 '사회적 성취에 내 노력보다 부모의 사회 경제적 지위가 더 중요하다.'라는 응답이 55%였고, '본인의 노력이 더 중요하다'는 응답은 23%에 그쳤다는 점입니다. 특히 '한국 사회에서 부모의 사회 경제적 지위가 자녀에게 대물림 되는 현상이 얼마나 심각한가?'라는 질문에 대해서는 무려 86%가 심각하다고 답변했습니다.

앞으로 오직 혁신만이 희망인 우리나라에서 청년들의 인식을 바꿀 만큼 획기적인 개혁에 나서지 않는다면 우리도 이탈리아와 같은 상황을 피하기 어렵습니다. 이탈리아처럼 경제 전체가 불황의 늪에 빠지기 전에 혁신적인 청년들이 정당한 노력의 대가를 받을 수 있는 공정한 경쟁 시스템과 무너진 역전의 사다리를 바로 세워야 할 것입니다.

원자재 가격 돌풍,
그래도 원자재에 올인하면 안 되는 이유

2021년 상반기에는 코로나19 이후 폭락했던 구리 가격이 미국의 천문학적인 양적 완화와 경기 회복에 대한 기대감으로 단 1년 만에 2배 이상 뛰어오르면서 큰 화제가 됐습니다. 비단 구리만이 아니라 원유를 비롯해 목재와 철강, 석탄 등 온갖 원자재 가격이 동반 급등해 원자재 투자가 일반인들 사이에서도 큰 인기를 끌었습니다.

사실 우리나라 개인 투자자들 사이에서 원자재 투자에 대한 관심이 커진 것은 이번이 거의 처음이지만, 원래 글로벌 금융회사가 포트폴리오를 구성할 때 원자재를 자산의 일부로 편입해두는 경우는 드문 일이 아닙니다. 헤지펀드의 제왕이라고 불리는 레이 달리오의 사계절 포트폴리오는 전체 자산의 7.5% 정도를 원자재에 투자하고 있습니다.

특히 원자재 투자가 가장 관심을 끄는 시기는 실물 경기가 회복될 조짐이 보이기 시작하거나 인플레이션 압력이 커지거나 연준이 막대한 돈을 풀었을 때입니다. 그 대표적인 사례가 글로벌 금융 위기 직후 찾아온 원자재 슈퍼사이클입니다. 금융 위기 시절 미국이 대규모 양적 완화를 단행한 직후 미국의 증시 반등과 함께 원유와 구리 등 주요 원자재 가격이 치솟아 올랐습니다.

그러다가 2013년 5월 22일, 벤 버냉키 전 연준 의장이 느닷없이 양적 완화 규모를 축소하는 테이퍼링을 언급하자 주가가 급락하는 등 금융 시장의 변동성이 커졌습니다. 하지만 정작 테이퍼링이 시작된 이후에는 미국 증시가 그 충격을 이겨내고 오히려 반등을 시작했지만, 주요 원자재 가격은 이미 2013년 초부터 대세 하락기로 접어들면서 원자재 슈퍼사이클은 막을 내렸습니다.

사실 원자재 가격은 단기 변동성이 크기 때문에 원자재 슈퍼사이클이 시작되면 주가 지수 상승폭보다 더 큰 변동이 일어나는 경우가 적지 않습니다. 이 때문에 연준이 돈을 풀 때 고수익을 추구하는 투자자들이 원자재 투자에 큰 관심을 보이게 되지만, 증시와 달리 다양한 위험성이 있어 단지 수익률만 보고 투자를 해서는 안됩니다.

원자재 시장의 가장 큰 위험성은 변동성입니다. 원자재는 시장 참여자들의 수가 증시보다 훨씬 적기 때문에 소수의 큰 손에 의해 크게 휘둘리는 엄청난 변동성을 보이는 경우가 많습니다. 그 대표적인 사례가 1980년 3월 27일 '실버 목요일'로 불리는 은값 대폭락 사태인데요. 1980년 1월 1트로이온스(troy ounce) 당 50달러에 육박해 역사적 고점을 기록했던 은값이 3월 들어 20달러대로 주저앉더니 이날 하루 만에 반토막이 나면서 10달러로 떨어졌습니다.

이 같은 은값 폭등과 폭락 사태의 원인은 텍사스 유전 개발 사업으로 한때 세계 최고 재벌 반열에 올랐던 H. L. 헌트(H. L. Hunt)의 두 아들 넬슨 벙커 헌트(Nelson Bunker Hunt)와 윌리엄 허버트 헌트(William Herbert Hunt) 형제, 단 두 명이 벌인 희대의 은 투기 사건 때문입니다.

1970년대 인플레이션이 가속화되면서 돈 가치가 추락하자 은값도 오르기 시작했습니다. 1970년 1트로이온스에 1.7달러였던 은값은 1979년 10달러에 육박했습니다. 헌트 형제는 1973년에 1온스를 2.5달러에 사고 잊어버리다시피 했던 수백만 온스의 은값이 3배가 넘게 급등하자 돈을 벌 기회로 보고 1978년부터 시중에 있던 은을 거의 싹쓸이하다시피 사들여 은값을 끌어올리기 시작했습니다.

1979년부터는 사우디 왕가의 막대한 자금까지 끌어들여 선물과 현물을 동시에 대량 매수해 무려 100억 달러(약 11조 원) 어치의 은을 사들였는데요. 이를 통해 헌트 형제는 전 세계 현물 시장에서 유통되던 은 물량의 절반을 사들였고, 선물 시장의 3분의 2를 장악해 시장을 제멋대로 주무를 수 있을 정도가 됐습니다. 이처럼 헌트 형제가 매집을 시작한 이후 은값은 더욱 치솟아 올라 1979년 초 10달러였던 은값이 1980년 1월에는 50달러를 돌파했습니다.

그러나 헌트 형제가 간과한 점이 있었습니다. 은은 단순히 귀금속이나 투자 수단일 뿐만 아니라 중요한 산업 소재라는 점이죠. 은값이 치솟아 오르자 필름과 인화지를 만들던 코닥(Kodak)뿐만 아니라 은을 소재로 사용하던 수많은 전기·전자 업체들이 은값 폭등에 따른 원가 상승으로 어려움을 겪기 시작했습니다.

이 때문에 인플레이션으로 골머리를 앓고 있던 미국 정부나 금융 당국도 가만히 있을 수만은 없게 되었죠. 그래서 은값 상승을 막기 위해 1980년 1월 7일 뉴욕상품거래소(COMEX)가 나서서 은 선물 계약 한도를 300만 온스로 제한했습니다. 그런데도 헌트 형제가 온갖 우회적인 방법으로 은값을 더욱 끌어올리려 하자 시카고선물거래소 (CBOT)가 나서 아예 신규 은 선물 상품 발행을 중단시키는 극약 처방을 내렸습니다.

게다가 당시 연준 의장이었던 폴 볼커(Paul Volker)가 은행들로 하여 금 투기 목적의 자금 대출을 중단하라고 요구했습니다. '투기 목적' 이라고 표현했지만 사실상 헌트 형제의 자금줄을 차단하라고 은행 들에 지시한 것이나 다름이 없었습니다. 결국 거래소와 연준의 파상

공세에 밀린 헌트 형제는 은값에 대한 통제력을 잃고 말았습니다. 그 결과 은값이 속절없이 추락하더니 결국 3월 27일 은값이 10달러로 주저앉는 실버 목요일이 찾아왔습니다.

실버 목요일의 여파는 실로 엄청났습니다. 넬슨 벙커 헌트는 선물계약에서 반대매매를 당해 엄청난 돈을 잃었고, 그 뒤에도 수많은 소송에 시달렸습니다. 그 결과 1988년에는 5억 달러의 빚을 갚지 못해 파산 보호 신청을 했죠. 그때까지 개인 파산 규모로는 사상 최대 규모였습니다. 결국 빈털터리로 전락한 넬슨 벙커 헌트는 2014년 노인 보호 시설에서 쓸쓸한 죽음을 맞이했습니다.

문제는 원자재 시장에서 헌트 형제와 같은 방식의 사재기나 시세 조정이 지금도 빈번하게 일어나고 있다는 점입니다. 최근 집중적으로 은을 사들인 것은 미국의 대형은행인 JP모건체이스(JPMorgan Chase

헌트 형제의 은 투기에 따른 은값 변화

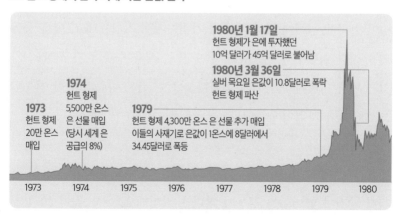

1980년 1월 17일
헌트 형제가 은에 투자했던
10억 달러가 45억 달러로 불어남

1980년 3월 36일
실버 목요일 은값이 10.8달러로 폭락
헌트 형제 파산

1974
헌트 형제
5,500만 온스
은 선물 매입
(당시 세계 은
공급의 8%)

1973
헌트 형제
20만 온스
매입

1979
헌트 형제 4,300만 온스 은 선물 추가 매입
이들의 사재기로 은값이 1온스에 8달러에서
34.45달러로 폭등

1973 1974 1975 1976 1977 1978 1979 1980

&Co.)입니다. 그들은 심지어 은을 집중적으로 매집할 때 더 싸게 사기 위해 의도적으로 은값을 찍어 눌렀다는 시세 조작 혐의를 받아 기소까지 당한 적도 있습니다.[5]

JP모건체이스가 거의 10년 동안 은을 사 모은 덕에 2020년 현재 뉴욕상품거래소 창고에 보관된 전체 은 물량의 절반이 JP모건체이스 소유일 정도죠. 개별 원자재 시장은 주식 시장이나 국채 시장보다는 규모가 훨씬 작기 때문에 월가의 막강한 금융 자본이 제멋대로 시세를 조정할 수도 있습니다. 이런 엄청난 시장 장악력을 가진 큰 손이 있다는 점이 원자재 투자의 가장 큰 걸림돌입니다.

또한 각국 정부의 개입이 원자재 가격을 흔드는 경우도 많습니다. 원자재 가격은 자국 산업의 경쟁력뿐만 아니라 경제 전반에 큰 영향을 미치기 때문입니다. 그중에서도 미국 정부나 금융당국의 영향력이 막강하기 때문에 정책 방향을 조금만 틀어도 주요 원자재 가격이 요동치는 경우가 많습니다.

게다가 원자재를 생산하는 나라와 사용하는 나라 사이의 파워게임이나 국제 정세에 따라 원자재 가격이 출렁거리는데요. 예를 들어 원유 시장의 경우 시세를 뒤흔들 수 있는 석유 수출국 기구(OPEC)가 있는 데다 미국과 이란의 갈등이나 러시아 같은 나라의 증산 여부만으로도 원유 가격이 큰 폭으로 등락을 하는 경우가 많습니다.

또 다른 중요한 문제는 기술 혁신에 따라 특정 원자재 사용이 급격히 줄거나 늘어나는 경우가 많다는 점인데요. 예를 들어 20년 전만 해도 은 채굴량의 4분의 1이 넘는 2억 6천만 트로이온스가 사진 현상에 사용되었지만, 이후 디지털 카메라가 등장하면서 2020년에는 사진을 현상하는 데 쓰이는 은의 양이 80%나 줄어들었습니다.

원유나 천연가스 같은 에너지원도 기술 혁신에 민감할 수밖에 없는데요. 1970년대만 해도 석유는 산업 전반에 걸쳐 주요 에너지원으로 쓰였지만, 이제는 자동차나 항공기, 선박 등 운송 수단으로 사용처가 크게 축소됐습니다. 더구나 전기 자동차나 드론의 보급이 늘어나면서 석유에 대한 의존도가 더욱 낮아지게 되어 장기적으로는 원유 가격에 영향을 줄 가능성이 있습니다.

반대로 수소차 연료 전지의 주요 소재인 팔라듐(palladium, 백금)은 과거와는 달리 2018년부터 2020년까지 수소차 인기와 함께 하늘 높은 줄 모르고 치솟아 올랐습니다. 하지만 수소차에 필요한 팔라듐의 양을 줄이거나 아예 다른 소재로 대체하는 연구도 계속되고 있어 원자재에 투자한다면 변화하는 기술의 혁신 현황을 면밀히 지켜봐야 합니다. 이 같은 여러 가지 어려움 때문에 원자재 투자는 상당히 난이도가 높은 투자에 속합니다.

그럼에도 불구하고 2021년처럼 인플레이션 우려가 커진 상황에서는 원자재 투자를 권하는 전문가들도 많아졌습니다. 심지어 일부 원자재 전문가들은 원자재 가격이 크게 오르는 슈퍼사이클이 왔다고 주장하기도 합니다. 하지만 이들의 주장이 맞는다고 해도 일반인들이 전체 포트폴리오에서 원자재 비중을 과도하게 높였다가는 자신의 전체 자산이 엄청난 변동성에 노출될 위험이 있습니다.

그러므로 인플레이션 위협이 더욱 커진다고 해도 자신이 원자재에 특화된 전문가가 아니라면 원자재를 자산의 일정 비중 이상 편입하는 것은 다소 위험해 보입니다. 그래도 헤지펀드의 제왕으로 불리는 레이 달리오의 사계절 포트폴리오에서 금융자산의 7.5%를 원자재로 구성하고 있다는 점을 고려할 때 자신이 산업구조를 잘 아는 원자재에 한정해 전체 금융 자산의 10%를 넘지 않도록 비중을 조절하는 편이 나을 것으로 보입니다.

당신이 목돈을 모으지 못하는 이유

사실 투자를 시작하려면 무엇보다 먼저 충분한 종잣돈을 마련해야 합니다. 충분한 종잣돈이 없이 투자를 시작하면 빚내서 하는 투자의 유혹에 빠지게 되고, 이 경우 한 번만 실패하면 빚더미를 떠안게 되어 다시 일어서기 어려운 상황이 될 수도 있기 때문입니다. 하지만 종잣돈 모으는 것을 힘들어하는 분들이 많은데요. 그 이유는 바로 내 지갑을 열게 만드는 고도화된 현대의 마케팅 기법 때문입니다.

현대의 마케팅 기법은 인간의 심리를 교묘하게 파고들기 때문에 좀처럼 피하기가 어렵습니다. 그중 가장 대표적인 마케팅 기법은 바로 디드로 효과(Diderot effect)를 이용하는 겁니다. 18세기 프랑스 철학자였던 드니 디드로(Denis Diderot)는 친구에게 새로 유행하기 시작한 멋진 진홍색 실내복 한 벌을 선물 받았습니다. 그런데 이 실내복 한 벌이 디드로의 지출에 엄청난 나비 효과를 일으키고 말았습니다.

디드로가 멋지고 화려한 실내복을 입고 거실에 앉아 있다 보니 기존에 쓰던 소파가 너무 낡아 보였습니다. 그래서 새 실내복에 어울리는 모로코산 고급 가죽으로 만든 새 의자로 바꾸었습니다. 그랬더니 이번에는 낡은 책상과 벽걸이 장식이 소파와 어울리지 않는다는 생각이 들었고 이내 최신 유행의 책상과 벽걸이를 샀습니다. 그러다 결국 집안의 모든 가구와 장식을 바꾸고 말았습니다.

이 과정에서 예기치 않게 빚까지 지게 된 디드로는 '나의 옛 실내복과 작별한 것에 대한 유감(Regrets on Parting with My Old Dressing Gown)'이라는 제목의 에세이에서 자신이 고작 실내복 한 벌에 노예가 되었다고 토로했습니다. 새 실내복 한 벌로 시작된 작은 소비가 삶에 큰 파장을 일으켜 많은 돈을 쓰게 됐고 그 결과 마음까지 우울해졌다는 겁니다.

하버드 대학의 경제학자인 줄리엣 쇼어(Juliet Schor)는 자신의 베스트셀러 저서 『과소비하는 미국인: 왜 우리는 필요 없는 것을 원하는가?(The Overspent American: Why We Want What We Don't Need)』에서 새로운 물건을 하나 갖게 되면 이와 연관된 소비를 시작하는 연쇄 작용을 '디드로 효과'라고 소개하면서 이 용어가 널리 알려졌습니다.[6]

사실 우리는 그동안 알게 모르게 디드로 효과로 지갑을 열어왔습니다. 제 지인은 친한 친구에게 텐트 하나를 선물 받았습니다. 더 좋은 텐트로 바꾼 친구가 원래 사용하던 텐트를 준 것인데요. 텐트를 선물 받아서 캠핑을 가려고 보니 부족한 장비가 한둘이 아니었습니다. 결국 온갖 취사 장비는 물론 야외용 테이블과 의자, 야외 침구류

까지 사게 되었습니다.

이렇게 텐트에 구색을 맞추어 새 물건을 갖추다 보니 친구에게 받은 중고 텐트가 낡아 보이기 시작해 고가의 텐트를 새로 사게 되었습니다. 그리고 이렇게 캠핑 장비가 늘어나다 보니 기존의 승용차로는 다 싣고 다닐 수가 없게 되어 결국 멀쩡한 승용차를 팔고 값비싼 대형 SUV로 바꾸고 말았습니다. 그야말로 중고 텐트 하나가 거대한 소비의 소용돌이를 만들어낸 겁니다.

이 디드로 효과의 무시무시한 마케팅 효과를 가장 잘 활용하고 있는 대표적인 기업 중 하나가 바로 애플입니다. 세련된 패밀리룩 디자인과 호환성 등을 통해 아이폰 하나를 사면 이와 잘 어울리는 에어팟이나 아이패드, 맥북, 충전기는 물론, 최근에는 애플TV까지 가입하도록 자연스럽게 유도하는 마케팅 기법을 사용하고 있습니다.

삼성전자도 패션 브랜드인 톰브라운과 휠라는 물론 카카오 프렌즈 캐릭터와 협업한 제품들을 쏟아내고 있는데요. 자신이 좋아하는 패션 브랜드로 확장하거나 캐릭터를 수집하는 사람들에게 디드로 효과를 노린 대표적인 사례라고 할 수 있습니다. 이런 디드로 효과에 넘어간 소비자는 필요 없는 물건에도 쉽게 지갑을 열 수밖에 없습니다.

또 다른 마케팅 기법은 경제학에서도 유명한 '베블런 효과(Veblen effect)'입니다. 우리는 꼭 필요한 물건만 사는 이성적인 존재가 아니라 남에게 과시하기 위해서 굳이 비싼 사치품을 사는 경우가 적지 않습니다. 이 같은 인간의 심리를 처음 학문적으로 연구한 소스타인 베블런(Thorstein Veblen)의 이름을 따서 베블런 효과라고 부릅니다.

자신의 성공을 남에게 자랑하기 위해 자사의 차를 사라는 식의 광고를 만드는 자동차 회사라든가, 그렇지 않아도 비싼 사치품 백의 가격을 지속적으로 올리는 패션 회사의 마케팅 기법이 대표적인 사례라고 할 수 있습니다. 남에게 과시하기 위해 돈을 쓰기 시작하면 아무리 소득이 높아도 도저히 소비를 감당할 수 없게 되는데요. 기업은 온갖 광고와 소셜 미디어를 이용해 과시욕을 자극하는 방법으로 매출을 올립니다.

소비 충동을 참을 수 없게 만드는 또 다른 방법은 바로 '밴드왜건 효과(bandwagon effect)'입니다. 사치품을 살 여유가 없는 사람이 주변 사람에게 뒤처질까 두려워 무리해서 값비싼 물건을 사는 것을 뜻합니다. 동창회나 학부모 모임에 나가기 위해 값비싼 가방이나 옷을 사거나, 유명 연예인이 입고 나온 값비싼 옷이 날개 돋친 듯 팔리는 현상이 그 대표적인 사례입니다.

또 사은품을 내거는 마케팅 기법인 '미끼 효과'를 이용하기도 하고, 우리가 인식하지 못하는 사이에 교묘하게 광고에 노출시키는 '잠재의식 효과(subliminal effect)'를 마케팅 기법으로 활용하기도 합니다. 이처럼 인간의 심리적 약점을 파고드는 소비의 유혹은 우리의 심리를 쉽게 무너뜨리고, 마치 최면이라도 걸린 듯이 선뜻 지갑을 열도록 만들고 있습니다.

이 때문에 종잣돈을 모으려면 인간의 심리를 교묘하게 활용한 현대의 첨단 마케팅 기법과 맞서야 하는데요. 이를 위해서 우리는 스스로 인간의 심리를 활용한 지출 관리 시스템을 만들어놓는 도움이 됩니다. 예를 들어 특정 행동을 하도록 유연하고 부드럽게 유도하는 행동경제학 방식인 '넛지(nudge; 팔꿈치로 슬쩍 찌르는 것처럼 더 좋은 선택을 하도록 자연스럽게 유도하는 것)'를 활용해 자신의 행동을 통제하는 것입니다.

넛지의 가장 유명한 사례는 행동경제학의 대가이자 노벨 경제학상 수상자인 리처드 쎄일러(Richard H.Thaler)가 소개한 네덜란드 암스테르담의 스키폴 공항에 있는 남성 소변기입니다. 남성 화장실을 관리하는데 남성 소변기 주변으로 튀는 소변은 항상 골칫거리였는데요. 스키폴 공항이 남성 소변기 가운데에 파리 그림을 그려놓았더니 소변을 볼 때 파리를 맞추기 위해 집중하기 시작하면서 변기 밖으로 튀는 소변의 양이 80%나 줄어드는 효과를 보였습니다.

넛지 효과

이처럼 넛지를 잘 활용하면 아주 간단한 장치만 해놓아도 인간의 불필요한 행동이나 잘못된 충동을 통제할 수 있습니다. 사실 이런 넛지가 가장 필요한 분야가 바로 돈 관리입니다.

최근에는 네이버페이, 카카오페이 등등 온갖 편리한 지불 시스템이 나와서 편리하다고 생각하겠지만, 사실 결제가 간편해지면 지출을 억제하기가 더욱 힘들어집니다. 이런 편리한 결제 시스템을 만드는 이유도 결국 소비를 유도하기 위해서라고 할 수 있습니다. 특히 마이너스 통장을 만들어놓거나 신용카드 현금 서비스 등을 이용하기 시작하면 쉽게 빚을 낼 수 있어 불필요한 소비에 대한 충동을 억제하기가 더욱 어려워집니다.

따라서 미리 합리적인 사고를 통해 잘못된 행동을 하지 않도록 자동 메커니즘을 만들어놓으면 충동적인 심리 작용에 따른 비합리적인 행동을 미연에 방지할 수 있습니다. 그렇다면 돈을 모으는 시스

템은 어떻게 만드는 게 좋을까요? 답은 인간의 본성을 활용하는 데 있습니다. 사람은 누구나 편리한 것을 좋아하고 불편한 것을 싫어합니다. 이 같은 심리를 활용해 돈을 모으는 방법은 가장 쉽고 단순하게 자동으로 이루어지도록 하고, 반대로 지출은 단계 단계 장애물을 만들어 최대한 불편하게 만드는 것이 좋습니다.

지금 돈을 모으는 방식에 많은 노력이 필요해 당신을 힘들고 지치게 만든다면 그 방법은 반드시 실패할 수밖에 없습니다. 인간은 편한 것을 찾기 마련이기 때문에 종잣돈을 만드는 방법은 쉽고 간단해야 합니다. 만일 그 방법이 돈을 모으는 즐거움까지 준다면 더할 나위 없을 겁니다.

이 때문에 종잣돈을 만들려면 저축이나 투자할 돈을 미리 설정해두고 정기적으로 자동이체 되도록 설정해놓는 것이 가장 좋습니다. 그래야 돈을 모을 때 생길 수 있는 불편함을 최소화할 수 있기 때문입니다. 만약 급여 통장에 돈이 그대로 남아 있게 되면 여윳돈으로 생각해서 지출을 통제하지 못할 가능성이 더욱 커질 수밖에 없습니다.

사실 주식 투자 같은 재테크에서도 인간의 심리를 활용한 투자 메커니즘을 만들어놓는 것이 중요합니다. 통상 초보 투자자들이 장기 투자를 하겠다고 마음을 먹고 투자를 시작하지만 실제로는 사고팔기를 반복하면서 단기 투자를 하게 되는 경우가 많은데요. 이렇게 매매하면 증권사만 막대한 수수료 수입을 올리게 될 뿐 개인 투자자가 돈을 벌기는 쉽지 않습니다.

처음 생각과 달리 단기 투자를 하게 되는 것도 사실 증권사의 마케팅 기법이라고 할 수 있는데요. 스마트폰 앱 같은 편리한 거래 수단이 그저 고객을 위한 증권사의 서비스라고 생각되겠지만 수시로 주가를 확인하고 클릭 한 번에 사고팔 수 있는 간편한 주식 매매 시스템이 사실 단기 투자에 빠지게 만드는 주요 원인 중 하나입니다.

특히 생업이 따로 있는 투자자라면 시시때때로 스마트폰 앱으로 주가를 확인하는 것은 정말 쓸모없는 시간 낭비입니다. 이로 인해 사고팔기를 계속 반복하게 될 가능성이 큰데, 여기에 신경을 쓰다보면 직장에서 자신의 역량을 키우거나 사업을 확장하는 데 소홀해지기 때문에 잦은 주가 확인과 매매는 실로 엄청난 기회비용을 발생시키게 됩니다.

따라서 데이트레이딩이 아닌 장기 투자를 목표로 삼은 개인 투자자라면 스스로 사고파는 시스템을 조금 불편하게 만들어둘 필요가

있습니다. 예를 들어 시세 확인은 일주일에 한 번만 하겠다고 미리 규칙을 정해놓던가, 스마트폰 앱을 지워 PC처럼 조금 더 불편한 수 단으로 사고팔 수 있게 만드는 것이 좋습니다.

만일 시시각각 변하는 주가를 보면서 감정 조절이 어렵다면 본인 이 미리 세워둔 계획대로 주식을 사고팔도록 설정하는 예약 매매나 자동 매매를 이용하는 방법도 좋은 방법입니다. 특히 자동 주문은 일정 수준 주가가 급락한 뒤 반등할 때 사거나 반대로 일정 수준 주 가가 급등한 뒤 하락하면 팔도록 미리 설정할 수도 있어 일과 시간 에 자신의 생업에 열중할 수 있다는 장점이 있습니다.

개개인이 돈을 모으는 방식이나 투자성향은 물론 손실에 대한 태도도 다 다르기에 어떤 방법이 정답이라고 단정할 수는 없습니다. 다만 돈을 모으거나 투자를 하는 데 있어서 스스로 바람직한 행동이라고 생각하는 것은 최대한 편하고 쉽게 만들고, 원치 않는 방향은 최대한 불편하게 만들어야 한다는 원칙 하에 자신만의 스타일에 맞는 저축과 투자 시스템을 구축해야 합니다.

우리는 왜
돈을 벌려고 하는가?

2020년 우리나라에서 보기 드문 투자 열풍이 불기 시작했습니다. 평생 투자에는 관심이 없었던 사람들까지 투자에 나서면서 전통적인 재테크 수단이었던 부동산은 물론 주식과 파생 상품, 암호 화폐 열풍까지 대단했는데요. 이 과정에서 너도나도 돈을 빌려 투자에 나서면서, 영혼까지 끌어모아 투자한다는 의미의 '영끌 투자'까지 등장했습니다.

그런데 여기서 중요한 질문을 하나 드리고 싶습니다. 우리가 돈을 벌려는 이유는 무엇일까요? 제가 생각하는 이유는 궁극적으로 돈에서 자유로워지기 위해서라고 생각합니다. 돈에 구애받지 않고 자기가 하고 싶은 일을 마음대로 할 수 있고, 자신이 하고 싶지 않은 일은 하지 않아도 되는 '선택의 자유'를 가져야 진정한 부자라고 할 수 있습니다.

그런데 투자의 세계만큼 냉혹한 곳이 없다는 것이 문제인데요. 온 갖 경험으로 무장한 전문가들이 자신의 모든 것을 다해 돈을 걸고 진검승부를 펼치는 곳이 투자의 세계이기 때문입니다. 남들이 돈을 벌었다는 성공담에 혹해 아무런 준비 없이 무턱대고 뛰어들었다가 는 자칫 돈에 사로잡혀 돈보다 더 소중한 것들을 잃어버릴 수도 있 습니다.

냉혹한 투자의 세계에서 남들처럼 나도 쉽게 돈을 벌 수 있을 것 이라 착각하고 아무런 조사나 연구 없이 전 재산을 걸었다가는 진정 한 부자의 길인 '선택의 자유'를 얻기는커녕 '돈의 노예'로 전락하기 십상입니다. 이를 위해서는 무엇보다 철저한 사전 공부와 실전 경험 이 중요합니다.

또한 우리가 돈을 벌고자 하는 두 번째 이유는 여유로운 시간을 더 많이 확보하기 위해서라고 할 수 있습니다. 진정한 부자가 된다 는 것은 자신만의 시간을 여유롭게 누릴 수 있고, 심지어 다른 사람 의 시간까지 사서 나의 행복을 위해 쓸 수 있는 '경제적 자유'를 누 릴 수 있게 되는 것을 뜻합니다.

그런데 만일 미래에 부자가 되기 위해 지금 현재 하루 종일 주가 나 암호 화폐의 시세 변동만 바라보면서 투자에 과도한 시간을 쏟고 있다면 미래를 위해 현재의 소중한 시간을 희생하는 셈이 됩니다. 이 때문에 투자를 할 때는 미래의 부의 축적을 위해 현재의 삶의 여 유를 과도하게 희생하고 있지는 않은지 점검해볼 필요가 있습니다.

가장 현명한 투자란 미래의 행복과 현재의 행복 중에 어느 한쪽에 과도하게 치우치지 않도록 균형을 유지하는 데 있습니다. 이를 위해서는 내가 부자가 되고자 하는 이유와 목적을 명확히 해야 합니다. 그러므로 미래의 부를 위해 현재의 행복을 잃어버리고 고통을 겪고 있다면 지금의 투자방식이 자신에게 맞는 방식인지 다시 한번 생각해볼 필요가 있습니다.

그렇다면 진정한 부자가 되기 위한 투자 방식은 무엇일까요? 안타깝게도 모든 사람에게 적용될 수 있는 획일적인 성공 방식은 없습니다. 그 이유는 투자자의 심리적 요인 등에 의해 사람마다 감당할 수 있는 투자 위험도가 다르기 때문입니다. 주가가 몇 %만 하락해도 괴로워하며 고통 받는 분이 있는가 하면, 반대로 하루에 수십 %가 오르내려도 비교적 담담하게 견디는 분도 있습니다.

이 때문에 실전 경험을 통해 자기 자신을 좀 더 객관적으로 파악한 뒤 자신에게 맞는 나만의 투자 방식을 세워나갈 필요가 있습니다. 지금의 수익률이 기대에 못 미친다면 보다 도전적인 투자 대상을 찾아보는 것도 한 방법입니다. 반대로 지금의 투자 포트폴리오가 심리적 고통을 주고 있다면 상대적으로 변동성이 낮은 투자 상품의 비중을 늘려 보다 안정적인 포트폴리오로 바꿔야 합니다.

이처럼 자신에게 가장 잘 맞는 투자의 방식을 찾아내 투자의 원칙을 세워두면 미래를 위해 노력하고 있는 현재도 그리 힘겹지만은 않을 겁니다. 거인의 어깨에 올라타야 더 넓은 세상을 볼 수 있는 것처럼 성공적인 투자를 위해서는 무엇보다 투자의 대가들이나 경제 전문가들의 책과 기고문, 인터뷰 등을 통해 끊임없이 공부하고 연구하는 것이 중요할 것입니다.

하지만 가장 중요한 것은 내가 왜 돈을 벌려고 하는지 그 궁극적인 목적을 늘 잊지 않는 것입니다. 내가 꿈꾸는 풍요롭고 안락한 미래만큼 돈을 벌기 위해 노력하고 있는 지금 이 순간도 똑같이 소중합니다. 우리가 투자의 세계에 매몰되더라도 자칫 잊어버리기 쉬운 그 사실을 명심한다면 투자는 더 나은 삶으로 인도해주는 소중한 수단이자 평생 동반자가 될 수 있을 겁니다. 그리고 이 책이 그런 투자의 길을 안내하는 조그만 이정표가 될 수 있기를 바랍니다.

주석

1장 | 예측이 어렵다고 미래를 포기할 것인가?

1. 마크 트웨인: 『톰 소여의 모험』을 쓴 미국의 소설가. 물론 마크 트웨인이 이 말을 했다는 주장이 많지만, 명확한 증거는 없다.
2. https://www.cnbc.com/video/2020/02/24/watch-cnbcs-full-interview-with-berkshire-hathaway-ceo-warren-buffett.html
3. 1957년 이전은 가상의 S&P500 지수 사용, Ken Fisher, Ken Fisher, "Markets Never Forget (But People Do): How Your Memory Is Costing You Money—and Why This Time Isn't Different", Wiley, 2011.
4. 김신영, 억만장자 투자가 켄 피셔 "2021년, 증시 시원하게 오른다", 조선일보, 2020년 11월 30일.
5. http://pages.stern.nyu.edu/~adamodar/New_Home_Page/datafile/histretSP.html
6. Ken Fisher, Ken Fisher, "Markets Never Forget (But People Do): How Your Memory Is Costing You Money—and Why This Time Isn't Different", Wiley, 2011.
7. 박종훈, 『부의 골든타임』, 인플루엔셜, 2020년.
8. Jacob M. Schlesinger "As Japan Battles Deflation, a Bitter Legacy Looms". The Wall Street Journal. June 12, 2015.

2장 | 버블이 무너질 때, 안전하게 나를 지키는 법

1. Ray Dalio, Principles for Navigating Big Debt Crises, Bridgewater, 2020.
   Howard Marks, Mastering The Market Cycle : Getting the odds on your side, John
   Murray Press, 2020.
2. Reinhart, Carmen M., Rogoff, Kenneth S., This Time Is Different: Eight Centuries
   of Financial Folly, Princeton University Press, 2011.
3. IMF Fiscal Monitor, "Debt: Use It Wisely", Oct 2016.
4. John Kenneth Galbraith, A Short History of Financial Euphoria, Penguin Books,
   1994.
5. 박종훈, 『박종훈의 대담한 경제』, 21세기북스, 2015.
6. Reinhart, Carmen M., Rogoff, Kenneth S., This Time Is Different: Eight Centuries
   of Financial Folly, Princeton University Press, 2011.
7. Howard Marks, Mastering the Market Cycle: Getting the Odds on Your Side,
   Mariner Books, 2018
8. Irena, Visualizing Top 20 Most Valuable Companies of All Time, howmuch.net, Dec
   26, 2019

   https://howmuch.net/articles/the-worlds-biggest-companies-in-history
9. Martin, William McChesney Jr. (October 19, 1955). "Address before the New
   York Group of the Investment Bankers Association of America". FRASER. p. 12.
   Retrieved 11 October 2018.
10. Ray Dalio, The Changing World Order, Chapter 1: The Big Cycles in a Tiny
    Nutshell, April 2, 2020.

    https://www.linkedin.com/pulse/chapter-1-big-picture-tiny-nutshell-ray-dalio/
11. Vildana Hajric and Lu Wang, "Bitcoin's Slide Dents Price Momentum That
    Dwarfed Everything", Bloomberg, 12, Jan. 2021.

    https://www.bloomberg.com/news/articles/2021-01-11/on-technical-charts-
    bitcoin-really-is-an-asset-like-no-other

1. David Leonhardt and Yaryna Serkez "America Will Struggle After Coronavirus. These Charts Show Why., The New York Times, April 10, 2020. https://www.nytimes.com/interactive/2020/04/10/opinion/coronavirus-us-economy-inequality.html

2. Raj Chetty, David Grusky, Maximilian Hell, Nathaniel Hendren, Robert Manduca and Jimmy Narang. "The Fading American Dream: Trends in Absolute Income Mobility Since 1940" Science, 28 APR 2017: 398-406.

3. Sapna Maheshwari, "With Department Stores Disappearing, Malls Could Be Next", New York Times, Jul 5, 2020.

4. Autor, David H. 2015. "Polanyi's Paradox and the Shape of Employment Growth." In Re-Evaluating Labor Market Dynamics, pp. 129–79. Federal Reserve Bank of Kansas City

5. https://data.worldbank.org/indicator/SP.DYN.TFRT.IN?most_recent_value_desc=true

6. 마우로 F. 기엔, 우진하 역, 『2030 축의 전환: 새로운 부와 힘을 탄생시킬 8가지 거대한 물결』, 리더스북, 2020.

7. Alva and Gunnar Myrdal, Kris i befolkningsfrågan (Crisis in the Population Question), Bonniers, 1934.

8. "Global House Price Index", Knight Frank Q1, 2021.

9. https://fred.stlouisfed.org/series/CSUSHPINSA

10. https://kosis.kr/index/index.do

11. https://www.r-one.co.kr/rone/resis/common/main/main.do

12. 정형석, "주식·강남아파트·금, 30년 수익률 비교해보니…", 한국경제, 2013년 1월 3일.

4장 | 불확실성의 시대, 올라탈 거인의 어깨를 찾아라

1. http://www.gartner.com/technology/research/methodologies/hype-cycle.jsp
2. MPEG-1 Audio Layer-3의 약자로 각종 오디오용 데이터를 저장한 컴퓨터 파일을 뜻한다.
3. 개인들이 컴퓨터나 스마트폰을 통해서 직접 정보나 데이터를 주고받을 수 있도록 하는 서비스. 블로그, 카페, 소셜 미디어 등을 통해 소비자들에게 바이러스처럼 빠르게 확산되는 마케팅 현상을 일으키는 사람을 지칭하는 말.
4. 블로그, 카페, 소셜 미디어 등을 통해 소비자들에게 바이러스처럼 빠르게 확산되는 마케팅 현상을 일으키는 사람을 지칭하는 말.
5. James L. Heskett, W. Earl Sasser, and Joe Wheeler, The Ownership Quotient: Putting the Service Profit Chain to Work for Unbeatable Competitive Advantage (Boston: Havard Business Press, 2008).
6. 팻 도시, 전광수 역『경제적 해자』, 북스토리, 2021.

5장 | 투자의 함정, 깨어 있으면 피할 수 있다

1. 존 D. 터너, 윌리엄 퀸, 최지수 역『버블 부의 대전환: 돈의 미래를 결정하는 지각변동』, 다산북스, 2021년.
2. Dario Maestripieri, Games Primates Play, International Edition: An Undercover Investigation of the Evolution and Economics of Human Relationships, Basic Books, 2012.
3. https://www.statista.com/statistics/1097938/unemployment-rate-by-age-group-in-italy/
4. 구경하, "사회 공정하다"는 서울 청년 14%뿐… "자산 격차가 계층이동에 장벽", KBS News, 2021년 4월 7일. https://news.kbs.co.kr/news/view.do?ncd=5157256
5. 홍익희,『돈의 인문학: 본질을 통해 실물 경제를 읽다』, 가나출판사, 2020년.
6. Juliet B Schor, "The Overspent American: Why We Want What We Don't Need" Harper Perennial; 1st HarperPerennial Ed edition, 1999.

부의 시그널

초판 1쇄 인쇄 2021년 9월 13일
초판 3쇄 발행 2021년 12월 17일

지은이 박종훈
펴낸이 권기대

펴낸곳 베가북스 **출판등록** 2004년 9월 22일 제2015-000046호
주소 (07269) 서울특별시 영등포구 양산로3길 9, 2층
주문·문의 전화 (02)322-7241 팩스 (02)322-7242

ISBN 979-11-90242-89-9 [03320]

* 책값은 뒤표지에 있습니다.
* 잘못된 책은 구입하신 서점에서 바꾸어 드립니다.
* 좋은 책을 만드는 것은 바로 독자 여러분입니다.
  베가북스는 독자 의견에 항상 귀를 기울입니다. 베가북스의 문은 항상 열려 있습니다.
  원고 투고 또는 문의사항은 vega7241@naver.com으로 보내주시기 바랍니다.
* 베가북스에 대한 더 많은 정보가 필요하신 분은 홈페이지를 방문해주시기 바랍니다.

vegabooks@naver.com www.vegabooks.co.kr
 http://blog.naver.com/vegabooks vegabooks VegaBooksCo